英美文化与英汉翻译研究

赵秀丽◎著

吉林出版集团股份有限公司

图书在版编目（CIP）数据

英美文化与英汉翻译研究 / 赵秀丽著 . — 长春：
吉林出版集团股份有限公司 , 2020.4
　　ISBN 978-7-5581-8306-5

　　Ⅰ . ①英… Ⅱ . ①赵… Ⅲ . ①英语－翻译－研究
Ⅳ . ① H315.9

中国版本图书馆 CIP 数据核字 (2020) 第 048347 号

英美文化与英汉翻译研究

著　　者	赵秀丽	
责任编辑	齐　琳　姚利福	
封面设计	李宁宁	
开　　本	787mm×1092mm　1/16	
字　　数	259 千	
印　　张	14	
版　　次	2020 年 5 月第 1 版	
印　　次	2020 年 5 月第 1 次印刷	

出　　版	吉林出版集团股份有限公司
电　　话	010–63109269
印　　刷	炫彩（天津）印刷有限责任公司

ISBN 978-7-5581-8306-5　　　　　　　定价：68.00 元

前　言

世界各国文化，千姿百态；英美文化，既是世界文化大家庭中的一员，也有其自己的特点。随着英语的广泛使用，英美文化也在向全球各个角落渗透。可以说，哪里有人使用英语，哪里就有英美文化的影响。

中国是使用英语和接触英美文化的大国。在我国十几亿国民中，学习英语人数的总和与其他任何国家相比都是惊人的。特别是我国打开国门以后，学习英语接触英美文化的人数与日俱增，学英语、讲英语、使用英语的人无处不有。带有英文文字的产品广告、对外宣传品以及其他书面材料数量很大。

进入 21 世纪，英美两国已经成为中国重要的经济贸易伙伴，中英、中美在政治、文化和科技等领域的交流也得到不断发展和加强，英语在我国得到了前所未有的普及和应用。

本书在编写过程中参阅了国内外大量的著作、论文和权威网站的资料，借鉴了众多专家、学者的科研成果，在此一并表示衷心感谢。

由于时间仓促，加之作者水平有限，书中难免出现一些不当之处，敬请有关专家和广大读者批评指正。

目　录

第一章 文化与翻译

第一节 文化

一、文化的定义

要讨论文化教学，不得不先讨论文化。关于文化的定义，各位学者、专家的观点并不完全一致，可谓是见仁见智。据统计，现存的关于文化的定义已经有 200 多种，这里先就其中较有代表性的定义进行分析。

（一）西方学者的定义

在西方，"文化"一词最初来源是拉丁文 cultura，是动词 colere 的名词形式，其意义是"耕种、居住、保护和崇拜"。在英语中，"文化"曾经被用来指"犁"，不过它指的是犁的过程，而并非一种工具。而且这个过程最开始是指耕地，后来引申为培养人的技能、品质。后来，这个词汇通过进一步转义，由活动转喻为物体，从过程转喻为产品、资源、模式。到了 18 世纪，"文化"这一概念在西方思想中获得了第一次重要转义，表示"整个社会里知识发展的普遍状态""心灵的普遍状态和习惯"和"各种艺术的普遍状态"。

学术界普遍认为，英国人类学家爱德华·泰勒（Edward Burmett Tylor）是影响文化定义的第一个重要人物。他的定义可以算作是文化定义的起源，是一种经典性的定义。19 世纪 70 年代，他出版了《原始文化》一书。他在该书中指出，从广泛的民族学意义来讲，文化是一个复合整体，包括了知识、信仰、艺术、道德、法律、习俗以及作为一个社会成员的人所习得的其他一切能力和习惯。这一定义不仅描述了文化的重要内容，而且将文化视为一个多层面的整体，对后来深入和全面地研究文化具有十分重要的影响。

美国社会学家伊恩·罗伯逊（Ian Robertson）强调，从社会学的角度出发，文化包括大家享有的物质的和非物质的全部人类社会产品。其中，物质文化包括一切由人类创造出来的并赋予它意义的人工制品或物体，如衣服、轮子、工厂、学校、书籍、宇宙飞船等；非物质文化则由比较抽象的创造物组成，如家庭模式、思想、语言、风俗、信仰、技能、政治态度等。

萨姆瓦（Larry A.Samovar）等人一直从事交际研究，他们认为文化是若干个世纪内在个人与集团的努力之下，传承下来的知识、经验、价值观、世界观、信念、态度、意义、宗教、角色分工、空间的运用、物质财富等的总体。文化不仅隐藏在处于特定社会的人们的日常行为中，还隐藏在作为交际形态的行为方式中，还隐藏在所使用的语言当中。这个定义中的"时间观念""空间的运用"以及"行为方式"等都是交际中的重要内容。

莫兰（Moran）针对"文化"这一概念，提出了文化产品、文化实践、文化观念、文化个体、文化社群五个要素。其中，文化产品是文化的物理层面，是由文化社群以及文化个体创造或采纳的文化实体；文化实践指文化社群中文化个体之间的交际行为，包括语言交际和非语言交际以及与社群和产品使用有关的所有行为；文化观念反映人们的认识、信念、价值和态度，左右人们的文化交际行为和文化产品的创造；文化个体的所有文化实践行为都是在特定的文化社群中发生的；文化社群包括社会环境和群体，从广义的民族文化、语言、宗教到具体的社会团体、家庭等。基于这五个文化要素，莫兰认为文化是人类群体不断演变的生活方式，包含一套共有的生活实践体系，这一体系基于一套共有的世界观念，关乎一系列共有的文化产品，并置于特定的社会情境之中。

（二）中国学者的定义

在古汉语中，"文化"的最初含义和现在的含义有着很大的差别，其最早出现在汉代的《说苑·指武》中。该文中说道："文化不改，然后加诛。"这里的"文化"与"武功"相对，有文治教化的意义，表达的是一种治理社会的方法和主张。

金惠康指出，文化是生产方式、生活方式、价值观念以及社会准则等构成的复合体。

张岱年和程宜山这样来定义"文化"：文化是人类在处理人与世界关系中所采取的精神活动、实践活动的方式及其所创造出来的物质和精神成果的总和，是活动方式与活动成果的辩证统一。

对以上中外学者的众多定义进行分析，可以将它们分为以下两大类。

1.广义的文化是人类创造活动的一切，即物质生产活动和精神生产活动所创造的一切成果。从这个角度上说，文化实质上是人类改造自然和社会而逐步实现自身价值观念的过程，代表的是人类独有的不同于动物的生活方式。

2. 狭义的文化是指精神创造活动及其结果。美国的《哥伦比亚百科全书》指出，文化是在社会中习得的一整套价值观、信念和行为规则，它们规定了一定社团中可接受的行为范围。

我国的《辞海》指出，广义的文化是指人类社会历史实践过程中所创造的物质财富以及精神财富的总和；狭义的文化是指社会的意识形态以及与之相适应的制度以及组织机构。

二、文化的分类

对于文化的分类，学术界存在多种观点："两分说"认为文化包括物质生产文化与精神观念文化；"三分说"认为文化分为物质文化、制度文化和精神文化；"四分说"则把文化分成物质、制度、风俗习惯以及思想与观念。李建军认为，文化几乎可以囊括世间的一切物质层面和精神层面。在这里，我们综合各家观点，从不同的视角对文化进行分类。

（一）物质文化、制度文化和精神文化

按照表现形式，可将文化分为物质文化、制度文化和精神文化，这也是当今比较流行的"文化三分法"。

物质文化是人类在社会实践中的物质生产活动以及产品的总和。物质文化是文化的基础部分，它以满足人类最基本的衣食住行等生存需要为目标，为人类适应和改造环境提供物质装备。物质文化直接对自然界进行利用与改造，并最终以物质实体反映出来。

制度文化是指人类在社会实践中建立的各种社会规章制度、法规、组织形式等。人类之所以高于动物，其根本原因在于人类在创造物质财富的同时，创造了一个服务于自己，同时又约束自己的社会环境，创造出一系列用以调节内部关系，从而更有效地应对客观世界的组织手段。

精神文化是指文化的意识形态部分，它是人类认识主客观关系并进行自我完善的知识手段，包括哲学、道德、文学、艺术、伦理、习俗、价值观、宗教信仰等。

精神文化是由人类在长期的社会实践活动和意识活动中孕育出来的，因此也称为"观念文化"，它是文化的精神内核。

（二）知识文化与交际文化

从文化的内涵特点出发，可将其分为知识文化和交际文化。

所谓知识文化，是指在跨文化交际中不直接产生严重影响的文化知识，主要以物质表现形式呈现，如艺术品、文物古迹、实物存在等。而交际文化主要是指在跨文化交际中有直接影响的文化信息。

交际文化主要以非物质为表现形式。在交际文化中，生活方式、社会习俗等属于外显交际文化，易于察觉和把握；而诸如世界观、价值观、思维方式、民族个性特征等则属于内隐交际文化，它们往往不易觉察和把握，但却更为重要。显然，在知识文化和交际文化中，交际文化是需要学者密切研究和关注的重点。而在交际文化中，对内隐交际文化的研究又显得更为重要。因为只有深入研究不易察觉的、较为隐含的内隐交际文化，了解和把握交际对方的价值取向、心理结构、情感特征等，才能满足深层次交往的需要，如政治外交、商务往来、学术交流等。

（三）高层文化、深层文化和民间文化

按照层次的高低，可将文化分为高层文化、深层文化和民间文化。

高层文化又称"精英文化"，是指相对来说较为高雅的文化内涵，如哲学、历史、文学、艺术等。深层文化又称为"背景文化"，它指那些隐而不露，但起指导作用和决定作用的文化内涵，如价值取向、世界观、态度情感、思维模式、心理结构等。可见，深层文化与前述所提及的内隐交际文化相当。而民间文化又称"通俗文化"，它是指那些与人们生活密切相关的文化内涵，如生活方式、风俗习惯、社交准则等。

（四）主文化与亚文化

按照价值体系的差异与社会势力的强弱，可以将文化分为主文化与亚文化。主文化与亚文化反映的是同一个政治共同体内的文化价值差异与社会分化状况。

主文化是在社会上占主导地位的，并被认为应该为人们所普遍接受的文化。主文化在共同体内被认为具有最充分的合理性和合法性。具体来说，主文化包括三个子概念：侧重权力支配关系的主导文化，强调占据文化整体的主要部分的主体文化，以及表示一个时期产生主要影响、代表时代主要趋势的主流文化。其中，主导文化是在权力捍卫下的文化；主体文化是由长期的社会过程造就的；而主流文化是当前社会的思想潮流。

亚文化又称为"副文化"，它仅为社会上一部分成员所接受，或为某一社会群体所特有。可见，亚文化所包含的价值观与行为方式有别于主文化，在文化权力关系中处于从属地位，在文化整体中占据次要的部分。亚文化又有休闲亚文化、校园亚文化、宗教亚文化等之分。一般来说，亚文化不与主文化相抵触或对抗。但是，当一种亚文化在性质上发展到与主文化对立的时候，它就成了一种反文化。正如文化不一定是积极先进的一样，反文化也不一定是消极落后的。有时文化与反文化之间只是一种不同审美情趣的对立。在一定条件下，文化与反文化还可以相互转化。

（五）高语境文化与低语境文化

按照文化对语境依赖程度的不同，可以将文化分为高语境文化和低语境文化。语言是人类交流最主要的工具，而人们的交流总是在特定的语境中进行的。

关于语言与语境的关系，美国学者、人类学家爱德华·霍尔（Edward T.Hall）认为，人类的每一次交流总是包含两个方面：一是文本（text），二是语境（context）。二者之间的关系如图 1-1 所示。

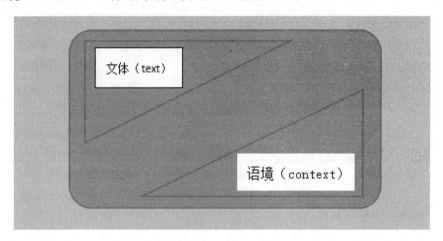

图 1-1 文本与语境关系示意图

据此，在不同的文化中，人们通过语境进行交际的方式及程度就存在着差异，而这种差异制约着交际的顺利进行。也正是根据这种差异，霍尔将文化分为高语境文化和低语境文化。高语境的交际或信息意味着大多数信息存在于自然环境中或者交际者的头脑里，只有极少数是以符号代码的形式进行传递。而低语境的交际则正好相反，大量的信息借助符号代码来传递。

进一步说，高语境文化是指对语境的依赖程度较高、主要借助非语言符号进行交际的文化；低语境是指对语境的依赖程度较低、主要借助语言符号进行交际的文化。霍尔认为，中国、日本、韩国等国家属于高语境文化，他们在生活体验、信息网络等方面几乎是同质的；而美国、瑞士、德国等国家则属于低语境文化，他们之间的异质性较大。

低语境文化与高语境文化的成员在交际时易发生冲突。相对于高语境文化来说，语言信息在低语境文化内显得更为重要。处于低语境文化的成员在进行交际时，要求或期待对方的语言表达要尽可能清晰、明确，否则他们就会因信息模棱两可而产生困惑。而高语境文化的成员往往认为事实胜于雄辩，有时一切可尽在不言中。如果低语境文化的人有困惑之处，他们就会再三询问，这时高语境文化的人常常会感到不耐烦甚至恼怒，从而产生误解。

高语境文化与低语境文化之间还涉及信息转换的过程。具体来说，高语境文化中的文本信息可以轻松地转换成低语境文化的文本信息，但高语境文化中大部分语境信息很难转换成低语境文化中的语境信息，而是需要借助于低语境文化的文本信息来弥补。这种转换过程如图 1-2 所示。

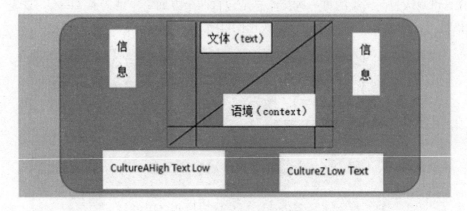

图 1-2 语境转换过程示意图

在图中，左侧的柱状图是文化 A 表示的一个信息（MESSAGE），其主要依靠文本（TEXT）来传达，因此文化 A 属于低语境文化。右侧柱状图是文化乙表示的相同信息，尽管是表达相同信息，但文化乙主要依靠的是语境信息，因而文化 Z 属于高语境文化。依照上图，文化 A 中的文本信息只有一部分需要转化成文化 Z 的文本信息，其余的文本信息和原有的语境信息都转化成了文化 Z 的语境信息。由于信息的总量没有变化，所以身处 A、乙两种文化的人可以通过翻译进行有效的交流。

（六）评比性文化与非评比性文化

根据不同民族文化的比较，还可将文化分为评比性文化与非评比性文化。

评比性文化是指有明显优劣、高下之分的文化。因此，它是比较容易鉴别价值的文化，人们对它的态度也较为明显。例如，和平文化是一种优性文化，而暴力文化则是一种劣性文化；文化中的科技先进等为优性文化，而吸毒等则为劣性文化等。

非评比性文化也就是中性文化，它是指没有明显的优劣或高下之分的文化。

非评比性文化一般与人们的行为方式、风俗习惯、审美情趣等相联系，如行为方式、玩笑方式、禁忌等。例如，中国人习惯用筷子，西方人习惯用刀叉，有人说使用筷子有利于人脑发展，也有人说使用刀叉简单。这些观点并无对错，也无优劣、高下之分。承认并尊重非评比性文化，意味着承认各民族之间的平等，赞同各民族之间的文化差异。

三、文化的特征

（一）动态的可变性

文化的稳定性是相对的，而可变性却是绝对的。文化的可变性具有内在和外在两种原因。

文化可变性的内在原因：文化是为了满足人类生存需要而采取的手段，当生存条件发生变化，文化必然要发生变化。在人类文化史中，因为科技的发展导致了人们思想和行为的变化，所以重大的发明和发现都推动着文化的发展。文化可变性的外在原因：文化传播或者文化碰撞可能使得文化内部要素发生"量"的变化，"量"的变化也可能促使"质"的变化。社会的发展，以及国家、民族之间在经济和政治方面的频繁沟通、交流，都使文化不断碰撞乃至发生变化。例如，佛教的进入导致了中国传统文化的变化；儒家思想等也导致了东南亚文化的变化。

物质形态的文化，其变化的速度和质量远远超过精神形态的文化。例如，发生在衣、食、住、行等方面的变化要比信仰、价值观等方面的变化更加明显。随着改革开放的不断推进，人们的衣、食、住、行等"硬件"都发生了巨大的变化，但是"软件"方面的变化并不明显。文化定式决定了中国人对西方文化的接受度是非常有限的，"同国际接轨"的多数属于文化结构的表层，而深层文化的差异永远存在。

（二）交际的符号性

文化不是从一开始就存在的，而是通过符号加以传授的知识。任何文化都是一种符号的象征，也是人们的思维和行为方式的象征。人类最明显的特征就是符号化的思维和行为，文化的创造过程也就是运用符号的过程，所以说人是一种"符号的动物"。在创造文化的过程中，人类将认识世界和理解事物的结果转化为外显有形的行为方式，因而这些行为方式就构成了文化符号，从而成为人们的生活法则。人们就生活在这些法则的规范之中，生活在充满文化符号的世界之中。人们一方面受到文化的制约，另一方面又在这种文化中展现人生的意义和价值。例如，在中国封建社会，服装的颜色是有等级规定的，服装颜色成了特定身份的象征符号：帝王服饰为明黄色，高级官员和贵族服饰为朱红或紫色，中下层官员服饰为青绿色，衙门差役服饰为黑色，囚犯服饰为赭色。随着社会的发展，服装颜色的等级象征已不复存在，只是人们又给服装的颜色赋予了一定的审美意义。

正是这种文化的符号性使得文化和交际具有同一性。文化是"符号和意义的模式系统"，交际是文化的编码、解码过程，语言是编码、解码的工具。只有当交际双方对同一符号的解释完全一致或者非常相近时，交际才有可能顺利进行而不产生误解、冲突。那也就是说，交际过程中的差异是潜在的危险，只有在双方共享一套社会规范或行为准则时，交际才能得以有效进行。

（三）观念的整合性

文化是群体行为规则的集合，可能出现在某一群体的所有成员的行为之中。

所以，诸如中国文化、东方文化或西方文化等整齐划一的提法才会出现，某一主流文化中又存在亚文化或群体文化、地域文化等。社会组织、社会关系、社会地位等都属于文化范畴，世界观、价值观等文化的核心成分，规定着人们交际行为的内容和方式。由此可见，文化是一个由多种要素构成的复杂整体，在这个整体中，各要素互相补充、互相融合，共同塑造着民族性格。整个民族文化具有一个或几个"文化内核"，它发挥着整合文化的潜在作用。文化的整合性可以保证文化在环境的变迁中，维持在一定限度的稳定性。例如，在中国的传统文化中，融自然哲学、政治哲学和伦理哲学为一体的"天人合一"世界观，以及"经国济世"等精神元素，作为中国文化的"内核"，一直发挥着"整合"作用。由于不同文化有着不同的"内核"，必然会导致价值观念、认知模式、生活形态上的差异，如果交际双方不能理解对方的文化，就会导致交际冲突。

（四）民族的选择性

文化植根于人类社会，而人类社会以聚居集中的民族为区分单位，因此文化也是植根于民族的机体。文化的疆界一般和民族的疆界一致，民族不仅具有体貌特征，还具有文化特征。例如，同为上古文明，古希腊、古印度、古埃及和古中国的文化各有独特性；同为当代发达国家，日本和美国、欧洲也存在着文化差异。当一个社会容纳着众多民族时，不可能保持文化的完全一致，其中必定包括一些互有差异的亚文化，使得大传统下各具特色的小传统得以形成。于是在民族文化的大范围内，多种区域性文化常常同时并存。

因此，文化具有选择性。每一种特定文化只会选择对自己文化有意义的规则，所以人们所遵循的行为规则是有限的。文化的这一特点导致了群体或民族中心主义，因此它对跨文化交际来说十分重要。群体或民族中心主义是人类在交际过程中的普遍现象，人们会无意识地以自己的文化作为解释和评价别人行为的标准，显然，群体或民族中心主义会导致交际失误，达到一定程度时会带来文化冲突。

四、文化的功能

（一）人生于世的基本需求

文化已经渗透到生活的每个角落，成了人类的基本生活需求。马利诺夫斯基认为，文化到现在已经成为满足人们三种需求的主要手段：基本需求、派生需求和综合需求。这些需求的满足方式，受到文化差异的影响，但是归根到底人们求助于文化，是想要正常而健康地存活下去。

（二）为人处世的一面镜子

从人们来到这个世界开始，文化就为他们提供了行为模式，引导人们的行为举止去符合特定文化的行为准则。有了文化的熏陶，人们才会逐步形成本文化的思维模式，并遵循一定的社会习俗、生活方式以及交往方式，从而能够在特定的文化中自由存在。失去了文化的引导，人们反而会觉得与他人的交往无法顺利进行，整个社会也会变得无序而凌乱。文化能教会我们利用人类历经数年的进化而积累起来的智慧，与他人、社会、自然和谐地相处，从而健康、顺利地向前。

（三）认识世界的锐利武器

文化能够帮助我们正确地认识世界以及解决与文化相关的问题。文化的存在有其必然性，因为它使人们清楚地认知和了解身处其间的环境。只有认识周围环境，才能以恰当的方式与他人、社会和自然交往，从而顺利地生存。

五、中西文化的渊源

水是生命之源，人的生命活动离不开水。文化是人在不同环境的实践中创造的生存条件和生存方式。既然文化是人创造的，水是人的生命之源，于是文化与水之间就有了不解之缘。

在历史的黎明时分，中国同埃及和巴比伦一样，都起源于大河文明。中华文明的起源是在黄河的中下游地区，这一点已经得到了考古学上的证实。无论是中国还是西方，文明的起源都与水有着密切的关系。黄河造就了中国文化，两河流域繁荣了巴比伦文化，尼罗河孕育了古埃及文明，而地中海则奠基了希腊罗马的辉煌。

文化是人创造的，但人不能随意创造文化、创造历史。中国的文化是中国人在中国的具体历史时空的条件下创造出来的，西方文化是西方人在西方的具体历史时空的条件下创造出来的。任何文化都是环境和人互动的产物，环境变了，文化也会发生变化。从共时性的角度来看，每一种文化都是此时此地的人们为适应生存环境的自我选择与创造，所以文化没有"先进"和"落后"之分。把"先进"的文化引入"落后"国家或者把"落后"的文化引入"先进"的国家，都要发生"水土不服"的问题。因此，世界必然包容多元的文化。从历时性的角度来看，民族文化随着生产力水平的提高而提高，适应生产力水平的文化是"先进"的文化，否则就是"落后"的文化。

在全球化语境下，中西文化的激烈冲击与碰撞非常频繁。要想把握好世界，必须从源头上进行中西文化比较。文化的最初生成是由自然环境和生存方式决定的，因此只有认识中西方经济、政治、文化初态，才能理解两大文明。

（一）经济初态：农耕文明与商业文明

中国文化起源于大河，西方文化起源于海洋。地域的自然类型对人们的生产生活产生了很大的影响。

1. 大河与农耕文明

考古学证实，黄河中下游的仰韶文化是中华文化的早前形态。所以，黄河被称为中华民族的母亲河，其在政治和文化上的影响也变得重要起来。幅员辽阔、腹地纵深、地貌多元、河流纵横的自然基础，使得中华文化成为多元、多民族文化融合凝聚的产物。

大江大河决定着中华文化的孕育。黑龙江、松花江、辽河、黄河、长江等各大流域，都有温暖湿润的冲积平原，很早就萌发了初期的农业文明。从黑龙江—辽河流域一直到珠江流域，均有新石器文化遗迹的分布。中国在约1万年前进入新石器时代，从那时起，中国就走向农业大国的形态。黄河流域的仰韶文化为彩陶文化，经济形态以农业为主。长江流域的河姆渡文化以稻作农业为主，兼营畜牧、采集和渔猎。辽河流域的红山文化主要从事农业，饲养家畜。黄河流域的大汶口文化以农业为主。黄河流域的龙山文化，处于中国新石器时代晚期，以农业为主。黄河流域二里头文化，确立了以礼乐文化为根本的中华文化特质。长江流域的三星堆文化，分四个大文化期，阶级社会贫富差别明显，农牧业生产发达。

农业生产力比游牧业生产力有明显的优势，以"和"为基本精神的农耕文化有很强的同化力。魏晋南北朝时期五胡所建民族政权深受胡汉融合的影响，以汉儒家文化作为建国的指导思想，遵循汉族的礼仪官制。胡汉融合带来了夷夏观念的变化，使汉胡文化进一步交融。正是农耕文明与游牧文明的互动推动着中华文化的不断发展。中国人大部分生活在农耕区域，所以总体上以农耕文明为主导。

农业立国是中国历代封建统治者的指导思想。社稷崇拜，社指土地神，稷樱指五谷神，合起来代指祭祀，古时祭祀是国家的大事，所以"社稷"渐渐成为国家的代名词。中国传统观念认为，没有社稷就没有皇帝的江山。所以，中国长期实行重农抑商政策，打击资本主义经济萌芽的发展，结果导致中国长期处于男耕女织的自给自足的小农经济模式。农耕文明必然影响人们的生存方式，生存方式必然影响人们的思维方式、价值取向及中国人的民族文化性格。

2. 海洋与商业文明

公元前 4000 年，位于两河流域的古巴比伦文明与尼罗河流域的古埃及文明几乎同时起步，埃及和巴比伦都是典型的农业社会。地中海上的航行把近东的农业技术经由爱琴海带入西方世界，改变了西方社会的发展进程。也就是从这时起，欧洲大陆的人们开始尝试着从事农业生产，耕种和家养牲畜在中西欧也逐渐被推广，地中海的内陆可以充分利用这种农业技术，而周边的岛屿并不太适宜农业耕种。

古希腊是欧洲精神的故乡，西方文明的发祥地是地中海东部的克里特岛。距今约 8000 年前，克里特岛进入新石器时代，有了初期的农耕和畜牧业。公元前 3000 年左右，农牧业生产力有了很大发展，但岛上土地越来越有限，迫使人们逐渐以捕鱼为生，同时从事海上贸易。特殊的地理环境使得他们不得不大力发展海上势力，航海业是克里特人经济活动中的一种最重要的行业。不幸的是，克里特文明突然没落，但是克里特人与内陆的希腊诸城邦一直保持密切的联系，克里特的成就又留给希腊，希腊自此才开始了自己的发展。希腊多山多岛，地形崎岖，土地贫瘠，冬季湿润，夏季干热，不适合农业耕作；但由于海陆交错，港口林立，且波澜不作，海流助航，周边亚、非、欧大陆环绕着爱琴海，十分有利于航海经商。于是，航海、经商、做工成为平民的重要谋生手段。

生存方式不同，形成了西方特色的思维方式、价值取向和民族文化性格。

（二）政治初态：臣民家国与公民城邦

政治是在社会利益多元下，多元利益主体维护自身利益的特定行为以及由此结成的特定关系。

1. 中国政治初态——臣民家国社会

上古历史多有虚构的成分，大禹治水就是其中一个，却也能窥见历史的些许真相。对于一个农业社会而言，水可以用来灌溉作物、河道运输等，当然也会有洪水灾害。在没有现代科技的古代社会就更需要大量工人的合作。治水包括纯技术性问题、劳动力的组织工作以及后勤供应等，是系统工程，要管理好这样一项工程，涉及上古的社会治理问题，已经显现出政治权力的端倪。治水工程使统筹安排、信息传递、分工合作以及历法计算等得到了发展，这种运行体制应用于非治水工程，就发展为行政官僚制度。治水社会的建设、组织和征敛财富的活动往往把一切权力集中在统治者手里，专制主义也为古代政治定下了基调。中国因幅员辽阔，农民聚族而居，男耕女织的自给自足小农经济形成了以血缘家庭为纽带的中国传统社会结构，血缘与地缘结合成为家国臣民社会的政治基础。在古代中国，中国人是群体生存的，社会结构是团粒状的。在这种团粒结构中，个人独立地位丧失，只是家庭的、国家的臣民。中国社会是伦理化的社会，即人际情谊关系化，起于家庭，又不止于家庭，全社会互相扶持。在经济方面，没有个人独立的财产，"别居异财"被认为是不孝的体现，"同居共财"是家庭和睦的象征。

古代中国社会形成了以血缘家庭为纽带的家国臣民社会，特点如下：

（1）宗法制的社会结构

宗法制是中国古代用于区分家族内部成员亲疏关系，以确立家族财产、权力和地位继承权的等级制度。宗法制的核心是嫡长子继承权。宗法制的具体内容包括以下几个方面：

第一，国家政治权力嫡长子继承制度——立子以贵不以长，立嫡以长不以贤；第二，严格的家族大宗、小宗体系，同时大小宗关系是相对的；第三，血缘关系与政治关系结合，家族宗法关系与国家君臣关系结合，家国同构，形成家国臣民社会；第四，以"礼"为核心的等级规范体制。

（2）政治化的伦理道德

倡导孝道与治道的统一，所谓夫为妻纲，父为子纲，君为臣纲，家国同构，移孝作忠。

父为子纲——孝道。提倡愚孝，具体体现是"二十四孝图"。

君为臣纲——治道，要做到事君如事父，以孝治天下。封建社会提倡愚忠，为臣要做到"君要臣死，臣不得不死"。

（3）专制式的国家政体

专制式的国家政体表现为独裁人治、文化专制、漠视人权。魏特夫认为，当非政府的力量不能有效地约束一个政府的统治时，它就变成了专制政府了。在一个社会中没有其他任何力量可以与政府抗衡时，那么这个政府无疑就是专制的。

2.西方政治初态——公民城邦社会

在古希腊，相对集中的商品生产与经营，打破了家庭独立生产体制，大批海外移民使血缘氏族社会解体比较彻底，个人取得独立的经济、政治地位，商品经济诱发了平等、民主意识，是一种单子结构社会。城邦的本质就是许多分子的集合。以地缘政治为基础的希腊城邦公民社会，成为奴隶主阶级民主政治的基础。民主政治的政权是在全体公民手中，而不是在少数人手中。解决私人争执的时候，每个人在法律上都是平等的。正因为政治生活是自由而开放的，彼此之间的日常生活也是这样的。在希腊思想史上，城邦的出现是一个具有决定性的事件，但是城邦经历了许多阶段和各种不同的形式。希腊社会与东方社会的根本区别在于城邦生活。希腊人城邦生活的独特之处在于"话语权"。也只有在希腊城邦，所有城邦公民才可以自由地参与公共生活，自由地表达自己的观点。城邦生活的另一个特征是，那些组成城邦的公民，不论他们的出身、地位和职务有多么不同，从某种意义上讲都是同类人。这种相同性是城邦统一的基础，只有"同类人"才能结合成为一个共同体。这样，人与人的关系便表现为一种相互可逆的形式，取代了服从与统治的等级关系。

在西方古代历史发展中，从来没有出现专制政治局面，就走上了民主政治和法治社会的道路。即使在中世纪，因社会结构不同，最高权力也绝不可能到达"唯我独尊"的局面，反而是各个阶层相互妥协的产物，并通过宪法对最高权力的界线予以明确化。所以，统治者虽是万人之上却是法律之下，而法律乃神的意志。所以说，民主政治和法治思想在西方有深刻的社会历史根源。

（三）文化初态：阴阳思维与因果思维

中国文化和希腊文化有很多重合的地方，但中国早期是阴阳意象思维，只关心现象世界是具体"怎么样"，是经验感性的思维。西方早期是因果逻辑思维，更关心现象世界的背后究竟"是什么"，是超验理性的思维。

1. 中国早期的阴阳意象思维

中国农业文明孕育了中国先民早期的阴阳意象思维。农业生产在于顺天应时，春种夏长，秋收冬藏。只要不违农时，吃饭穿衣总是有所保证的。因此，人与自然的关系是和谐的，人们从来没有把自然当作对手来看待，他们总是在观察并总结经验。

中国先民对物质世界的直观概括，形成了阴阳、五行、八卦，这是中国早期的整体、循环、意象思维方式。"象"成为中国先民的思维工具，分为四层次——物象、性象、意象、道象。

第一层：物象——人、自然、社会可直接感知的、有形实像，如面象、气象等。

第二层：性象——物象中抽象出的某一方面属性之象，包括动态属性之象和静态属性之象。

第三层：意象——反映事物属性本质联系之象，如意思、意境。第四层：道象——规律之象，如道、阴阳、易、五行、八卦之象。

中国先民的思维方式不利于科学的发展。因为崇尚"天人合一"的中国先民，只关心表面现象的总结，思维方式是感性、直观体悟式的，所以缺乏从事科学研究的理性思维。

中国先民的思维方式导致中国宗教观念存在着薄弱特性。因为中国人的意象思维，不关心真实与虚拟的对立，缺乏抽象虚拟能力。而上帝是超验的，是经过理性思辨而虚拟抽象出来的。当然，中国宗教意识的淡薄，主要是因为中国的农业社会性质。在团粒结构中，个人缺乏个人独立意识，个人可以从群体中得到维持生存的物质和精神支持，不需要向虚拟神灵寻求庇护。

2. 西方早期的因果逻辑思维

西方"上帝观念"的产生主要有以下两个原因：一是工商社会个人生存方式的孤独感，使得个人需要向虚拟神灵求得精神的庇护；二是因果逻辑思维方式的超越精神。西方的商业文明孕育了西方先民的因果逻辑思维。

西方海洋民族的初始生存条件要比东方大陆恶劣得多。经商需要跨越荆棘丛生的高山峻岭和狂风恶浪，大自然似乎处处与人作对。此外，市场行情变化、生意场的险恶，促使他们去寻找"变"中的"不变"。西方早期就形成了"天人二分"的理性思维方式。万事有果必有因，于是因果思维方式产生了。他们关注事物现象背后的本质，探索战胜对手的对策，把握理论抽象的"逻辑在先"。这样，以探索事物本质为宗旨的科学研究，在欧洲形成深厚肥沃的土壤。理性思维方式是逻辑分析的方法。首先，把复杂事物的整体分解还原为部分，寻找各部分的特性因素；其次，建立逻辑认识体系，运用定义概念、判断命题，从已知现象推出未知本质。西方从此形成了强烈的理性传统。

综上所述，中国和西方由于自然条件、生存方式不同，中国形成了农业社会、臣民家国的专制政治模式、阴阳五行的意象思维方式，以及功利意识较强的文化性格；然而西方形成了商业社会，形成了公民城邦的民主政治模式，形成了因果逻辑思维方式。随着历史进程地发展，以及东学西渐、西学东渐，中西文化不断沟通和融合。

第二节 翻译

一、翻译的定义

一听到"翻译"二字，人们就会想要知道它的真正含义。翻译究竟是什么意思？这是一个见仁见智的问题。国内外众多专家学者都对"翻译"下了定义，以下将介绍其中较具代表性的几种。

（一）国外学者的定义

塞缪尔·约翰逊（SamuelJohnson）这样来定义翻译："To translate is to change into another language, retaining as much of the sense as one can."

卡特福特认为，翻译是用译语的等值文本材料去替换源语的文本材料。

苏联翻译理论家费道罗夫（Fedorov）认为，一种语言的内容和形式在高度统一的基础上传达着某些信息，翻译就是用另外一种语言将这些信息传达出来。

美国著名翻译理论家尤金·奈达（Eugene A.Nida）对翻译所下的定义是：

翻译是在目的语中寻找在意义、风格上和源语信息无限接近并且自然的对等话语。

苏联翻译理论家巴尔胡达罗夫（Barkhudarov，M.R.）认为，翻译是将一种语言产物转换成另一种语言而保持内容不变。

彼得·纽马克（Peter Newmark）对翻译所下的定义为："Translation is a craft consisting in the attempt to replace a writen message and/or statement ill one language by the same message and/or statement in another language. Translating is rendering the meaning of a text into another language in the way the author intended the text."（翻译就是把一个文本的意义按作者所想的方式移译入另一种语言。）

沃尔弗拉姆·威尔斯（Wils）这样来给翻译下定义："Translation leads from a source-language text to a target language text which is as close an equivalent as possible and presupposes an understanding of the content and style of the original."

根据斯莱普（Slype）的观点，翻译是为了达到意义的对等，用目的语转换用源语写的文本。

图里（Gideon Toury）认为："A translation is taken to be any target-language utterance which is presented or regarded as such within the target culture, on whatever grounds."

克里斯蒂安·诺德（Christiane Nord）对翻译下的定义是："Translation is the production of afunctional target text maintaining a relationship with a given source text that is specified according to the intended or demanded function of the target text."

（二）国内学者的定义

《辞海》对翻译下的定义是：翻译是把一种语言文字的意义用另外一种语言文字表达出来。

张今认为，翻译是用来沟通两个语言社会的手段，它要把原作中描述的现实世界的映像，完整地用另一种语言再现出来，从而达到促进本语言社会的政治、经济和文化进步的目的。

依据王克非的观点，翻译是将一种语言文字所蕴含的意思用另一种语言文字表达出来的文化活动。

张培基认为，翻译是准确而完整地用一种语言重新表述另一种语言的内容。中国当代学者王以铸将翻译定义为：优秀的翻译不是将原文一字一句地硬搬过来，而是传达原来文章的神韵。

孙致礼认为，翻译是用一种语言传达另一种语言所表达的意义，以达到交流思想情感、传播文化、推动社会文明，特别是促进译语文化发展的目的。侯林平认为，翻译是译者借助思维或信息科技的方法，用近似的译语去表达源语文本的意图，目的在于促进跨文化交际的顺利进行。

二、翻译的过程

翻译的过程是正确理解原文和创造性地用另一种语言再现原文的过程，其包括理解、表达和校核三个阶段。在翻译过程中，理解与表达互相联系、往返反复，因此不能截然分开。理解是表达的前提，没有正确的理解就没有确切的表达。当译者在理解的时候，他有意识或无意识地在选择表达手段；当译者在表达的时候，他又进一步加深了理解。无论是哪种语言之间的翻译，都需要反复推敲一个句子、一个段落、一篇文章的处理方法。

（一）理解阶段

译者通过分析原文的上下文来达到正确的理解，也必须据此来探求正确译法。要想实现确切的翻译，必须透彻地理解原文。这需要译者注意下列几点。

1. 理解语言现象

译者必须根据语境去理解原文的词汇和句子的含义。例如：

Suddenly the line went limp. "I'm going back，" said Kurth. "We must have a break somewhere. Wait for me. I'll be back in five minutes."

引爆电线突然牵拉下来。库尔思说："我回去看看。一定是哪个地方断了。等一等，我五分钟就回来。"

在上面一个例子中，有人把"We must have a break somewhere."误译为"我们必须找个地方休息一下"。出现这种翻译错误的原因是他没有根据语境去理解 break 的意思。break 包含多种意义，它既可表示"断"，又可表示"休息"。

2. 理解原文所涉及的事物

译者能正确分析原文的语言现象和逻辑关系，但没有透彻理解一些特有的事物或历史背景等。在这种情况下，正确的翻译也是不可能出现的。例如：

John can be relied on. He eats no fish and plays the game.

约翰为人可靠，他既忠诚又正直。

在本例中，to eat no fish 是典故，在英国伊丽莎白女王时代，耶稣教徒为了表示对政府忠诚，拒绝遵守反政府的罗马天主教徒在星期五只吃鱼的习俗，因此该典故是指"忠诚"的意思。to play the game 是习语，转义为"公平对待""为人正直"等。有的译者因为对上述两者不了解，就将后面一句直译为"他一向不吃鱼而且经常玩游戏"。因此，不知不觉就犯了可笑的错误。

3. 理解逻辑关系

原文里的词语和句子可能包含多个含义，译者需要通过语境去理解原文的逻辑关系，从而选择最准确的译法。例如：

It is good for him to do that.

本例存在以下两种不同的意义：

（1）这样做对他有好处；

（2）他这样做是件

好事。因此，译者就需要根据语境来推理，选用一种合乎逻辑的译法。

（二）表达阶段

在表达阶段，译者需要将自己对原文内容的理解用另一种语言重新表达出来。理解深刻影响着表达，但理解正确并不一定能够保证表达正确。因为表达包括以下几种方法。

1. 直译法

直译，不等于一字一字地死译或硬译，而是保持原文的内容、形式和风格等。

例如：

But I hated Sakamoto，and I had a feeling he'd surely lead us both to our ancestors.

但是我恨扳本，并预感到他肯定会领着咱们去见祖先。

在上述例子中，译者将第二个简单句直译成"……他肯定会领着咱们去见祖先"，不仅再现了原文内容，还再现了比喻的修辞手段。

需要指出的是，直译法不仅有助于保持原文的风格，而且有助于引进外国的一些新鲜词语、句法结构和表达方式，进而丰富、完善源语语言。例如，"连锁反应"就是 chain reaction 的直译。

2. 意译法

每一种语言在词汇、句法结构和表达方式上都会存在一些不同点，当原文内容与译文的表达形式不一致，意译是一种比较理想的选择。例如：

Don't cross the bridge till you get to it.

不必担心太早。（不必自寻烦恼。）在本例中，如果将这句话直译为"到了桥边才过桥"，读者就会感到莫名其妙，因此意译法是一个理想的选择。

在我国翻译界，关于直译法和意译法的争论已经存在了几十年。对于直译和意译，二者运用的时机不同。如果不注意使用条件，直译就会变成死译或硬译；意译就会变成随意发挥的乱译。

3. 直译法和意译法相结合

要灵活采取不同的翻译手段，实现直译和意译真正的用途。二者并不矛盾，都是为了准确再现原文的内容和形式，殊途同归。有的学者认为，一部优秀的翻译作品总是体现着直译和意译的结合。例如：

She didn't like him much，but if she went out with him，it'd be one in the eye for Kath.

她并不怎么喜欢他，可是如果她跟他一起出去玩，那倒可以让凯丝心中感到不是滋味。

上述例子也同时兼用直译法和意译法。To be one in the eye 原指"击拳时眼上被击了一拳"。如果把 It'd be one in the eye for Kath 直译为"那倒可以给凯丝眼上击一拳"，貌似通顺，事实上词不达意，因此将其意译为"那倒可以让凯丝心中感到不是滋味"，就更加接近原文的意思。

（三）校核阶段

在校核阶段，译者要进一步核实原文内容并且推敲译文语言。然而，无论在翻译时如何小心谨慎，难免会有漏译或误译的地方。因此，校核就显得非常必要。校核的内容如下：

1. 译文是否存在人名、地名、数字、日期等方面的错误；

2. 检查译文中词语、句子、段落等方面出现的错误并进行修改；

3. 检查译文中是否有冷僻的词汇或陈腔滥调并尽量加以修改；

4. 通常校核两遍。第一遍着重校核内容，第二遍着重润饰文字。如果时间允许，再把已校核两遍的译文对照原文通读一遍，做最后一次的检查、修改，务必在解决所有问题后再定稿。

三、翻译的标准

翻译的标准是翻译实践的准绳和衡量译文水平高度和好坏的尺度。关于翻译的标准，不同的学者可能有着不同的观点。笔者认为，忠实应该是翻译的唯一标准，这包括功能和文体上的忠实。下面对这两项进行具体的分析。

（一）功能的忠实

功能上的忠实，就是原文有什么样的功能，其译作也应该呈现这种功能。英国著名的翻译家、翻译理论家纽马克（Newmark）认为语言具备六种翻译的功能：

表情功能（expressive function），主要是表达发话人的思想；信息功能（informative function），主要是对语言之外现实世界的反映；祈使功能（vocative function），是使读者根据文本做出的反映；美感功能（aesthetic function），是使感官愉悦；应酬功能（phatic function），是使交际者之间保持接触的关系；元语功能（metalingual function），是语言对自身功能及特点的解释。因此，译者必须弄清楚原文的功能，这样才能使译文忠实于原文的功能。例如，中国人在见面寒暄的时候问"你吃了么？"并不是想要知道对方吃饭了没有，而是一种客套，在翻译的时候并不能翻译成"Have you had your meal？"这样就会失去原文的功能，应该翻译成 Hello 或者 Good moming 等。

（二）文体的忠实

文体不同，对忠实性的要求也就不相同。对于文学翻译和应用文翻译，忠实性要求再现原文的风格。

1. 文学翻译要求再现原作的风格

只有这样，译文读者才可以获得和原文读者同样愉悦的感受。必须注意的是，译者应该用符合译语的自然的语言来对原作品进行再现。例如：

Sweet and low，sweet and low，Wind of the western sea；Low，Low，breathe and blow，Wind of the western sea.

译文 1：西边海上的风啊，又甜又轻，又甜又轻；西边海上的风呀，一边呼吸一边吹着，很轻，很轻。

译文 2：西边海上的风啊，你多么轻柔，多么安详；西边海上的风啊，你轻轻地吹吧，轻轻地唱。

在原句中，诗人运用了重复、头韵、联珠等修辞格式。所以，译文应该展现出原文表达的音、意、形的美。将两句译文进行一下对比，很明显第二句译文较好。

2. 应用文翻译的格式转换

在应用文的翻译中，原文如果是比较正式的，那么翻译成目的语的时候应该转换成译语中相应的格式。例如：

张先生及夫人：

谨定于 2015 年 6 月 1 日星期六晚 7 时举行晚宴，敬请张先生及夫人光临。

地址：北京市西城区虎坊路 166 号

请回复

邀请人：李丽

邀请时间：2015 年 2 月 26 日

译文 1：

Dear Mr.and Mrs.Zhang，This is to invite you to the dinner party on Saturday，June 1，2015 at 7：00

p.m.

Looking forward to your coming.

Address：166，HuFang Road，xicheng district，Beijing Sincerely yours，Lili

译文 2：

Mrs.Lili Request the pleasure of the company of Mr.and Mrs.Zhang At dinner on Saturday，June 1，2015 at 7：00 p.m.at 166，HuFang Road，xicheng district，Beijing.R.S.VP.

第一篇译文传达出了原文的意思，但是并没有兼顾到文体，因此显得过于随便；而第二个译文就是符合原作要求的，展示其正式性。

四、翻译的价值

要研究翻译，不能回避翻译"何用"的问题，要回答翻译"何用"的问题，需要思考以下三个方面的因素。

第一，翻译之"用"的探讨建立在翻译观的基础之上。不同的翻译观，就会导致对翻译之"用"的不同定位。

第二，翻译之"用"的探讨需依据历史事实。当思考某一个历史时期的翻译现象时，要以对翻译事实的科学分析为依据。

第三，对翻译之"用"的探讨不能局限于某一时期的一件事，而应该采用发展和辩证的眼光。以下将从翻译观出发，系统地探讨翻译的理想作用与实际影响，进而阐明翻译的价值。

（一）翻译的社会价值

翻译活动的社会性就导致了翻译的社会价值，也就是翻译推动着社会的交流与发展，翻译对社会发展的推动力需要从源头来进行分析。

1.廖七一的观点

廖七一曾在《当代英国翻译理论》这一著作中说过，翻译在原始部落的亲善交往、文艺复兴时期的古代典籍的传播以及现在的跨文化交际中，都扮演着无法替代的角色。翻译活动有着悠久的历史、广泛的领域、丰富的形式，这又为翻译提供了客观条件。从本质上说，翻译所起的一种作用是沟通人类的心灵。翻译为克服因语言差异带来的交际障碍，提供了新的解决路径。翻译在给人类带来物质财富的同时，还带来了精神财富。翻译是人类社会交流文明成果的重要手段。因此，没有旨在沟通人类心灵的翻译活动，人类社会就不会像今天这样发达。

2.邹振环的观点

邹振环在《影响中国近代社会的一百种译作》一书中，具体论述了翻译对中国近代社会的影响和推动作用。他认为，翻译的交际性对社会有一种推动力。

交流是理解的基础，理解是使得世界各民族从狭隘走向包容的原动力。

3.鲁迅的观点

翻译对社会的推动力，还体现在翻译影响着民族精神和思维。在 20 世纪的中国，鲁迅对翻译事业做出了最为杰出的贡献。他引进了异域的新思想和精神生活，他以此对国人进行了启蒙教育。他在翻译领域表现出以下两个特点。

（1）他对弱小民族的精神生活、思想行动尤为关注。他认为中国还是属于被压迫的民族，因此被压迫民族的作品对中国读者有一定的借鉴意义，能激发中华民族的斗志。所以当其早年生活在日本时，就不断将被压迫民族的作品译介给中国读者。

（2）他希望通过翻译改造汉语，从而最终改造中国人的思维方式。这两个特点在本质上是相通的，翻译对精神和思维的塑造有着直接的影响，而精神和思维的塑造是推动社会变革的基本力量。

（二）翻译的文化价值

因为文化的丰富关系到文明的进步，所以翻译对于世界文明的发展也起着重要的作用。在分析翻译的社会价值之时，就涉及翻译的文化价值。季羡林认为，无论是在一个国家或民族内，还是在众多的国家或民族间，只要语言文字存在差异，就有翻译存在的必要。翻译是因人类相互交流的需要而出现的，所以翻译可以被理解为一种人类的跨文化交际活动。依据这一定位，翻译在人类文化发展中的作用就变得非常明确了。他将文化的发展分为诞生、成长、繁荣、衰竭和消逝五个阶段。从这一点可以看出任何文化都不是永恒的，那么人们就会思考中华文化能成为例外的原因，普遍认为是翻译的原因。中华文化犹如一条长河，有水满的时候，也有水少的时候，然而就是由于有新水注入，所以从未枯竭。有两次最大的注水，一次是从印度来的水，一次是从西方来的水，而这两次的注水都是依赖于翻译。

一个民族的文化是不断创造、不断积累的结果，而翻译就是促使这种结果产生的力量。一个民族有自己的文化传统，而不同时代会赋予传统以新的意义与内涵，语内翻译是对文化传统的一种丰富，是民族文化得以延续的一种保证。一个民族想要寻求发展，必须从封闭走向开放。无论自己的文化多么辉煌和精彩，都需要与其他文化进行交流，在不断碰撞中逐渐达成相互理解、交融。从文化交流与建设这个维度上看，翻译与民族的交往共生，与文化的互动同在。

（三）翻译的语言价值

翻译就其形式而言是一种符号转换活动。因此，符号的转换性成为翻译活动的一种特性。梁启超在《翻译文学与佛典》一文中，从词语的吸收与创造、语法、文化之变化等方面，讨论了佛经翻译文学对汉语的直接影响。他认为，当源语中表达新事物、新观念的名词，在目的语中没有对应的词语时，译者可以采取两种方法：一是袭用旧名，二是创造新语。袭用旧名，有可能因为失真，而使得翻译失去了作用，于是创造新语便成了译者青睐的一个选择。

梁启超还指出，以旧语译新观念，新观念必变质。所以，在佛经翻译中，不能用旧语翻译其中大量存在的新观念、新事物。

（四）翻译的创造价值

从社会层面上来说，任何社会活动都建立在交流的基础之上，而交流所带来的思想解放就是创造的基础。从文化层面上来说，在翻译中引进的所有"异质"因素，都具有创新的作用。从语言层面上来说，翻译只有进行大胆的创造，才能真正引进新事物、新观念。翻译给予原文新面貌、新活力、新生命，使其以新形式面对新的文化与读者。值得一提的是，任何创造都是继承与创新的过程。这种在与"异质"的交流、碰撞与融合中丰富自身的创造精神，就是翻译精神，它是构成翻译创造功能的源泉。

（五）翻译的历史价值

翻译的历史价值，体现在以下两个方面。

1. 经过对人类文明发展史的研究和分析可知，翻译在历史的推进中扮演着重要的角色。每一次重大的文化复兴都伴随着翻译的高潮，如古希腊、古罗马、加洛林王朝的文化复兴以及15—16世纪的文艺复兴，往往以翻译为先锋。

2. 翻译有其不可避免的历史局限性，因为翻译不是一个译者一次就能彻底完成的，尤其是那些个性突出的艺术作品，往往需要许多时代的译者的共同智慧。翻译活动所能达到的交流思想的程度是变化的，因为翻译活动受到人类的认知和理解能力的制约，但这种制约会随着人类历史的发展而不断减少。综上所述，翻译的社会价值重视交流，翻译的文化价值重视传承，翻译的语言价值重视沟通，翻译的创造价值重视创造，而翻译的历史价值重视发展。交流、传承、沟通、创造与发展，这五个方面也恰好构成了翻译的本质价值所在，它们也是翻译精神的综合体现。

第三节 英美文化背景

一、英国文化背景

（一）英国的名称

Britain，Great Britain，the United Kingdom，England，the British Isles 都可以用来指代英国，然而都不太全面。the United Kingdom（简写为 UK）是在联合国使用的名称，是 "the United Kingdom of Great Britain and Northerm Ireland"（大不列颠及北爱尔兰联合王国）的简称。"the United Kingdom" 这一名称最早使用于 1801 年大不列颠与爱尔兰正式合并之际。

严格地讲，England，Britain，Great Britain，British Isles 只能作地理名称使用。England 只是大不列颠的一个部分，它西接威尔士（Wales），北邻苏格兰（Scotland），人们有时用它指英国，原因是英格兰地理位置很重要，又是政治、经济、文化的中心，同时英国首都伦敦（London）也在此，且为许多国立机构和商业团体的总部。

Britain 是 Great Britain 的简称，包括英格兰、苏格兰和威尔士三部分，人们有时也将北爱尔兰列于不列颠之内，其实是错误的。Great Britain 这一名称最早使用于詹姆斯一世（JamesI）就职的 1603 年。

British Isles 包括大不列颠和爱尔兰岛（Ireland）以及它们周围的一些小岛，而爱尔兰岛是由北爱尔兰和爱尔兰共和国（Republic of Ireland））组成，因而也不能确切地指代英国。此外，还有 Britamnia（古英国的称呼），Albidn（是希腊、罗马人对英国的称谓），the British Empire（大英帝国）和 the British Commonwealth of Nations（英联邦）等，多用于历史或诗歌之中，也不能正式指代英国。

（二）英国概况

欧洲大陆（the European Continent）西部有 5500 多个岛屿，这些岛屿统称为不列颠群岛，其中最大的两岛是大不列颠岛和爱尔兰岛。大不列颠及北爱尔兰联合王国是由大不列颠岛和爱尔兰岛东北部及附近的许多岛屿组成，国土总面积为 24.4 万平方公里，总人口为 5800 万（1998 年），每平方千米的人口密度是 621 人。

英国绝大部分位于大不列颠岛之上，由南部和中部的英格兰、北部的苏格兰、西南部的威尔士、位于爱尔兰岛上的北爱尔兰以及大伦敦区（the Great London）等五部分所组成。根据 1972 年英国《地方政府法》（the Local Govermment Act），英国政府在英格兰和威尔士设 47 个"郡"（County）和在大城市集中的都市地区设 7 个"城市区"（Metropolitan District），区以下英格兰设"教区"（Parish），威尔士设"社区"（Community）；在苏格兰设 9 个大区（Region）和 3 个岛区（Island Area），大区以下设区（District）；在爱尔兰岛设 26 个区（District）；在大伦教区设 32 个市区（Borough）和 1 个伦敦城（City of London）。

英国的地理位置非常优越。它东濒北海（North Sea），西靠爱尔兰共和国（the Republic of Ireland）和大西洋（the Atlantic Ocean），东南隔英吉利海峡（the English Channel）同法国相邻，西北隔大西洋与冰岛（the Iceland）相望，和欧洲大陆之间的多佛尔海峡（the Strait ofDover）最窄处仅有 33 公里。全国地处北纬（north latitude）50 度至 60 度之间，东经（east longitude）20 度和西经（west longitude）10 度之间。

零度经线又称本初子午线（meridian），通过伦敦东南郊的格林尼治（Greenwich）。

英国海岸线长约 11450 公里，有许多优良的港湾，便于各种船舶停靠。

（三）英国地势

英国地势按其地形结构，大体可分为 4 个地形区：

1. 英格兰东南部的低地区（the Lowlands）

该地区位于奔宁山脉（Pennines）以南，威尔士山地（Welsh Massif）和康沃尔丘陵（the Cornwall Hills）以东，主要包括以塞文河（the Severn River）流域为中心的米德兰平原（The Midlands）、伦敦平原（London Plain）、威尔德丘陵（the Weald Hills）等。

2. 中西部山区（the Mid-West Highlands）

包括奔宁山脉、威尔士山地和康沃尔丘陵。该区有"英格兰背骨"（Backbone of England）的奔宁山脉，其西北部的坎布里亚山脉（Cumbrian Mountains）的斯可斐峰（Scufle Pike）海拔 978 米，为英国第三高峰。在坎布里亚山地中还有许多湖区，通称为"康布里安湖区"（the Lake District of Cumbria），"湖畔诗人"（the Lake Poets）威廉·华兹沃斯（William Wordsworth，1770—1850 年）、柯勒律治（Samuel Coleridge，1772—1834 年）

和罗伯特・骚塞（Robert Southey，1774—1843 年）都曾在此居住过。

3. 苏格兰高地（the Highlands of Scotland）

海拔多在 600 至 900 米，格兰扁山脉（Grampian Mountains）是该区的主要山脉，其主峰本内斯维（Ben Nevis），海拔 1343 米，是不列颠群岛的最高点。该区还有从马里湾（Moray Firth）到洛恩湾（Firth of Lom）横贯苏格兰北部的咯里多尼亚运河（Caledonian Canal）和中部断裂谷地（Middle Valley）、苏格兰中央平原（the Central Lowlands of Scotland）等奇特景区。

4. 北爱尔兰安特里姆高原（the Highlands of Antrim）

该区东北有安特里姆山（Mountains of Antrim），西北有斯珀林山脉（Sporran Mountains），东南是摩林山（Moume Mountains），中央是内伊湖（Lake Neagh）及其周围平原。

（四）英国气候

英国地处高纬度带（high latitudes），与美国的阿拉斯加（Alaska），苏联的堪察加（Kamchatka）和我国的黑龙江省所处的纬度差不多，但由于受到北大西洋暖流（the North Atlantic Drift）的影响，气候较上述地区温暖、湿润，属典型海洋性气候，因此表现为降水丰富、多雾和潮湿。

英国西部的年平均降水量可达 1000 毫米，东部和东南部为 700 毫米，几乎一年到头都降雨，秋季降水量约占总降水量的 28%。

英国的雾很有名，是由来自海洋的大量暖湿空气与岛屿上空较冷的气团相遇形成的。特别是在秋冬两季，英国往往是大雾弥漫，很难有一个天气晴朗的日子，再加上烟筒、壁炉、汽车排出的烟尘，更是浓雾笼罩，使伦敦素有"雾都"（City of Fog）之称。

英国的降雨多为细雨，伦敦的雨天每年可达 160 多天，西部的有些地方可高达 200 天以上，冬天仍有大量降雨。

导致这种气候的因素主要有三个方面：

1. 大不列颠群岛，特别是西海岸受到大西洋暖流影响表现为温暖；

2. 英国位于西风带，受西南风的影响，使该区温暖、湿润；

3. 英国的地形朝向海岸的入口，有利于海洋气流的进入，造成大量降水。

（五）英国人口

英国是世界上人口密度最大的国家之一，绝大多数人口集中在苏格兰和威尔士，3/4 以上的人口居住在城镇。在总人口中，约 1/3 的人口居住在以九大城市为中心的 7 个地区，如伦教、曼彻斯特（Manchester）、乌尔弗罕普顿—伯明翰（Wolverhampton Bimmingham）、格拉斯格（Glasgow）、里兹—布勒福特（Leeds-Bradford）、利物浦（Liverpool）和纽卡斯尔（Newcastle）。

英国民族是由欧洲大陆先后侵入到不列颠群岛的多种不同部族混合组成的。主要民族为英格兰人，他们是盎格鲁—撒克逊（Anglo-Saxon）人的后裔，约占全国人口的 84%；此外，苏格兰人约占 10%；威尔士人（the Welsh）约占 2%；爱尔兰人占 4%，这就是我们之所以泛指英国人时要用"British"或"Briton"，而不用专指英格兰人的"English"一词，否则可能引起其他民族的反感。英国绝大部分居民都讲英语。在威尔士地区有不少居民使用威尔士语（Welsh），在苏格兰西北高地和北爱尔兰也有少数居民讲盖耳语（Gaelic）。英国居民大多信奉基督教，基督教是英国的国教；在苏格兰也有不少的居民信奉苏格兰教（the Church of Scotland）；在北爱尔兰，部分居民信奉天主教（Roman Catholic Church）等。

英国是世界上向外移民最大的国家之一，主要移向美国、加拿大、澳大利亚、新西兰等国。与此同时，其他国家的人也有移居英国者，他们大多来自西印度群岛、印度、巴基斯坦和非洲等地。在英国的华裔居民约有 5 万多人。

（六）英格兰

英格兰位于不列颠岛中部和南部，总面积为 130362 平方公里，人口 4600万，占英国总人口的 4/5，其中 80% 为城市居民，主要居民是英格兰人。

英格兰地形主要分为高地区和低地区。奔宁山脉（the Pennies）、伦敦低地（London Lowland）都位于该区。该地区的主要河流有泰晒士河（the Thames River）、塞文河（the Sevem River）和特伦特河（the River of Trent）。由于受东南风和北大西洋暖流的影响，该区属温带海洋性气候。地方政府通过郡和下属的区进行两级管理，伦敦有 32 个单级管理的自治市（borough authorities），其他地区有 6 个大都会郡（metropolitan countis。

英格兰被誉为"工业革命的摇篮"，采煤、钢铁制造、重型机械制造、纺织工业、造船业在世界上都占有重要地位。农业以乳品业、园艺业和捕鱼业为主。

英格兰建有 4 条长距离高速公路，1993 年投入使用的穿越海峡隧道、希罗机场及加特威克机场（Heathrow and Gatwick）使英格兰交通业特别发达。另外，英格兰的旅游业和娱乐业在近年来也得到很大发展，为英国政府创造了可观的外汇收入。

（七）苏格兰

苏格兰位于不列颠本土最北部，南临英格兰，东靠北海，西面和北面临大西洋。总面积为 78772 平方公里，占不列颠岛面积的 1/3，人口约 511 万，占全国总人口的 1/10，首府爱丁堡（Fdinbungh）。

苏格兰从 1 世纪至 4 世纪被罗马人称为"喀里多尼亚"（Caledonia），到 11 世纪始称"苏格兰"，1018 年建立了"苏格兰公国"（the Kingdom of Scotland）。1603 年苏格兰国王詹姆斯六世（James VI）继承了英格兰的王位，称大不列颠王国的詹姆斯一世（James1），苏格兰同英格兰合并，但该区在立法、宗教、管理和教育体系等方面享有其独立性。

苏格兰地形分为三个区：高地区（the Highlands）、中部低地区（the Central Lowlands）和南部山地区（the Uplands）。北部高地人口稀少，有不少蓝色深湖，有的还颇富有传奇色彩，如以尼斯湖怪兽（Loch Ness Monster）闻名于世的尼斯湖（Loch Ness），全长 36 公里，有些地方水深 213 米；低地区主要是工业区和农业区，居民大都住在该地区。苏格兰的气候属于温和的海洋性气候，年降水量 1300 毫米。农作物以大麦、燕麦、小麦和土豆为主，畜牧和饲养业也占有重要位置。

苏格兰有丰富的森林资源，煤、黄金、白银、铅、锡蕴藏量也很大。工业以金属加工、印刷、酿造、纺织业为主。苏格兰威士忌（Scotch Whisky）驰名世界，素来享有盛誉。

苏格兰分为 33 个郡（counties）和 4 个主要郡级市。最大的城市是格拉斯哥（Glasgow），是英国的第三大城市。苏格兰的居民主要是凯尔特人（Celts）、盎格鲁人（Angles）和日尔曼人（Normans），讲英语和苏格兰盖尔语（Scotish Gaelic）。苏格兰教会（Church of Scotland）管理苏格兰的宗教，有教徒 120 万人。

苏格兰有四所创建于 15 到 16 世纪的大学。它们是：圣安德鲁斯大学（University of StAndrews，1411 年）、格拉斯哥大学（Universityof Glasgow，1451 年）、艾伯第大学（University of Aberdeen）和爱丁堡大学（University of Edinburgh）。每年 8 月在爱丁堡举办的"爱丁堡国际艺术节"（the Edinburgh Intemational Festival of the Arts）吸引了世界各地的艺术家和无数的旅游者前来表演和观光。

（八）威尔士

威尔士又称威尔士城（the City of Wales），或威尔士公国（the Principality of Wales）。它位于不列颠大陆最西部的利恩半岛上（the Lieyn Peninsula），东接英格兰，西邻爱尔兰海（the Irish Sea），北靠利物普湾（Liverpool Bay），南滨布里斯托尔海峡（Bristol Channel），南北距离 130 英里，东西宽度从 45~100 英里不等。

威尔士有 13 个行政郡和 4 个乡村区，总面积 21 万平方公里，人口 289.9 万，多分布在南部矿区和工业区，首府在卡迪夫（Cardiff）。

威尔士的地形以山地为主，海拔多在 2000 英尺以上，其中北部有风景如画的大山——斯诺登尼亚山脉（Snowdonia），其主峰斯诺登（Snowdon）海拔为 1085 米，为该区最高峰，是英国的第二高峰。

斯诺多尼亚国家公园（the National Park of Snowdonia）是著名的游览胜地。威尔士还有多变的地形，既有高原、丘陵、潮泊；又有平原和峡谷低地，因此威尔士被称为"威尔士公园"（the Park of Wales）。

威尔士的气候属于海洋性气候，大西洋潮湿的空气影响着该地区。年降水量为 1357 毫米。农业以畜牧业为主，煤炭开掘、金属加工、天然气和发电是其支柱产业。森林、铅、锡锭也占有十分重要的位置。

威尔士同英格兰的联系有着悠久的历史。早在 1301 年，爱德华一世国王（King Edward I）征服威尔士时把其长子称为"威尔士之子"（Prince of Wales）。1536 年根据《联合法案》（the Act of Union of England），威尔士同英格兰合并，但保留其英镑硬币。目前仍有部分人讲威尔士语，威尔士的居民几乎都是新教徒。

威尔士人以其漂亮的歌喉闻名于世。因此，威尔士又有"歌乡"（The Land of Song）之美称。

（九）北爱尔兰

北爱尔兰（Northem Ireland）在 20 世纪初是爱尔兰共和国的一部分。早在中世纪，它已发展成阿尔斯特王国（Kingdom of Ulster），后成为阿尔斯特省（Province of Ulster）。16 世纪由于英格兰和苏格兰的宗教改革（the Reformation），许多英格兰和苏格兰的新教徒（the Protestants）到此定居，北爱尔兰成了新教徒的聚集地，后来组织、发展成为人多势众的"民主统一党"（the Democratic Unionist Party），坚决主张北爱尔兰留在联合王国的版图内。而爱尔兰的其他地区则被罗马天主教所控制，在其基础上形成了"社会民主工党"（the Social Democratic and Lalbour Party），希望和平解决北爱尔兰问题，早日过上太平日子。1921 年依据《英爱协议条款》（the Treaty betwen the rish and British Covermments），北爱尔兰成立了自己的议会。经过一系列的选举后，新教徒政府组成，但被排除在政界之外的罗马天主教徒开始加强了反对新教统治的斗争，结果导致了 60 年代后期一场强大的民权运动。教派之间的纷争和动乱随后被双方极端分子所利用，尤其是被爱尔兰临时共和军所利用，因而发生了大规模的流血和冲突。1969 年英国派军队去北爱尔兰维护和平，北爱尔兰政府也多次进行改革，但都没能消除天主教徒之间的怨恨。因此，1972 年英国政府决定对北爱尔兰实行直接统治。虽然英国政府，特别是英国陆军和北爱尔兰警察部队做了很大努力，但政治组织新芬党（Sinn Fein Party）的暴力和恐怖活动从未间断，而且愈演愈烈，并蔓延至英国本土。目前，爱尔兰共和军在英国本土上的恐怖活动还在继续，但暴力行动的水平和规模要大大低于 20 世纪 70 年代。

北爱尔兰地形复杂、多变，年降水量为 1200 毫米，湖泊很多。

英国的第一大湖——内伊湖（Lake Neagh）是一个内陆湖，东端被群山所环抱。北部秀丽多姿的摩林山（Mourme Mountains），常为诗人所吟颂。全境常年青翠，四季如春，水光山色，风雅宜人，被称为 "Areas of Outstanding Natural Beauty"。

北爱尔兰有 6 个郡，首府是贝尔法斯特（Belfast），面积为 1.4 万平方公里，人口 154.5 万，全区有造船、航空、机械、纺织、化学、服装等工业。乳用畜牧业发达，农作物以麦类和马铃薯为主。

二、美国文化背景

（一）美国的名称

美利坚合众国（the United States of America）是美国最早脱离英国殖民统治的 13 州于 1781 年根据《独立宣言》（The Declaration of Independence）成立的，也是美国正式的国名，它由 50 个州组成，其国名也可缩写为 the U.S. 或 the USA。the United States 是美利坚合众国的简称，缩写为 the US。the States 是美国国外对美国的口语称法，但国内一般不用。

America 是对美国的一种指代称法。严格地讲，America 是美洲而不是美国，但习惯上常指代美国，如 Life in Moderm America，the Voice of America 等。

Uncle Sam 是对美国、美国政府和美国人的一种诙谐称法。据说这种称法来自第二次美英战争期间的一个叫 Samuel Wilson 的肉食品商。他在自己装肉食品的货桶上写着 U.S.，即 United Stales 两个缩写字母。纽约一个名叫 Elbert Anderson 的人在检查这批货时又把自己名字缩写为 E.A.，写在 U.S. 两个字母上面。当有人问他这 4 个字母表示什么意思时，他答道："I don't know unless they mean Elbert Anderson and Uncle Sam Wilson"。到第一次世界大战期间，一位名叫 James Montgomery Flagg 的画家为军队招募士兵画了一张广告画，上面画着山姆大叔用手指着看招贴人的形象，并写着 "IWANT YOU FOR

THE U.S.ARMY，ENLIST NOW"的字样，意思是：

"美国政府需要你参军，快去报名"。由于 Uncle Sam 与 United States 缩写字母相同，从那以后美国被诙谐地称为"山姆大叔"（Uncle Sam）。

此外，Yank（Yankee）（扬基）、Broiher Jonathan（典型美国人）、Usian（美国人）、Americana（美国人）等也只是对美国人的戏谑或轻蔑的称法，不能用作国名，只能在特定的场合下才能使用。

（二）扬基

"扬基"（Yankee）一词的出妻，已有 300 年的历史了，它最初指美国新英格兰（New Engleud）地区的人，尤其是指守旧、节俭、精明的新英格兰人。有些学者认为"扬基"来自苏格兰语（Scotish），原意"精明机警"。其根据是即使现在那些聪明的商人仍被称为"扬基商"（Yankee traders）；当然还有更多的人认为该词来自荷兰语（Dutch）中的 Jan（相当于英语人名 John）加上昵称词尾"ee"变来的。

这种说法是：很久以前，德国人把制作干酪（cheese）的荷兰人（Hollanders）叫作"Jan Kees"。17 世纪早期这些荷兰人有些移居到美国，在新英格兰定居下来。他们很会种地，常常讥笑那些在山坡石头上开荒的移民，并把自己的绰号送给了这些新英格兰移民。英国人很快采纳并把新英格兰的人称为"Yankee"。

扬基歌（Yankee Doodle）是美国独立战争时期一首流行歌曲。

歌词原是 1755 年法国人与印第安人作战时，英国一个军医为了嘲笑印第安士兵而作的。后来英国士兵就向美国殖民地人唱起"Yankee Doodle"（doodle 意思是"傻瓜"），以此嘲笑他们。1755 年 4 月 19 日，美国人在波士顿附近的一次战役中打败英国人，他们自豪地唱起扬基歌，称自己为"扬基人"。在北美独立战争中（the War of American Independence）美国人第一次在波士顿（Boston）打败了英国人，他们就自豪地称自己为"扬基人"（Yankee）；"美国内战"期间（the American Civil War），"扬基"的含义更加广泛了，南方军称北方士兵为"扬基兵"（Yankee Soldiers）；在第一次世界大战期间，这个词简称为"Yank"。协约国（the Allied Nations）的每一个人都很熟悉的一首歌就是"The Yanks are coming"。

今天，"Yankee"一词统称美国人（汉译为"美国佬"，含有贬义），但在美国国内仍用来指新英格兰人和北部几个州的人。

（三）美国的地理概况

美国位于北美洲中南部，处在西经 6650'~124030'，北纬 25°35'~49°

之间，面积有 9363000 平方公里，仅次于俄罗斯、加拿大和中国，是世界第四大国，约占地球陆地面积的 6.3%。美国幅员辽阔，既有大片的森林、山脉、高原、沙漠，又有富饶的平原。美国东连大西洋，西接太平洋，北起加拿大，南到墨西哥海湾，海岸线大约 22680 公里。

美国从 1783 年摆脱英国殖民主义统治初期的 13 个州，已发展为 50 个州和一个特区。除位于北美洲西北部的阿拉斯加和中太平洋北部的夏威夷远离美国本土外，其余 48 州连成一片。阿拉斯加是美国各州之中面积最大的一州，而罗德岛州（Rhode Island）则是面积最小的一州。

此外，美国还有许多殖民地、海外领地和托管区（trust regions），如波多黎各自由联邦（Puerto Rico）、维尔京群岛（the Virgin Islands）、巴拿马运河区（the Panama Canal Zone）、约翰逊岛（the Johnson Island）、关岛（the Guano Island）、培克尔岛（the Baker Island）、凤凰岛（或菲尼克斯岛）（the Phoenix Islands）等。

（四）美国的地形

美国的地形大致可分为：

1. 东部大西洋沿岸区和阿巴拉契亚山区（Regione of the AtlanticSeacoast and the Appalachian Mountains in the East），该区北起纽约南到格兰德（Rio Grande），东起大西洋海岸，西至阿巴拉契亚山区。美国最大的平原"东南沿海平原"（the Southeastem Coastal Plains）和阿巴拉契亚山（the Appalachian Mountains）都位于此。阿巴拉契亚山北起缅因（Maine），向南弯弯曲曲抵达阿拉巴马（Alabama）中部，长约 3000 公里，由于多年的侵蚀，大部分山脉都低于 1100 米，但森林资源很丰富。阿巴拉契亚山脉与大西洋海岸之间的低地形成大平原，该地区是美国工业最发达地区。

2. 中部平原区（Regions of the Great Mississippi River Basin in the Middle, or Central Plains）。该区北起大湖区（the Great Lakes），南到墨西哥湾（the Gulf of Mexico），东起阿巴拉契亚山脉，西至落基山（the Rocky Mountains），几乎占美国本土面积的一半。它又可分为两部分：中部低地（the Central Lowland）和西部高平原区（the High Westem Plains）。

3. 太平洋沿岸落基山脉区（Regions of the Rocky Mountains West to the Pacific Ocean）。该区主要指落基山脉以西的高山区。这里有横贯南北美洲的科迪勒拉山系（Cordilleras）东部山脉，如海岸山脉（the Coastal Range）、喀斯喀特（the Cascade Range）、落基山脉（the Rocky Mountains），还有许多风景区，如黄石国家公园（the Yellowstone National Park）、大峡谷国家公园（the

National Grand Canyon Park)、死谷（Death Valley）、硅谷（Silicon Valley）等。

（五）美国的气候

美国大陆本土大致上介于北纬 25°至 49°之间，大部分地区属于北温带和亚热带。由于幅员辽阔，地形复杂，各地的气候变化很大，一般说来可分 7 个气候区。

1. 具有大陆气候的潮湿区，该区主要在东北部和五大湖区。

2. 亚热带湿润区，美国大部分地区因受到墨西哥湾暖流的影响，出现该气候区。

3. 热带湿润区，该气候区主要表现在佛罗里达半岛的南部。

4. 半湿润区主要表现在西经 100°以西的高原地带。

5. 半干旱区主要在西部和南部的山脉中，年降水量低于 500 毫米。

6. 温带海洋性气候区主要分布在太平洋沿岸，年降水量在 2000 毫米以上。

7. 地中海气候区主要分布在加利福尼亚南部地区。冬季温暖多雨，夏季凉爽少雨。

美国气候最显著的特点是：

（1）龙卷风多。

（2）夏威夷的考爱岛（Kauai lsland）是世界的另一个雨极，年降水量为 11680 毫米。

（3）美国的寒潮同亚马逊的寒潮不差上下。

（4）飓风和台风在世界名列前茅。

（六）美国的人口及分布状况

美国是世界上第三大人口国，1998 年人口为 2.67 亿，仅次于中国和印度。据美国人口普查局（the Census Bureau）每 10 年普查一次的人口，1790 年第一次人口普查的人数为 400 万人口，1880 年为 500 万，1920 年为 1.06 亿，到 1988 年为 2.44 亿。人口增长较为缓慢，目前美国的人口密度每平方千米为 72 人，大大低于世界平均水平。

美国素有"大熔炉"之称，其国民来自世界各地。第一批移民（immigrants）来自英格兰和尼德兰（Netherlands），以后欧洲各国的移民不断涌入美国。此外，非洲、亚洲和拉丁美洲的移民也纷纷涌来。特别是黑人，由于罪恶的奴隶贸易，使美国的黑人人数急剧上升，成为除非洲本土之外拥有最多黑人的国家之一。美国人口的分布很不均匀，有 95% 的人口居住在"大城区"（the metropolitan area，即 city-plus-suburbs），2/3 的人口位于东北部（the Northeast），这些地方成了美国人口最稠密的地区，而西部广大的山区人口却很稀少。美国人口的另一个特点是其流动性，被称为"车轮上的民族"（the nation on the wheel）。17% 的人口因工作、气候、生活方式和其他原因，每年搬一次家。近几年来，大量的美国人涌到南方的"太阳带"（Sun Belt），目前得克萨斯人口已超过宾西法尼亚、伊利诺斯和俄亥俄，成为美国第三大州。南部地区的人口也急剧上涨。

第四节 语言与文化的密切关系

什么是语言？20 世纪初瑞士语言学家索绪尔（F.de Saussure）对语言的定义被广泛接受并奉若神明，他说语言是表达观念的符号系统。不少语言学家把自己的注意力就集中在揭示和研究这种作为语言底层或基础的系统上，直到第二次世界大战后的 20 世纪 50 年代开始，由于社会语言学的建立和发展，人们才开始注意到语言与文化有密切的联系。语言的使用离不开人，而人又离不开某个特定的社会文化。所以把语言作为一个自足的封闭的符号系统来研究是绝对不够的，必须宏观地与社会文化联系起来。研究的重点不能局限在语言自身的系统，而必须研究其功能，要从纯语言形式的研究深入到实际情景中使用的语言形式的研究。

那么，什么是文化呢？"文化"这个词是当下人们谈论最多也是使用频率最高的词汇之一，但是其意义也是最不确定、最为含糊不清的。著名翻译理论家刘这庆教授在《文化翻译论纲》一书中指出：迄今为止，还没有一位研究者对"文化"一词提出过令人完全满意的定义。在汉语中，我们可以有"学文化""有文化""文化人""文化局""茶文化"，直到"文化大革命"等各种涵盖意义不同的"文化"，各门学科也都有从它自身研究范围的特点为出发点的"文化"。据统计，文化的定义大约有 250 种之多。但是普遍公认的给文化下的比较早、比较完整的经典定义的是英国人类学家爱德华·泰勒（Edward Tylor）。他在 1871 年《原始文化》（The Primititve Culture）中对文化的定义是："文化是一种复杂的整体，其中包括知识、信仰、艺术、道德、法律、习俗以及人们作为社会成员而获得的一切能力和习惯。"（Tylor，1990：52）他的这个定义几乎是所有社会语言学家和人类学家所遵循的。无疑，他在这一方面作出了巨大的贡献。但是，泰勒的这个定义也存在片面性，因为它只含了文化的精神方面。后来西方的社会语言学家和文化人类学家对文化所下的定义中包括了物质的方面。萨不尔（Edward Sapir）在其《语言论》（language）中是这样说的："Culture can be explained as what the society does and thinks."（"文化可看成是一个社会所做的和所想的一切。"）1952 年，美国学者 Alfred Louis Kroebery 与 Clyde Kluckhohn 在他们的著作《文化：关于概念和定义的评述》中总结了 164 条文化的定义，并提出了自己的文化定义："文化由外显和内隐的行为模式构成；这种行为模式通过象征符号而获得和传播；文化代表了人类群体的显著成就，包括它们在人造器物中的体现；文化的核心部分是传统观念，尤其是它们带来的价值观念；文化体系一方面可以看作是活动的产物，另一方面则是进一步活动的决定因素。"这一定义几乎涵盖了人类生活的方方面面。

根据《辞海》的解释，文化"从广义来说，指人类社会历史实践过程中所创造的物质财富和精神财富的总和。从狭义来说，指社会的意识形态，以及与之相适应的文化"。这一定义概括性较强，似乎过于笼统。梁漱溪对文化的含义有过更为细致的概括：

所谓一家文化不过是一个民族生活的种种方面。

总括起来，不外三个方面：

（1）精神生活方面，如宗教、哲学、科学、艺术等。宗教、文艺是偏于情感的，哲学、科学是偏于理智的。

（2）社会生活方面，我们对于周围的人——家族、朋友、社会、国家、世界——之间的生活方法都属于社会生活一方面，如社会组织、伦理习惯、政治制度及经济关系等。

（3）物质生活方面，如饮食、起居种种享用，人类对于自然界的各种要求等。

我们还要区分文化与自然。自然存在的东西不见得都是文化，只有当人们按照自己的意志去利用、改造或赋予它们某种意义时才成为文化。如太阳、月亮、东风、西风等自然现象并非文化，当人们赋予太阳、月亮等某种意义或某种联想时才成为文化；原始森林并非文化，当人们把它们保护起来或进行开发时才是文化；树木花草本身也非文化，当人们利用树、草来保持水土或绿化庭园，把花栽培起来用于观赏时才成为文化。另一方面，自然条件往往约束和影响一个民族、一个社会的生存与发展，自然与文化息息相关。一个民族的文化之所以具有某种特点，之所以与其他民族有所不同，自然条件有时起到了决定性的作用。因纽特人住在冰天雪地的北极圈，这决定了他们的生产方式和生活方式，从而影响到他们的思维方式、价值观、世界观。文化之所以具有鲜明的民族性是与其对应民族的生产方式、生活方式紧密联系的，而一个民族之所以会有这样那样的生产方式和生活方式，与其生活在其中的自然条件是密切相关的。

语言是文化的核心组成部分，也是承载和传承文化最主要的工具，因此，民族的文化特征无不通过民族语言体现出来。已故的美国语言学家萨不尔说：
"语言的背后是有东西的。并且，语言不能离开文化而存在。"（Sapir，1949：
221）可以说，语言与文化是不能互相割裂、互不相干的两样事物，同时语言
和文化又是一个不可分割、互相依存的整体。语言与文化的关系十分紧密又
相互区别，这主要表现在以下几个方面。

　　第一，语言只是文化的一个组成部分，因为物质文化并非语言，只有在
组织生产或说明使用这些实物时才必须用语言，在习俗和制度文化中当然要
使用语言，但也非绝对要使用语言。只有精神文化必须使用语言来表达，用
语言来记载。所以语言并非文化全部，只是文化的一个组成部分，当然是一
个十分重要的具有标志性的部分。语言作为一种特殊的社会现象，是在人类
进化、发展的过程中产生和逐步完善的，是由人创造出来的。从这个意义上
讲，语言又是文化的一个颇为特殊的组成部分。

　　第二，语言是文化的基础，是文化得以流传的载体，而文化是语言发展
的动力。正是借助语言，文化的各个组成部分——政治、法律、教育、风俗
习惯、宇宙观、艺术创造、思维方式等——才得以薪火相传，代代不息。另
一方面，只有文化发展了，语言才能发展。

　　第三，语言促进文化的发展。文化是语言发展的动力，反过来语言的丰
富和发达是整个文化发达的前提。我们可以设想，如果没有语言记载我们祖
先的知识和经验，后代人一切都要从头做起，社会就会停滞，更谈不上文化
的发展。我们还可以设想，如果没有语言作为桥梁，各个民族之间就无法交
流。人类就不可能相互吸收先进的知识和经验，这同时也会影响社会的发展
和文化的进步。

　　第四，语言是文化的镜子，它直接反映文化的现实和内涵。一个文化的
面貌可以在语言中得到体现。英国语言学家莱昂斯（John Lyons）曾说过：
"特定社会的语言是这个社会文化的组成部分，每一种语言在词语上的差异都
会反映使用这种语言的社会的事物、习俗以及各种活动在文化方面的重要特
征。"（Lyons，1968：30）正因为如此，在不同的文化里，在很多情况下是很
难找到意义完全对等的词语的。比如中文"东风"在英语中对应的词是"east
wind"，这样的译法没有异议，可是如果进一步探究的话，就会发现这两个词
语在以汉语和英语为母语的读者头脑中引发的联想又是有很大差异的：中国
人想到的可能是和煦温暖的，代表着春天和美好的事物；而在英国人眼中，
由于地理环境的差异，对"东风"无疑失去了那种美好的联想，他们想到的
只是凛冽的刺骨寒风。第五，语言和文化的密切关系还反映在语言的演化往
往同文化背景的改变息息相关。比如汉语中"小姐"这个词，在中国古代封

建社会中仆人用它来称呼主人家的女儿,新中国成立前常用作对未婚女性的称呼。新中国成立后至改革开放前,它变成了一个休眠词,而在 21 世纪的中国社会,在很多情况下这个词变成了中国女性不喜欢的称呼。这个词语逐步转变为带有贬义色彩的词语,这中间起根本作用的就是社会文化因素。不管是在汉语还是在英语中,这样的例子俯拾皆是,不胜枚举。

第五节 文化对翻译的影响

文化对翻译有一定的影响,主要可以表现在促进与制约两方面。下面从以下两点对其进行分析。

一、文化干预翻译过程

美国语言学家爱德华·霍尔(Edward T.Hall)认为,"翻译不但是两种语言体系的接触,而且是两种不同文化的接触,乃至是不同程度的文明的接触。翻译过程不仅仅由语言因素所决定,而且还由社会因素和心理因素所决定。"

上述表达的言外之意认为,翻译不仅仅是语言之间的转换,而且也是形式的转化,甚至是文化的转换。所以,翻译在语言转换的过程中要考虑交际语境。这里的交际语境指的就是文化因素。一方面,文化是共同性的,任何文化之间都会有一定的重叠,这也是翻译的基础;另一方面,文化也是多样性的,这便是翻译的难点。

对原文的理解固然重要,但翻译的最终结果却是要表达出来的。例如,一篇文章对读者所传达的不仅是文字知识,还包括其在特定社会条件下所形成的独特的文化信息。因此,如果译者仅从文字的表面推敲,就很难准确理解原文的精神实质,自然译文也难以再现原文的神韵。这就需要译者准确分析和翻译原文的文化意义,但由于译者本身也是一个文化个体,虽然他可能并没有意识到,但他确实正受到自身文化身份的影响。不仅如此,这种文化烙印的影响会贯穿翻译过程的始终。

二、文化影响翻译形式

文化具有强势与弱势之分,文化的强势与弱势指的是某一文化领域的强与弱,它会影响翻译进行的形式。翻译什么样的作品、如何翻译,既受译者本身文化身份的影响,也视文化环境和文化背景而定,特别是受强势文化的制约。翻译本身是有一定目的性的文化活动。在具体的两种语言的对译中,强势和弱势文化在选材上的不平衡现象就更加明显。

例如，在历史上，罗马人征服希腊后，带着一种"胜利者"的心态，把希腊作品视为一种可以由他们任意宰割的"文学战利品"而对其进行随意翻译。又如，在我国晚清西学东渐的背景下，《圣经》的汉译也是以外来译者即西方来华的传教士为主体。面对晚清社会的落后，他们比先前的外来佛经译者表现出更强的使命感，认为拯救中国是历史赋予他们的使命。事实上，这既是传播基督教思想，也是对我们民族进行政治上与文化上的渗透。

第二章 英美文化概述

第一节 英国、美国的文化基本状况

一、英国教育

英国是一个有悠久教育传统的国家。它的教育体系经过几百年的沿革，已经相当的完善和复杂，且具有非常大的灵活性。总体来说，英国教育可分为三个阶段：义务教育（Compulsory Education），继续教育（Fuither Education）和高等教育（Higher Education）。

（一）义务教育

英国的中小学教育属于强制性教育或义务教育。它分为两种教育制度：一种是公立学校（state school），一种是私立学校（public school）。前者占大多数，后者数量较少，但影响很大。无论公立还是私立，均有不少高水平的学校，如私立名校伊顿公学（Eton College）。因此，学校的水平好坏，不可仅凭公立或私立一概而论。

就课程和学历资格而言，英国存在两种不同的体制，一种是英格兰、威尔士和北爱尔兰教育体制，另一种是苏格兰教育体制。英国的学生从四岁开始接受义务教育，享受全免费的国家福利，学校甚至还提供免费的午餐，所有的家长必须把自己的孩子送到学校读书。小学教育一般持续到 11 岁，然后进入中学。英国的中学通常不分初中高中，多数实行中一（Fom1）到中五（Form5）五年一贯制。

学生完成中学教育最后两年（中四、中五）后可以取得普通中等教育证书（General Certificate of Secondary Education，简称 CCSE）。

（二）继续教育

对于中学毕业后愿意继续求学的学生，可进入继续教育或高等教育。继续教育是英国教育体系中最有特色、最精彩的部分，它是继小学（Primary）、中学（Secondary）教育之后的"第三级教育"（Tertiary）。继续教育由继续教育学院提供，设有各种专业的技术文凭课程，同时也提供高等文凭课程和少量的学位课程。

（三）高等教育

1. 大学

英国大学共有 90 所，以其高水平的教育和科研闻名于世。绝大多数大学都同工商界保持着密切的联系，其先进的教育理念和设施一直吸引着海外学生赴英学习。英国大学都是独立的自我管理机构，有权设置不同课程，并根据开设课程授予学士、硕士和博士等不同学位。

2. 学院与高等教育学校

英国的学院和高等教育学校产生于 70 年代，这类学校一般规模与占地面积都较小，但这类学校具有关心学生、注重教师与学生联系的特点，它们可提供水平不同、专业各异的各类课程。除了本科生课程外，学校还设置许多专业性的或供有一定工作经验的学生选读的课程。

一些学院和高等教育学校还开设两年制或三年制的专业课程。两年制课程完成后，学生考试合格，可获取高等教育文凭证书（Biploma in Higher Education）。学生毕业后，如果申请本科生课程，其两年制所学课程有可能被录取大学认可。三年制课程主要是为工业界培养职业学生，学生毕业后，可获得高等文凭证书（Higher Diploma）。

英国学年一般为三学期制，学年于 9—10 月开始，至次年 6—7 月结束。三学期的开学时间分别是 9—10 月、1 月、4 月。

3. 学位

一般而言，英国的学位分为：学士学位（Bachelor Degree）、硕士学位（Master Degree）、博士学位（Doctor of Philosophy）。学士学位可分为文学学士（Bachelor of Arts）、理学学士（Bachelor of Science）、法学学士（Bachelor of Law）和工程学士（Bachelor of Engineering）等类别。但很多情况下，相同科目的学位课程，在不同的学校会颁发不同的学位名称。如：法律专业的学生，通常被称为法律学士或文学学士。硕士学位可分为授课形式的学位课程或以研究专修形式的学位课程。授课形式的学位课程一般为 1 年，学生必须上一定学时的课程，每学期写出规定数量的论文，年终递交最后的毕业论文。研究专修的硕士学位，通常需要两年的时间，主要在导师指导下从事论文写作工作。硕士阶段授予的学位有文学硕士、理学硕士、法律硕士或工商管理硕士等。研究专修的硕士学位主要有哲学硕士或文学硕士。各种专业的博士学位通常需要申请人在至少学习两年相关专业并获得哲学硕士学位后，才可以申请攻读，博士生至少在从事 3 年的研究工作后，才可获得博士学位。

二、英国文学概述

英国文学源远流长，经历了长期复杂的发展演变过程。在这个过程中，文学一方面遵循着自身的发展规律，另一方面又受到各种历史的、现实的、政治的和文化的力量的影响。按时间先后顺序来划分，英国文学历经盎格鲁 - 撒克逊、文艺复兴、新古典主义、浪漫主义、现实主义和现代主义等不同历史阶段。

公元 5 世纪中叶，盎格鲁—撒克逊语（Anglo-Saxon）或称古英语（Old English）开始在不列颠广为传播。头韵史诗《贝奥武甫》（Beowuyf）是盎格鲁 - 撒克逊时代最重要的古英语文学作品。

1066 年"诺曼征服"之后，伴随着法国文化和法语在英国上层社会的兴盛，以表现骑士风度为基本主题的"浪漫传奇（Romance）"这一文学形式风行一时，流传最广的是关于亚瑟王及其圆桌骑士（King Arthur and His Knights of the Round Table）冒险经历的故事。

整个中世纪文学史中成就最大的杰弗利·乔叟（Geoffrey Chaucer, 1343—1400）开创了英国现实主义文学的传统并把"英雄双韵体"（heroic couplet）这一诗歌韵律从法语引入英诗，他创作的《坎特伯雷故事集》（The Canterbury Tales）逼真全面地描绘了中世纪英国社会千姿百态的生活风貌。抒情诗（Lyrics）、民间故事（Folk Tales）和民谣（Ballads）等口头文学形式在 12 世纪后开始被记录下来，并在 15 世纪的英国文坛盛极一时。

15 到 17 世纪文艺复兴时期，英国先后出现了一大批杰出的文学家，他们用自己的作品积极宣扬人文主义思想，提倡个性解放、积极进取。托马斯·莫尔（Thomas More, 1478—1535）的《乌托邦》（Uuopia）描述了一个人人平等、社会和谐的理想国，开了近代欧洲描述空想社会理想著作的先河。诗人埃德蒙·斯宾塞（Edmund Spenser, 1552—1599）为英国诗歌创造出一种独特的"斯宾塞诗节（Spenser Stanza）"，代表作有长诗《仙后》（The Faerie Queene）等。散文家是弗兰西斯·培根（Francis Bacon, 1561—1626）的《论文集》（Esays）取材广泛、明白晓畅、发人深省。16 世纪末，英国戏剧进入全盛时期。克里斯托弗·马洛（Christopher Marlowe, 1564—1593）创作的新戏剧《帖木儿大帝》（Tamburlaine）、《浮士德博士的悲剧》（The Tragical History of the Life and Death of Dr.Faustus）和《马耳他岛的犹太人》（The Jew

of Maka）反映了文艺复兴时期那种永无止境的探索精神和极端的个人主义。英国文艺复兴时期最杰出的作家当推威廉·莎士比亚（William Shakespeare，1564—1616），他创作的长诗、十四行诗和戏剧展现了封建制度和资本主义制度交替时期波澜壮阔的历史画面，宣扬了人文主义和个性解放。

17 世纪的英国文坛绚烂多姿。这一时期英国最伟大的作家约翰·弥尔顿（John Milton，1608—1674）完成了长诗《失乐园》（Paradise Lost）、《复乐园》（Paradise Regained）和诗剧《力士参孙》（Samson Agonistes），表达了他对资产阶级革命始终不渝的态度。

约翰·班扬（John Bunyan，1628—1688）的《天路历程》（The Pil.grim's Progres）为读者展现了 17 世纪王政复辟时期英国社会的一幅现实主义图景。诗歌方面出现了以约翰·邓恩（John Donne，1572—1631）、乔治·赫伯特（George Herbert，1593—1633）和安德鲁·马韦尔（Andrew Marvell，1621—1678）为首的玄学派诗人和以本·琼生（Ben Johnson，1573—1637）为首的"骑士派诗人"。查理二世复辟后，英国戏剧尤其"风俗喜剧"（Comedy of Manners）获得新生，取得了突出的成就。17 世纪也是英国散文发展的重要阶段，出现了罗伯特·伯顿（Robert Burton，1577—1640）、托马斯·布朗（Thomas Browne，1605—1682）和约翰·德莱顿（John Dryden，1631—1700）等优秀的散文家。

18 世纪初，新古典主义（Neo-classieism）成为风尚，亚历山大·蒲柏（Alexander Pope，1688—1744）成为英国新古典主义诗歌的代表。讽刺散文作家乔纳森·斯威夫特（Jonathan Swift，I667—1745）的杰作《格列佛游记》（Gulliver's Travels）则讽刺和押击了英国社会各领域的黑暗和罪恶。小说作家也在这一时期纷纷对小说创作形式进行突破和创新。丹尼尔·笛福（Daniel Defoe，1660—1731）的《鲁滨孙漂流记》（Robinson Crusoe）成为英国现实主义小说的创始之作，现实主义小说在亨利·菲尔丁（Henry Fielding，1707—1754）的笔下更是得到了进一步的发展。塞缪尔·理查逊（Samuel Richardson，1689—1761）采用书信体创作小说，托比亚斯·斯摩莱特（Tobias Smollet，1721—1771）的作品是一连串发展迅速、变化急剧的冒险经历的组合；劳伦斯·斯特恩（Lawrence Steme，1713—1768）打破传统小说叙述模式，写法奇特。18 世纪中叶英国工业革命之后，感伤主义作品曾一度流行，作家们对资本主义工业化给大自然和农村传统生活方式带来的破坏发出悲哀的感叹，代表作家有奥利弗·哥尔德斯密斯（Oliver Goldsmith，1730—1774）、詹姆斯·汤姆逊（James Thomson，1700—1748）、威廉·柯林斯（William Collins，1721—1759）和托马斯·格雷（Thomas Gray，1716—1771）。18 世纪后半叶出现了最重要的喜剧作家：理查德·布林斯雷·谢立丹（Richard Brinsley Sheridan，1751—1816）。

18 世纪末、19 世纪初，欧洲文学进入"浪漫主义时期"。英国浪漫主义诗歌的先驱罗伯特·彭斯（Robert Bums，1759—1796）的诗作充满革命性、独创性和复杂性。威廉·布莱克（William Blake，1757—1827）的短诗则具有神秘主义色彩。1798 年，威廉·华兹华斯（William Wordsworth，1770—1850）与塞缪尔·泰勒·柯勒律治（Samuel Taylor Coleridge，1772—1834）合作的小诗集《抒情歌谣集》（Lyrical Ballads）标志着英国浪漫主义文学的真正崛起。

20 世纪初，本涅特（Armold Bennet，1867—1931）、威尔斯（Herbert George Wells，1866—1946）、高尔斯华绥（John Galsworthy，1867—1933）和毛姆（William Somerset Maugham，1874—1965）等作家坚持维多利亚时代的现实主义传统进行创作，用写实的方法记载社会转型时期资产阶级社会和家庭发生的变化。然而，现实主义小说创作传统很快就受到来自现代主义文学（Realism）的挑战，D.H. 劳伦斯（D.H.Lawrence，1885—1930）、弗吉妮亚·伍尔芙（Virginia Woolf，1882—1941）和詹姆斯·乔伊斯（James Joyce，1882—1941）都是英国现代主义文学的领军人物。此外，詹姆斯（Henry James，1843—1916）和康拉德（Joseph Conrad，1857—1924）等小说家开始对小说这一文学形式进行理论上的思考，力图表现他们认为更真实的体验。20 世纪 20 年代，T.S. 艾略特（T.S.Eliot，1888—1965）发表了代表现代主义诗歌创作突出成就的《荒原》，威廉·勃特勒·叶芝（Wiliam Butler Yeats，1865—1939）也通过自己的作品深入探讨人生哲学问题。30 年代的英国文坛出现了三种走向：一是关注当代政治和社会问题，创作具有左翼倾向的文学；二是抨击资产阶级中上层社会的腐败堕落，创作社会讽刺小说；三是消遣性文学的流行。这一时期的重要作家有伊夫林·沃（Evelyn Waugh，1903—1966）、J.B. 普里斯特利（J.B.Priestley，1894—1984）、格雷厄姆·格林（Graham Greene，1904—1991）和罗伯特·格雷夫斯（Robert Graves，1895—1985）等等。

二战结束之后，英国小说中洋溢着浓重的悲观主义情绪以及对现实的忧虑和不满，以贝克特（Samuel Beckett，1906—1989）为代表的荒诞剧是二战后的重要文学现象，其作品《等待戈多》（Waiting for Godot）已成为 20 世纪的经典之作。50 年代金斯利·艾米斯（Kingsley Amis，1922—1985）和约翰·韦恩（John Wain，1925—1994）等"愤怒的青年"（Angry Young Men）作家用自己的作品表现新的内容。20 世纪 60 年代出现了英国实验主义小说，约翰·福尔斯（John Fowles，1926 —）是实验主义作家的杰出代表，代表作有长篇小说《法国中尉的女人》（The French Lieutenant's.Woman）。

20 世纪八九十年代出现了受后现代主义思潮影响的"新型历史小说"，代表作品有格雷厄姆·斯威夫特（Grahm Swift，1949 —）的《洼地》（Waterland）等。战后英国文坛涌现出一批有着广泛影响的妇女作家。第二次世界大战期间和战后初期，英国戏剧创作除了艾略特的诗剧以外，总体来说，呈现一种不景气状态。20 世纪 50 年代中叶，出现了一批颇具特色的新戏，给英国戏剧发展带来活力。

20 世纪上半叶，艾略特雄踞英美诗坛，他的诗歌创作和文学批评思想对同时代和随后的诗人产生深远影响。后来出现了迪伦·托马斯（Dylan Thomas，1914—1953）的现代主义风格诗歌和以菲力普·拉金（Philip Larkin，1922—1985）为代表的"运动派"诗人。

20 世纪 70 年代以来英国诗歌从整体上看呈多极发展，地域性的倾向明显。20 世纪八九十年代，英国少数裔作家也在小说创作上取得令人瞩目的成绩。世纪末英国文坛异彩纷呈，现实主义与实验主义交错重叠，妇女作家和少数裔作家异军突起，英国文学呈多元化发展趋势。

三、英国体育概述

在古希腊，灿烂的文化、发达的哲学思想和教育思想带来了体育繁荣。希腊半岛进入奴隶社会之后，先后出现了 200 多个奴隶制城邦国家。为了生存和发展，各城邦国家之间不断发生战争，这更加促进了统治者对体育的重视。各个城邦国家纷纷实行强国强兵政策，重视民族体格素质的锻炼。古希腊人还在祭祀活动中诞生了古代奥林匹克运动会，为人类体育的发展做出了贡献。

欧洲进入中世纪（476—1640）封建社会阶段之后，经济文化落后。除了封建贵族子弟学校的骑士教育中包括骑马、游泳、投枪、击剑、行猎等体育技能的训练之外，一般教会学校的课程中则根本没有发展体能的活动计划，致使民族体质日衰，加之忽视防治疾病，造成当时流行病、传染病一度蔓延。

14、15 世纪，意大利开始文艺复兴运动，英国的哲学家、教育家洛克（John Locke，1632—1704）第一个倡导"三育"学说，即把教育分成体育、德育和智育 3 部分，并强调指出体育的重要性，主张在宫廷训练学校开设体育课程。18 世纪，法国出现了以反对教会权威和封建制度为目的的启蒙运动，其代表人物之一是法国的启蒙思想家、哲学家、教育家和文学家卢梭（Jean Jacques Rousseau，1715—1771）。他主张在教育上要顺应儿童的本性，让他们的身心自由发展。

到了 19 世纪，西欧各国之间战争频发，各国出于强国强民的需要开始重视体育。德国的"体操之父"古茨姆斯（J.F.Gutsmuths，1759—1839）激起了欧美亚各洲体操运动的热潮，正当各国纷纷采用和推广德国和瑞典体操的时候，英国由于其独特的社会条件，兴起了符合他们民族特点的户外运动、娱乐和竞技运动。随着英国殖民主义的扩张以及斯宾塞的著作流传，英国的户外运动、娱乐和竞技运动，逐渐在美国、欧洲以及其他许多国家得到传播。

（一）大众体育

英国可以算是体育大国，英国历届奥运会成绩最好的是 1908 年伦敦奥运会，夺得 56 金 50 银 39 铜，名列第一。20 世纪 30 年代以前，英国队在奖牌榜中一直名列前茅，后来虽然成绩日渐下降，但基本上保持在前十五名。在 2004 年的雅典奥运会上，英国共获得奖牌 30 枚，仅次于韩国，以 9 枚金牌排列第十位。

除了竞技体育之外，英国政府也特别重视国民的体育锻炼和身体素质。1936 年，英国政府颁布《公共健康法》（Public Health Act）。该法案规定地方政府有义务修建社区游泳设施。该法案及以后颁布的英国法规极大地促进了英国主要工业城镇的体育场地设施的建设，尤其是社区公园的发展。此后，英国的社区公园成为提供足球、橄榄球、壁球、网球等体育活动场地的主要场所。二战以后，英国许多政界人士发表报告，将人们孤独冷漠和大肆犯罪的不健康的社会心理和行为与缺少体育活动的机会联系在一起。著名议员克罗舍尔（Crowther）和阿尔伯马尔（Albermarle）分别于 1959 年和 1960 年发表报告，指出青少年刚刚毕业就走上犯罪道路与缺少体育休闲活动的机会密切相连。沃尔夫登体育委员会（Wolfen Committee on Sport）1960 年向英国国会提交的报告指出，缺少体育设施与犯罪率升高有关联。关于体育与社会稳定的关系的问题一直是英国政界讨论的一个重要议题，这一趋势一直持续到 90 年代。在 70 年代中期，随着英国经济的日趋恶化，失业人口的增多，英国地方政府大量修建体育设施，努力满足失意群体的体育需求。1981 年，英国体育理事会发动了"行为体育"（Action Sport）运动。该运动通过向基层社区派遣体育指导员，以整合对社会怀有不满情绪的社会群体。

面对当今社会由于人口老龄化、工作繁忙造成的时间压力以及各地体育条件的优劣差异等因素对体育活动参与率造成的不良影响，为了努力提高体育活动的关注度，鼓励人们长期坚持从事体育活动，养成积极运动的生活方式，并创造出一个有利于人们终生参与体育活动的文化氛围，英国体育界积极采取一系列对策，如：长期开展体育活动的社会推广，提高公众对体育锻炼益处的认识；建立综合表现评估系统，对体育界的成绩进行客观评价，促使地方政府认识到体育对于社区福利的重要性；改进英格兰体育理事会同其他体育机构的组织结构与合作伙伴关系等等。英格兰体育理事会还以 2002 年英国政府推出的"体育及健身活动普及计划"为基础，为 2020 年之前英国的体育发展制定了一项宏观战略——"英国体育框架"。这项战略的目标是使英国成为世界上最富活力的成功国家：促使普通人开始并坚持从事体育活动并帮助有才华的运动员取得优异的体育成绩。此外，英格兰体育理事会还将实施一项投资额达 1 亿英镑的计划——"运动英国"，目的是通过汲取世界各国的先进经验，找到实现英国体育目标的最佳方法。英国政府的这些努力取得了良好的成效，90 年代初有三分之二的英国人经常参加体育运动或积极性休息与健身活动；最近的调查也显示，全英格兰共有 30.4% 的人每周进行 5 次、每次持续 30 分钟的中等强度健身活动。除去因工作原因进行的锻炼外，有 22% 的人通过体育活动保持积极运动，36% 的人通过步行，另有 42% 的人是通过做家务或园艺等方式保持积极运动。

英国政府设立了一个"体育内阁"来负责确定体育发展战略重点及对其发展状况实施宏观监控，该"体育内阁"归属于"文化、媒体和体育部"，内阁成员为"文化、媒体和体育部"大臣。体育内阁只在必要时才开会，一般每年 2 到 3 次。1993 年英国政府把英格兰、威尔士、苏格兰和北爱尔兰的体育理事会确定为体育政策的执行机构，扩大了他们的行政权力。以英格兰体育理事会为例，它的主要工作是分配经费，向体育项目提供财政支持；责任是创造投入体育，取得成功的机会；制订英格兰的体育战略和达到政府制订的相关体育目标。1996 年，政府以颁布皇家宪章的形式设立了英国体育理事会，全面负责管理和分配政府的体育拨款、组织重大比赛和发展精英运动。

（二）学校体育

英国从 19 世纪下半叶开始形成了双轨制的教育制度：服务于普通公民的基础教育和准备升学的英才教育。在这样的教育制度下，选修制和按能力分班就成了英国教育的传统。英国体育课程选修从 12 岁开始，开设的方式是选择必修和任意选修。选择必修是规定若干项目让学生从中选择四个项目，任意选修是让学生自由选择 1—2 个项目。选修制促进了按能力分班的教学组织形式，这种分班形式有能力分组、能力分段、混合能力分组、学科能力分组四种形式。开展体育选修主要采用的是体育学科能力分组，这根据体育学科的特殊要求，以及学生的兴趣爱好和技术基础来划分班级和小组，采用的方式多种多样。例如，选择必修，可以在一个班级内划分成学习不同项目的小组或混合几个班级由几个教师任课，重新组合成学习不同项目的班级，在自由选择中，可以规定教师开设的项目和时间让学生自由选择。这种选修课和按能力分班的教学组织形式，是英国的传统也是英国体育教育的一大特色。体育课程中重视游戏和竞技运动，力图把教育体操、舞蹈、基础体力和游戏竞技统一起来，则是英国体育课程的另一大特色。为了使体育教育能够适应时代的发展，英国一直在积极进行学校体育与学校体育课程方面的改革。改革进程中，政府总是力图把课程标准、课程理论、课程内容、课程组织和考试办法中看来是分散或对立的方面，使其协调和统一起来，努力实现各方面的内部平衡，使之发挥综合性效应。在课程标准方面，努力实现国家标准和教师自主性的统一。在课程理论方面，英国贯穿着两条主线。一是重视儿童的个性发展，二是重视学生的基础训练。在课程的内容方面，英国寻求多样性与统一性的协调。英国的体育课程按照学生的年龄分段提出不同阶段的课程的共同要求。与此同时，又根据学校的特点以及学生需要、态度、能力、兴趣的不同，实施多样化的课程。1988年以后国家确定了体育课程标准，选择的项目有田径、舞蹈、游戏、体操、野外活动、游泳6个领域，并按年龄阶段，确定了各阶段的学习重点。到了1992年，在国家体育课程标准中，特别强调体操和舞蹈属于身体运动领域。从1992年开始，作为国家的体育课程标准，把运动练习集中体现在舞蹈和体操两个领域，并对各年龄段的课程分别提出了指导性要求。

然而，较为健全的英国学校体育也在遭受现代都市生活浪潮的冲击：体操、舞蹈以及室外探险活动如今也成为体育教学的内容，而侧重身体训练的成分却越来越少。一些学生沉迷于快餐食品、网络游戏和电视剧中，很少参加体育锻炼，生活方式很不健康。因此，有些议员认为，英国学校今后需要确保学生饮食健康，少接触电脑，多参加侧重身体锻炼的体育活动，这应是英国学校体育今后发展的主要方向。

四、英国旅游概述

英国是近代旅游业的创始国，是国际旅游业最发达的国家之一，仅次于美国、西班牙、法国和意大利，位于世界第五位。旅游业是其最重要的经济部门之一，已成为英国经济的支柱性产业，产值占国内生产总值的5%，从业人员210万。旅游度假意识在英国深入人心，成为人们生活最重要的组成部分之一。

另外，多年来英国也一直是重要的国际旅游客源国。其中在英国出境旅游的客流中，前往西欧的比率最大，占 83%。度假旅游为英国游人首要的旅行目的，约占出国旅游总人数的 82%，其次为商业旅行和探亲访友。在选择海外旅行时，英国人最为敏感的两个因素是价格和气候。

英国具有发展旅游业的良好条件。全国有公路 39.2 万公里、铁路 3.2 多公里、民用机场 150 多个。英国有客房 360 万间、大小旅行社 6000 多家。旅游创汇收入占全国第三产业创汇总额的四分之一以上，外国旅游者消费占所有消费者在英国消费的 6% 左右，近年来这一份额一直保持相当稳定的状态。

英国旅游业的特点：

1. 旅游资源管理有序

英国政府对全国旅游业的规划和管理井井有条，十分合理。

在英国任何一个名胜古迹，都设有"国家旅行者咨询中心"。在这里，热情的服务人员免费向游客提供各种咨询，预定旅馆、车票，免费送游客各种图文并茂的旅游图、示意图，或者帮助他们制定合理的旅行计划。在全英的高速公路和各级道路旁，国家公园、旅游胜地、度假地点一律标在统一的棕色牌子上，名称、方向及里程一目了然。英国的地图也都非常清楚地标出了每一个旅游度假点，并实现了地图的数字化。全英高速公路每隔 20 英里就有一个服务中心，这里可以休息、住宿、购物，还可免费索取附近旅游点的资料，旅游者出行非常方便。

2. 旅馆业呈多层次态势

伴随着英国旅游业的发展，英国已实现了旅馆业多层次、全方位的服务，种类繁多的旅馆适应了不同消费层次旅游者的需求。

例如，最便宜的路边店有"青年旅馆（Youth Hostel）"，也叫"青舍"，简易干净，15 英镑一晚。最普及的是全民办旅游的"早餐和床旅馆（Breakfast&Bed）"，即英式家庭旅社。游客住在英国人家里，提供一次早餐。

中档消费的有全英连锁的汽车旅馆，十分干净，如"旅行客栈""旅行之家"等，旁边设有名牌酒吧，约 49 英镑。还有自助式的"农舍旅馆"，游客可以自己在里面做饭。

高档消费的有大饭店、星级旅馆、度假村等等。旅游设施十分完善。度假村里有游泳中心、高尔夫球场，还有专门供儿童度假的玩具公寓房。经营者对消费者的兴趣考虑得十分周全，晚上则邀请英国有名的演员来度假村表演节目。

最浪漫和最经济的有野营区、露天宿营区。这里有整齐编号的房车群，也可租一个帐篷和睡袋在星光灿烂的野外和海边过夜。这些住宿地有的掩没在树荫中，有的被花卉簇拥，有的濒临大海，不仅环境幽雅，而且十分便宜。

3. 以适合英国人特点的方式来经营

英国旅游部门十分注意根据英国人旅游的特点，经营旅游点。

英国人旅游有 3 个特点：

一是英国人偏爱度假，而不是旅游。英国人不喜欢走马观花地在各旅游点之间疲于奔命，而是选择一个度假点，一住就是 1 周。这 1 周中他们可以在海滨的浪尖上冲浪、游泳，也可在山间漫步，或在阳光下的草坪上聊天、看书，得到真正的休闲和放松。因此，英国的风景度假地都非常注重文化品位，让游人在享受远离都市的宁静的同时，得到心灵的陶冶。例如，湖区（Lake District）是英国首屈一指的风景区。这里不仅风光秀美，而且旅游产品都与文化有关。这里有许多名人的故居和博物馆，还有中世纪的古镇、传统的教堂、小巧清逸的望湖酒吧、著名的铅笔博物馆等等。在湖区最偏僻的地方，甚至还有很典雅的国家大剧院，一年四季上演英国大文豪的名剧。大剧院的建筑全是木质结构，掩隐在森林之中，与周围的大自然十分和谐，毫无张扬之感，更没有那种不和谐的商业气息。

二是英国人非常喜欢远足。英国的海岸都由政府专门开辟出供人们远足的步行小路。许多海滨、高原、峡谷、乡野，都开辟了远足线路。怀特岛四周都由地方政府修建了幽静的步行小路。小路起伏蜿蜒，鲜花盛开，隔一段设一个椅子供游客休息，还有可眺望大海的凭栏。在海滨的步行路上，常常可以看到一家人背着背包，边说边行，摄影，谈笑。有的人一天走几十公里，对强体健身非常有益。

最后一个特点是，英国人非常喜欢野餐。各地方政府在全英几乎各旅游点都修建了野餐地。这里一般都有几十套木质露天桌椅，供游客野餐和休息。游客们一边野餐，一边可以欣赏大自然的风光。游客对这些公共野餐桌椅的保护意识非常强，用餐后的食品垃圾一律丢进旁边的垃圾箱。许多桌椅上刻着"1951""1963"的字样，却仍然完好无损，令人不禁感慨、赞叹。

4. 以文化旅游提升旅游业层次

特色文化也是英国旅游的传统热点。英国旅游局的一名官员说："伦敦并没有那种让人一看就赞叹不已的景点，伦敦诱人的地方在于她的文化内涵。许多游客就是冲着其文化沉淀而来，我相信这么多世界一流水准的艺术展定会让游客过足艺术瘾。"

就拿伦敦来说，西区几十家剧院，常年吸引着国内外游客，既有《歌剧院的幽美》（The Phantom of the Opera）、《悲惨世界》（les Miserables）和莎士比亚戏剧等几十年长演不衰的传统节目，也有现代和前卫的艺术表演。全伦敦有 100 多座剧院和音乐厅。每年夏季的爱丁堡艺术节，现在已成为国际艺术盛会。威尔士图书节也是享誉欧洲的文化活动。伦教市内近年发展起来的诺丁山艺术节、泰晤士河艺术节等也在逐步扩大规模。据英国文化部门的统计，英国每年的各种艺术节有 500 场左右。这些以本地风情为特色的民间艺术节，展现了英国丰富多彩的民俗文化。2002 年，英国举办一些世界顶尖水准的画展和艺术展来吸引海外的艺术爱好者。历史名城伦教极富历史和文化内涵，拥有世界一流的博物馆和美术馆，自然将充当主角。2006 年 1 月，伦教皇家艺术学院举办了"1900 年—1968 年的艺术之都——巴黎"美术展，展出了毕加索、达利、马蒂斯、莫迪里阿尼和里维拉等曾在巴黎生活过多年的艺术大师的作品。将分散在世界各地的 200 多件以巴黎为创作题材的艺术精品收集到一起同时展出，这在英国尚属首次。展览引起了轰动，许多海外游客闻讯后纷至沓来。

文化旅游的舞台并不仅局限在伦敦，位于英格兰东北部的纽卡斯尔以及西北部的利物浦和曼彻斯特也已将本市的艺术场馆装饰一新，并推出了若干特色展览，吸引了大批海外游客。

5. 王室文化成为旅游热点之一

王室文化是英国旅游业的一大热点。英国王室是世界上目前仅存的少数几个王室之一，对于早已久违王室统治的外国游客，能亲身感受一下王宫气息，具有很大的吸引力。因此，王室的社会功能虽然在退化，但它的旅游价值却在提高。

英国王室领地对外开放的地方越来越多，不仅有不大使用的老王宫、伦教塔，王室现在依然使用的温莎古堡（Windsor Castle）和肯辛顿宫（Kensington）也常年对外开放，女王办公重地白金汉宫在女王休假的 8 月至 9 月也对游客开放。查尔斯王子居住的圣詹姆斯宫（St.James Palace）内的王太后故居也对外开放。在王室文化旅游中，游客不仅可以领略女王国宴厅、会客厅的庄严，也可以体会玉太后与家人进餐时的温馨。已故的戴安娜王妃的寝寓肯辛顿宫里有她的华丽时装，也有女王优雅的帽子展览；温莎古堡里华美的兵器让人流连于战争的艺术价值；伦敦塔里的钻石之王和断头台既展现王权的显贵也揭示了宫廷斗争的血雨腥风。英国王室领地的对外开放，并不失王室的尊严。游客沿规定的路线参观，室内地面都作了特别保护。导游方面，或配有多种语言的随身听讲解；或有专人导游讲解，都有王室的统一版本，不可随意篡改。这些解说帮助你了解这些房间里曾经发生的故事和王室珍贵收藏的来龙去脉。一路上王室侍从们彬彬有礼的示意、指点，也很有味道。王室礼品店也有统一的进货渠道，虽然价格贵一些，但货真价实，物有所值。除此之外，白金汉宫每天的换岗仪式和一年一度的女王生日阅兵等都是非常吸引游客的经常性项目。

6. 以历史财富作为旅游业发展的基石

博物馆文化是旅游的另一大热点。英国人珍视历史是出名的，他们几乎把有价值的历史都做进了博物馆。

位于英国西南部的巴斯市，城市名 Bath 就源于英文的浴池 bath 一词。其实就是一个罗马浴池遗址。人们在遗址上建立了一个博物馆，不仅把出土遗址全部保护起来，还用电视片制作了复原图像，描述出这个浴池 400 年的兴衰和当年的功能与习俗。要跟着它的录音解说走下来，能学到很多历史知识和建筑知识。威斯敏斯特国会大厦，既是国会议员办公、辩论的地方，也是一个博物馆，它本身就是一部延续至今的英国议会政治史，它在 9、10 月间对外开放。牛津城与剑桥城，既是名校，也是历史名城，早已成为英国的旅游热点。伦敦城里的博物馆有 200 座之多，犹如百科全书。大英博物馆收藏之丰富闻名遐迩，却可以免费参观，并时常举行游客感兴趣的专题讨论。英国大的国家博物馆从 2001 年起都实行免费，如维多利亚和阿尔伯特博物馆、国家画廊、自然历史博物馆、科学博物馆等，其他还有专项博物馆如战争博物馆、邮政博物馆、交通博物馆、扇子博物馆、玩具博物馆等等。还有很多小的特色博物馆。杜莎夫人蜡像馆和福尔摩斯博物馆也是很吸引人的地方。丘吉尔故居、莎士比亚故居、弗洛伊德纪念馆、狄更斯纪念馆、南丁格尔纪念馆、济慈故居等等，都是形式内容俱佳的博物馆。

英围的城市就是因为这些博物馆而丰满起来。那些不动的建筑、街道、雕塑，都被赋予了人的故事、活的历史而生动起来。

五、英国新闻出版

英国的新闻出版业发达，历史也较为悠久。目前全国共有约 1350 多种报纸，约 8500 种周刊和杂志，3 家主要的通讯社，5 家通过地面发射的覆盖全国的电视台。

与其他国家相比，英国是阅读报纸的民众比率最高的国家之一。全国 15 岁以上的国民中平均有 60% 的人每天阅读全国性的晨报；70% 的人阅读周末报纸。享誉全球的《泰晤士报》（The Times）被公认为是英国商业报刊无可争辩的象征。英国广电事业是为公众服务的大众性事业，它独立于国家机器和商业机构，因此较为自主和公正，以播报最好、最可信的新闻而声海外。英国广播公司（BBC），英国国际广播的象征与重镇，几乎成为全世界英国学习者必听的广播电台。

英国的通讯社及其全球信息网络是英国迅速而高效的神经传导系统。其中，大名鼎鼎的路透社是世界上最大的多媒体公司之一，在20世纪末就已成为世界上最大的金融数据和新闻信息的提供者，它在157个国家设有187个办事处，每天都有超过300万字的新闻在全球用23种语言出版。

BBC、路透社（Reuters）和《泰晤士报》一起构成了权威的英国媒体与奥论的喉舌。

英国大大小小的报纸、杂志、电台、电视台纷纷上网，使得网络作为"第四媒体"的发展前景空前壮大。英国还诞生了世界上第一位虚拟主播。作为新兴的完全脱离原始媒体的媒体模式，博客在英国也得到发展，并且在英国大选等重大事件上都扮演了重要角色。现在，"BBC在线"是全英新闻网站中被访问最多的网站。

英国的出版业由来悠久，约有500年的历史，英国也是现代出版业的发源地。目前，英国是世界上名列前茅的出版大国。英国的培生国际出版集团（Pearson）的出版业务在全英名列第一。

六、美国教育

美国是世界上教育事业最发达的国家之一，在《泰晤士报》所公布的世界大学排名前十强中，美国大学占了7席，其中哈佛大学排名第一。美国教育的指导原则是"人人有机会受教育"，"每个公民都要尽可能地接受最好的教育"。美国的教育体系早在其建国时就初具规模，经过200多年的发展和逐步完善，形成了今天的初等教育、中等教育和高等教育三级体制。

美国教育制度的特点之一就是地方教育当局负有推行当地教育的重要责任。各州依据宪法所赋予的有关实施教育的权力，使公立教育制度能够适合当地社会的需要。由于每个州只负责本州的教育，因此各州的教育当局与施行方式不尽相同。联邦政府负有鼓励、资助和领导的责任；美国国会根据宪法可以为教育拨款，但不能直接管理教育。

1. 初等教育

美国法律规定，任何学龄儿童均应进入学校就读并接受义务免费中小学教育。当然进入私立学校就读的话，便要缴付相当昂贵的学费。

初等教育多为六年制，也有八年制的。儿童6岁入学。小学教师一般应具有学士学位，并有一种专长。

2. 中等教育

中等教育一般为六年制，初中3年，高中3年。如小学是8年制，则中学为4年。除普通中学外，还有各种职业中学。中学教师一般应具有硕士学位，并有一门专业。

3. 高等教育

美国现有各类高等院校 4000 多所，分为大学和学院两大类。高等院校的规模大小不一，大学比学院要大，招生人数要多，图书馆和科研设施要好，师资队伍学术水平要高。美国高等院校师资队伍实力雄厚，教师要在四年制高等学校任教，通常必须获得博士学位，并在教学方法和教学内容上适应专业需要。

美国高等院校很多是私立的，因为这些大学最初主要是由教会和其他宗教团体创立的。全美 50 个州中，几乎每个州至少有一所由州政府或当地出资创办的公立大学，虽然经费来源与私立大学不同，但学制和课程设置并无多少差别。

美国现有的院校主要实行二年或四年的学制，二年制的多为技术专科学校和社区学院。近年来，这类院校在美国高等教育中发展得较快。其迅速发展的原因在于它是连接高中和正规四年制大学的一个桥梁，主要培养美国社会需求的技能和专业知识，而且学费低廉。

正规四年制的学校主要为文理学院、独立专业学院和综合性大学，代表着美国科研和教学的最高水平，培养了大批高层次的专业技术人才。这些院校除教学外，还承担着美国政府大量的高精尖科研任务。著名的高等学府有：哈佛大学、麻省理工学院、斯坦福大学、耶鲁大学、哥伦比亚大学、乔治·华盛顿大学、加州大学、约翰·霍普金斯大学、普林斯顿大学、乔治敦大学等。

美国研究生教育相当发达。研究生培养过程中的选课、实习和论文写作等各个环节均折合成相应学分加以量化。一般来说，无论是硕士生还是博士生，都没有严格设定的学习年限，学生只要修满学分即可毕业。通常硕士需要 2—3 年，博士需要 6—8 年。

七、美国文学概述

美国文学的历史不长，几乎是和美国自由资本主义同时出现，较少受到封建贵族文化的束缚。早期的美国幅员辽阔、人口稀少，为个人理想的实现提供了很大的空间。17 世纪初北美文学作品以日记、游记、书信和布道词之类为主；殖民地建立起来之后，出现了很多宣扬清教主义（American Puritanism）的神学出版物和带有浓重宗教色彩的文学作品。清教主义的神权统治走向衰亡之后，本杰明·富兰克林（Benjamin Franklin，1706—1790）等人的作品体现了该时期宗教自由、人本主义与自由民主等独立精神的呼声。美国民族文学诞生于 19 世纪美国独立革命时期。总的来说，从 20、30 年代到南北战争前夕，美国文学正值浪漫主义运动时期（the Romantic Period），作家们吸取欧洲浪漫派文学的精神，对美国的历史、传说和现实生活进行描绘，使得这一时期的文学创作具有浪漫主义的色彩。30 年代以后，以爱默生（Ralph Waldo Emerson，1803—1882）为首的超验主义者发起了一场思想解放运动，强调人的价值，主张个性解放。惠特曼（Walt Whitman，1819—1896）的《草叶集》（Leaves of Grass）反映了广大劳动群众在民主革命时期的乐观向上精神。艾米莉·狄更生（Emily Dickinson，1830—1886）的诗作打开了通向美国现代诗的道路。50 年代，梭罗（Henry David Thoreau，1817—1862）的《林中生活》（Walden）表达了作者保持纯真的人性、回返自然的渴望，而霍桑（Nathaniel Hawthorne，1804—1864）的《红字》（The Scarlet Letter）和梅尔维尔（Herman Melville，1819—1891）的《白鲸》（Moby-Dick）则把民主制的弊病和社会矛盾归结为抽象的"恶"。

南北战争结束以后，伴随着美国文学浪漫主义运动的衰微，现实主义创作开始兴起和发展。始于 19 世纪 20、30 年代的乡土文学（Local Colorism）也在这一时期得到进一步发展，代表作家为马克·吐温（Mark Twain，1835—1910）。亨利·詹姆斯（Henry James，1843—1916）的心理分析小说（Psychological Realism）《贵妇人的画像》（The Portrait of a Lady）为小说艺术的表现力开辟了新的途径。19 世纪 80 年代以后，在欧洲现实主义与自然主义（Naturalism）文学的影响下，一批新兴的作家如威·迪·豪威尔斯（William Dean Howells，1837—1920）、斯·克莱恩（Stephen Crane，1871—1900）和弗·诺里斯（Frank Noris，1870—1902）开始创作自然主义文学作品从许多方面反映社会消极的一面。

从第一次世界大战到第二次世界大战，是美国文学的第二次繁荣时期。总的来说，现代派文学与左翼文学是这个时期两股最大的文学思潮。从这个时期起，美国文学开始产生世界性的影响。

20 世纪初，现代派文学在美国悄然兴起。到了 20 年代，"迷惘的一代"、意象主义、芝加哥诗派、田园诗人、新乡土主义、抽象哲理派诗人等各种流派相继出现，从不同角度表现高度发展的资本主义社会的种种矛盾和精神世界方面的问题。30 年代基本上是左翼文学占主导地位，从 30 年代后期起，文学界分化成各个流派，又出现了纷纭多样的局面。

第二次世界大战之后出现的第一股文学浪潮是战争小说（the War Novel）。50 年代，美国陆续出现了不少诗歌派别，如"垮掉派（the Beat Generation）"和"黑山派（Black Mountain Poets）"等。进入 20 世纪 60 年代之后，人们对生活中的"非理性"和"异化"现象，有了更深切的体会，"黑色幽默"文学（Black humor）应运而生。

20世纪70年代以来，美国作家则通过怪诞、幻想、夸张的方式，再现生活中的混乱、恐怖和疯狂。

美国人民富于民主自由精神，个人主义、个性解放的观念较为强烈，这在文学中有突出的反映。美国文学有着自己鲜明的特点。一是生活气息和平民色彩比较浓厚，风格开朗、豪放。其次，内容庞杂与色彩鲜明，不同的个人理想，哲学信仰，写作风格，人生态度，主题内容可同时并存且形成鲜明的对照。从来没有一种潮流或倾向能够在一个时期内一统美国文学的天下。美国又是一个多民族的国家，不断涌入的移民带来了本民族的文化，决定了美国文学风格的多样性和庞杂性。美国文学在发展过程中不断吸取、融合各民族文学的特点，形成了美国文学发展史上的黑人文学、亚裔文学和犹太人文学。

八、美国体育概述

体育是美国人的各种传统之一。早期移民登上蛮荒的美洲大陆时，为了生存他们不得不下海捕鱼，上山打猎，同大自然进行搏斗。爬山越野、游泳划船等种种谋生技能的熟练与否直接关系着他们的生命和生活。可以说，从一开始起，运动便和美国人结下了不解之缘。即使到了现代社会，随着业余时间的增多，各种业余爱好在美国人生活中正占有愈来愈重要的位置。而美国人最喜欢的业余活动还是要数体育运动，他们把大量业余时间用于体育锻炼。美国人对运动的兴趣是从小培养起来的，小孩除了儿童游戏外，也爱从事棒球、篮球和足球等成人运动项目，而高年级的学生还会组织球队，进行比赛。美国人这样热衷于体育运动，因此运动也自然成为美国人在各种社交集会上最常提及的话题之一。

在美国，体育运动被分为观看项目和群众性项目两大类。观看项目是指那些由少数运动员比赛、其他人在旁边观看的项目，如棒球、篮球、足球等。群众性项目是指大家都可以同时参加的项目，如滑雪、游泳等。无论哪一种项目都吸引着数以万计的爱好者。

（一）大众体育

研究美国体育史的学者们认为，早期的英国移民带来的英国式的"户外休闲运动"、19世纪美国本土广泛兴起的"球类娱乐活动"和德国的体操运动被称为现代美国体育的三大起源。美国体育的范围很广，主要包括职业体育、业余性的竞技体育、学校体育和大众体育。以休闲和娱乐为主要特征的美国大众体育，一方面较好地体现了体育运动的本质功能，另一方面也为人们提供了一种娱乐休闲方式。

美国基层大众体育活动的基本组织形式是各种体育健身和休闲俱乐部。美国早期的体育俱乐部主要是带有休闲性的乡村俱乐部，参加俱乐部的人需一次交纳一笔类似投资的费用，以后还要定期交纳会费。这些俱乐部的项目多为高尔夫球、网球和游泳，俱乐部的成员还可在俱乐部内开展其他社交娱乐活动。20 世纪 60 年代以后，随着网球、高尔夫球等球类运动项目在美国的兴起，俱乐部的数量迅猛增加。70—80 年代，以有氧健身操为代表的有氧运动风靡全美，进一步带动了体育健身娱乐的发展。进入 90 年代，增长的势头仍在持续。现在，美国的大众体育俱乐部可分为 3 种：第一种是传统性的老式俱乐部，如网球俱乐部、高尔夫球俱乐部、帆船俱乐部等，这类俱乐部大约有 6000 个；第二种主要是健身俱乐部和使用球拍的运动项目俱乐部，这类俱乐部大约有 8000 — 10000 个；第三种是隶属于各类社会组织（如男青年基督教联合会、女青年基督教联合会、青年天主教联合会）的所谓"准俱乐部"，以及公园、医院、旅馆、疗养院的休闲和健身俱乐部。这类俱乐部的数量最多，超过 2 万个。

（二）学校体育

在美国还是一个以农业为主的社会时，体育就被人们所喜爱。

当时，学校开设体育课来培养学生成为合格的劳动者。到 20 世纪初，美国的学校体育以体操和其他的统一性练习为主。不久，竞技运动项目和游戏也进入了学校体育领域。

20 世纪 60 年代开始，学校体育出现了两个发展趋势：一个是以竞技体育为主的课程设置，另一个是以健身和参与为目标的课程设置。以竞技体育为主的学校体育，教授大量有关的运动技术，让学生掌握这些技术，然后学生自己从中选一项体育活动，去参与这项体育活动。这种以竞技体育为主的课程设置，实际上在美国学校体育中比例较少。更多的学生参加的是健身运动课程。当时，各个州都有一些自己的健身和竞技体育委员会，来帮助各州的学校发展体育，促进学生的身心发展。近年来，在美国比较有代表性的体育教学模式主要有 4 种：竞技体育教学、培养学生对个人和社会责任感的教学、体育健身教学和将体育与其他学科相结合的教学。

小学、中学和大学在体育教学内容和要求方面的区别是比较明显的。小学体育主要培养儿童的基本活动能力，让学生了解身体在空中的位置；传授基本的运动知识；教授竞技体育的技术、技能和参与健身性的体育活动。中学体育则要培养学生终身参与体育活动的能力、学习竞技运动项目、进一步学习韵律体操以及个人和集体运动项目。在当今美国社会，中学的竞技运动已经成为社会生活的重要组成部分。

美国中学开展最普遍的 10 个体育项目，男子有橄榄球、篮球、棒球、田径、摔跤、足球、越野跑、网球、高尔夫球、游泳和跳水；女子有篮球、田径、排球、垒球、网球、足球、越野跑、游泳、跳水、曲棍球或高尔夫球。

大学阶段，竞技运动成为美国高等教育的重要组成部分。

20 世纪以来，面对本国社会经济、人口结构、生活方式等领域的一系列变化，美国大学的体育院系根据自身的实际情况纷纷采取对策，对院系组织机构、专业和课程设置等进行大胆的改革，以求在激烈竞争的人才市场中立于不败之地。这一改革，主要体现在以下几个方面：

1. 体育院系在纷纷更改专业名称以更精确的表述这一专业领域、反映现代课程的特点、提高声誉和提高学术形象；

2. 重组体育院系及其学科；

3. 运动新闻报道等非师范性实用专业受到重视；

4. 运动学、运动科学、生物力学、运动生理和运动医学等自然学科成为教学科研的中心；

5. 体育师范专业理论课受到高度重视；

6. 以计算机技术为主体的信息技术教育在体育院系已得到普及。

九、美国旅游概述

美国是世界头号旅游大国和旅游强国，幅员辽阔，地形复杂。

东部大西洋沿岸多为平原丘陵，森林资源丰富，湖泊众多，重要的城市有首都华盛顿、纽约、波士顿、费城、迈阿密；中部的大平原是重要的农牧区，6400 公里长的密西西比河纵贯南北，重要的城市有亚特兰大、芝加哥、休斯敦以及新奥尔良等。在大平原的西部大山区，有著名的科罗拉多大峡谷和黄石国家公园；靠太平洋的西海岸地区有风光旖旎、阳光灿烂的加利福尼亚州，旧金山和洛杉矶以及西海岸的重要城市西雅图。在北部靠近加拿大边界附近，有著名的五大湖游览区，其中最壮观的景点是尼亚加拉大瀑布。此外，位于美国西面太平洋上的夏威夷群岛也是全球闻名的度假胜地。

美国旅游经济总量和国际竞争力均列首位，旅行和旅游产业已成为第二大服务出口产业、第三大零售产业和第二大雇主。

2004 年，美国旅游相关总产出达 9548 亿美元，旅游业直接产生了 730 多万个工作岗位，为美国人带来了 1.633 亿美元的工资收入，为联邦、州和地方政府带来了 994 亿美元的税收。作为世界第一入境旅游大国，2004 年美国共接待国际游客 4600 万人次，比上年增长 12%，国际旅游收入 937 亿美元，居世界第一位，旅游贸易顺差为 58 亿美元。据预测，2005 年美国旅行和旅游经济就业岗位占就业总数的比重为 11.9%，对 GDP 的贡献率为 10.8%，旅行和旅游资本投资占资本投资总量的 10.5%。对许多州、区域和城市来说，旅游业已成为一种强大的经济力量，备受政府和各界重视。

美国旅游业是高度发达成熟的产业，代表着世界现代旅游业的发展方向，其构成要素与运作机制科学整合，已形成了一个完善的经济产业体系。在这个产业体系的形成和发展过程中，各州和地方政府在引导、支持、推动及服务旅游业发展方面都积累了丰富的经验。美国旅游业对国民经济最突出的贡献在于提供了庞大的就业市场。在美国，每 8 个居民中就有一个是从事旅游及相关行业的。全美 50 个州，旅游业就业人数在各行业中排名前三位的有 32 个州。旅游业提供的就业岗位中大约有 68.4 万个属于经理水平以上的高层次职位。从旅游业的游、购、娱、吃、住、行六个环节和要素来看，美国旅游业均达到了一个相当高的水平，并且各要素相互融合，不存在明显的薄弱环节。

美国的旅游业有其自己的特点：

1. 由于有税收做后盾，为了吸引更多的游客，美国的景点实行了最大限度地免费开放。历史文物、政界场所以及市内的国家森林公园大多不要门票，而且还配有免费的讲解等服务。即使是尼亚加拉大瀑布也不收门票，只是在核心景区才收电梯费和船票。这种减少直接收费，重视间接收入的做法，是美国旅游业客源增加、总收入增加的一个重要原因。

2. 大力开展政府性旅游宣传促销。美国有着世界最为先进的经济、文化和科技，对各国游客本来就具有强大的吸引力。美国覆盖全球的新闻媒体和好莱坞电影实际上都是在为美国旅游业打着软广告。据了解，美国联邦政府虽然没有统一的旅游宣传开发规划，但各州政府都有自己周密的宣传计划和措施。各州都针对旅游业制作年度预算。各州旅游资金来源包括旅游服务行业的税收、会员费、彩票收入、高速公路费等。各州除了大做广告外，还采取其他方法招徕客源。有 48 个州为游客提供免费咨询电话号码；37 个州设立了国际游客服务中心；46 个州每年召开州长旅游会议；30 个州设有与旅游开发相匹配的资金项目。

3. 旅行支票业务给游客带来极大便利。美国旅行支票，是旅行途中极其安全且方便的支付工具。出国在外，旅行支票不慎遗失或被窃，通常很快就能获得补发，而无须再支付任何费用。旅行支票服务中心分布在全球各地，全年 365 天、每天 24 小时向客户提供旅行支票相关的服务与协助。旅行支票在全球数百万家商店、饭店及餐厅都可使用，就像使用现金一样。此外，持有旅行支票还可以在全世界超过 65000 多家银行、外币兑换处、特约旅行社兑换当地货币，而不需支付任何手续费。有些旅行支票没有到期限制，未使用的旅行支票，都可以保留到下一次出国使用，或视为现金储存，以备不时之需。目前美国的旅行支票已发行了美元、欧元、加元、澳元、日元在内 9 种币别及 37 种面额的旅行支票供消费者选购。

4. 重视旅游基础设施的建设和配套完善。美国有强大的经济实力做后盾，与旅游业相关的各项基础设施，如交通、通讯、景点建设、资源开发配套完善，功能健全，形成了"吃、住、行、游、购、娱"相互促进、良性循环的完整体系各要素相互融合，不存在着明显的薄弱环节。

5. 注重自然旅游资源开发利用的同时，重视人文旅游资源开发，特别是运用高科技手段开发的旅游项目，如航天博物馆、艺术馆、植物园、环球影视城、迪斯尼乐园等旅游景点，做到了游客与景观、被动欣赏与主动参与、享受快乐与增加知识、消除疲劳与健身有益的统一。

6. 旅游行业法规完善，旅游市场经营规范有序，旅游管理多样并且监督机制有效，突出的特征是"小政府引导，大社会参与管理"，即在管理模式上宏观与微观相结合，以宏观管理为主；管理体制上，官方与民间相结合，以民间管理为主。

此外，美国旅游业在发展的同时非常注重生态环境的保护和从业人员素质的提升，这些也成为其重要特点，并值得其他国家借鉴和学习。

十、美国新闻出版概述

美国的新闻出版业高度发达。各种新闻媒体以高度商业化和高度垄断为特点。最早的新闻业开始于 17 世纪末，发展迅速，在独立战争中发挥了重要作用。南北战争后，新闻事业随着美国资本主义的发展日益商业化，并从 19 世纪末期起逐步进入垄断阶段。

美国的报业在世界上拥有龙头的地位，全国各类报纸共有 1 万多种。全美有 1 万多种杂志，其特点是日趋专业化。每种杂志都力求以社会上具有某些共同特点的一部分人为读者对象。杂志的垄断程度低于报业。

美国的电子媒介一直在世界上独占整头，它的发展可以代表着电子媒介的历史。美国之音 VOA（Voice of America）是美国首屈一指的国际广播电台。美国有线电视新闻网 CNN（Cable News Network）是全球第一家全天候进行新闻播报的电视台，它的出现成为新闻实践和新闻理论领域里的重要革命。美国的媒体从一百多年前只有报业的时代就已开始了媒体聚合的过程，21 世纪初高度集中。现在全球前十大跨国媒体垄断集团中，美国的垄断集团就占一半以上。

全国有大大小小几万家各式各样的通讯社，向各种传播媒体提供国内外新闻、图片和特稿。其中最著名的数美联社（Associated Press，简称 AP）和辛迪加（Syndicate）。

自 1987 年美国的《圣何塞信使报》（San Jose Mercury News）成为世界上第一份上网的报纸后，美国网络媒体的发展日新月异、势不可挡，网络作为"第四媒体"的社会作用也越来越大，甚至达到可以介入美国总统大选或者把某个高端人物拉下马的程度。美国图书出版业在世界图书出版业的地位举足轻重，美国图书业迅猛发展的势头远远超过了英国、德国等传统的出版强国。一些大型商业出版社为跨国出版集团。目前，全国出版业从业人员近 30 万人。年度图书与期刊的出版品种、销售量与营业额均居世界前列。《读者文摘》（Reader's Digest）是世界上发行地区最广、发行量最大的期刊。美国也是世界图书市场的最大出口国，其出版物的出口以科技和专业书刊为主，主要出口国是加拿大、英国、澳大利亚和日本；进口书刊近年来以社会科学和儿童读物为主，主要进口国是英国、日本、德国和法国。

第二节 中、英、美文化交流概述

一、中英文化交流的历史

中英两国文化交流的历史悠久，早在 17、18 世纪，来华的英国人在其游记或回忆录中就记录了两国间的交往。这两个世纪英国文学中涉及中国或以中国为题材的作家作品颇多，如：莎士比亚的《第十二夜》、弗兰西斯·培根的《论学术的进展》、塞特尔的《鞋粗人征服中国记》等等。在文化交流的物品方面，通过偶然机会传入英国的有瓷器、陶器、生丝、棕叶扇子等等。

19 世纪，中国的魏源撰《海国图志》、梁廷楠编《英吉利国记》；英国的麦都思编撰《汉英字典》、翟理斯编撰《汉英字典》等等，对两国的文化交流都起了很大的促进作用。

到了 20 世纪，两国间交流的渠道和人员都在增多。就拿英国文学对中国文学创作的影响来说，雪莱之与郭沫若、徐志摩，狄更斯之与老舍等等。这期间的中英文化交流中，虽然东来的比西去的要多，但西去的也有些值得大书特书的例子。英国的阿瑟·维利以自由体译中国古诗，罗素来中国讲学并撰写《中国问题》，威尔士（Herbert G.Wells）著《世界史纲》（The Outline of History）和汤因比（Amold J.Toynbee）著《史论》（AStudy of History）的有关中国的章节，熊式一英文改编《王宝钏》并在伦敦公演，30 年代故宫博物院文物在伦敦展出，李约瑟著《中国科学技术史》，霍克斯译《红楼梦》等等，展示了英国人民对中国文化的尊重和喜爱，更体现了中英文化间的广泛交流。

二、中英近年来的文化交流情况

1979 年 11 月，中英首次签订政府间教育与文化合作协定。

1999 年 4 月，中英两国政府签署了《1999 至 2002 年中英文化交流执行计划》。近年来，两国文化交流十分活跃，文艺团组互访频繁。1998 年，中国交响乐团、中央民族乐团华韵群芳演出小组及由中国中央电视台和上海电视台联合主办的大型歌舞晚会"为中国喝彩"2000 年 8 月在英演出获得圆满成功。1999 年 10 月，江泽民主席访英期间大英博物馆举行了"陕西省文物精品展"。英皇家国立剧院于 1998 年访华，皇家音乐学院于 1998 年访华，1999 年 5 月皇家芭蕾舞团也来华访问演出。2000 年英国雕塑家亨利·摩尔雕塑展首次在北京举行。

从 2005 年 11 月至 2006 年 3 月，伦敦市计划通过展览、影视、演出、美食、语言文学介绍等一系列活动，向伦敦人民展示丰富多彩的中国文化和历史悠久的中华文明。主要商业街牛津街和摄政街、主要博物馆和画廊等艺术场所都将加入活动中。2006 年 4 月，利文斯通将到北京和上海开设"伦教市长驻京办"和"驻沪办"，继续推动不断升温的中国热。

2001 年"山东文化周"在伦敦举办。英"共享经验剧团"来华演出了《弗洛斯河上的磨坊》（The Mill on the Floss），安格里恩莎士比亚话剧团来华演出了莎翁名剧《麦克白》。

2005 年 11 月 12 日，中国"盛世华章"故宫文物展在英国皇家艺术学院正式向公众展出。这是中英文化交流史上的一件盛事。

11 月 9 日，在英国进行国事访问的胡锦涛主席与英国女王伊丽莎白二世亲自为展览剪彩。"盛世华章"文物展是中国清代盛世康熙、雍正和乾隆皇帝统治时期的珍品展，是北京故宫博物院在中国境外展出规模最大、主题最广泛、珍品级别最高的一次展览。此次展出的 400 多件珍品，通过宫廷生活、宫廷殿宇、宫廷典礼和皇家出行等气势恢宏的全景式画卷和文物，展现了中国传统的政治、经济、社会、文化与风俗。

三、重要双边协议及文件

从 1979 年开始，中英两国政府之间签署了若干个协议及文件，不断推动两国间的文化交流向前发展。这些文件包括：《中英教育与文化合作协定》

（1979 年）、《中英关于环境保护合作备忘录》（1998 年）、《1999—2002 年中英文化交流执行计划》（1999 年）、《中英教育合作联合声明》（1999 年）、《中英两国政府关于教育合作的框架协议》（2000 年）、《中英两国政府关于互设文化中心的备忘录》（2002 年）。

四、中英教育交流与合作

（一）概况

英国是欧洲与我国开展教育合作交流较早的国家之一。1998 年双方在甘肃省设立了中英基础教育合作项目。自 1997 年起，双方共举行了三次中英大学校长研讨会。1998 年中国教育科研网与英国联合学术网实现联网。此外，每年约有 110 至 150 名英国志愿者到中国经济不发达地区任教。中国每年赴英留学的人数也不断增加。据统计，自 1978 年以来，中国赴英留学人员超过 23000 人。

2000 年在英的中国留学人员有 10000 人左右。1980 年以来，英国来华留学生共计 5454 名，其中 2001 年 699 名。双方设有中英互换奖学金项目、英外交部奖学金以及中英友好奖学金基金等。

1999 年 7 月，教育部部长陈至立率中国教育代表团访英，双方签署了《中英关于教育合作的联合声明》。2000 年 6 月，英国教育与就业大臣布兰基特访华，双方签署了《中英两国政府关于教育合作的框架协议》。

（二）中英近几年教育交流与合作情况

1999 年 7 月，我国教育部长陈至立应邀访问英国，受到英国政府和教育界的热情接待，与原英国教育就业部签署了《关于中英教育合作的联合声明》，并代表中国政府与英国国际发展部签订《中英甘肃省基础教育项目协议》。

1999 年 10 月，我国国家主席江泽民应邀对英国进行了国事访问，对中英关系的全面改善起到了十分积极的推动作用。江泽民主席成功访问英国，有助于促进两国在双边，特别是教育领域的全面合作与交流，为共同构筑面向 21 世纪中英双边教育交流与合作奠定了基础。

2000 年 6 月，英国前教育就业大臣大卫布朗基特应邀率团对我国进行工作访问，进一步巩固了两国政府首脑互访成果，加强了与中国的教育交流与合作，与陈至立部长就加强中英两国教育交流与合作达成共识，并正式签订了《中英教育合作框架协议》，为双方在终身教育、教育过程中技术的应用、学位和资格证书的相互承认、基础教育、职业教育、高等教育、中英文教学及脱贫工作等方面进一步确定了合作领域。此协议是英国政府与外国政府签订的第一个正式教育合作协议。

随着中英两国关系的不断发展，两国间的教育交流与合作呈现出良好的发展势头，各种实质性教育合作项目也在不断扩大。

主要表现在以下几个方面：

2001 年 2 月，两国教育行政部门已就相互承认学历文凭事宜达成共识，并计划今年内签署相关协议。此举无疑将有助于扩大两国间的教育交流与合作，特别是双方人员的交流。

2001 年 3 月，第二届中、英、美、加、澳以及我国香港、台湾地区著名研究型大学校长会议在英国威尔士的卡迪夫大学举办。北京大学许智宏院士等 6 位我国著名大学校长与来自上述国家和地区的 45 位大学校长一道出席了会议。会议重点探讨面向 21 世纪科研型大学的作用和发展方向。

2001 年 5 月，英国高等教育拨款委员会、英国大学校长联合会与我国教育部在北京共同就高校学科建设与评估等问题进行研讨。双方有关专家对两国高校间开通的教育信息通道进行了评估，肯定了高校间教育信息通道的作用，表示将继续这方面的合作。中国教育科研网与英国学术网已于 1998 年底实现联通，使得两国高校间部分实现教育信息资源互享。

为实现长远的战略目标，布莱尔首相 1998 年访华后指示政府有关部门，扩大提供给中国的英国政府奖学金名额。计划到 2005 年将享受英国政府奖学金名额由现在的 150 名左右提高到 1000 名，以期培养更多的在英国接受教育的未来政治家和各类专业人才。为同美、加、澳、新等国争夺中国教育市场，英国政府调整相关政策，如允许海外学生限时打工，简化中国学生入境手续等，以期吸引更多的中国学生到英国学习。

在继续加强英语教学的同时，英国政府还拨出专款支持英国高校从事中国问题研究。据了解，英国政府自 2005 年起每年追加拨款 500 万英镑用于支持有关大学开展中国研究和建立中国研究中心资料库。英国政府还鼓励大、中学校开设中文课。目前，全英约有 24 所高校开设汉语或中国研究等本科及硕士课程，在校学生约 500 多人。英国政府还拨专款支持中小学校开设中文教学或开展与中国有关学校建立校际交流。现有 150 多所中学开设中文课。汉语已被纳入英国教学大纲所规定的初中结业考试（GCSE）及高中汇考（A-Level）科目之一。苏格兰地区政府部门也拨专款 300 万英镑，推动当地的汉语教学与中国研究。

2006 年 5 月 7 日，英国高等教育部长比尔·拉梅尔（Bill Rammell）访华，旨在加强中英教育合作，并推动更多中国学生留学英伦。

五、中美文化交流概况

中美两国各自代表不同的文化，中美文化交流体现了东西方文化交流的主旋律，对各自发展至关重要。中美文化交流既加深了两国人民相互了解，又促进了双边关系的积极、和谐地发展。

1972 年美国总统尼克松访华后，中国文化使者——沈阳杂技团首次踏上美国的土地，1973 年，费城交响乐团来华访问演出，奏响了中美文化交流与发展的序曲。

1979 年 1 月中美建交，签署了《中美文化交流协定》，确立了两国官方和民间文化往来的框架。此后，中美两国相继签署的 6 个文化交流执行计划保证了文化交流与合作沿着互惠互利、平等合作、健康、积极的方向发展。同年，中美艺术家在中国首次同台献艺，中国琵琶大师刘德海与世界著名指挥家小泽征尔执棒的波士顿交响乐团演奏的《琵琶协奏曲》，实现了中国古典音乐与西方交响音乐完美地结合。此后不久，刘德海大师应波士顿交响乐团的邀请，与中国钢琴家刘诗昆赴美演出，完成了中美文化交流史上的第一次互访。

20 世纪 80 年代末，中美文化互访开始频繁起来。中美文化交流也经历了从小到大、由浅入深、由点到面的发展，其突出特点是：政府重视、民间为主、商业运作、产业化发展。据统计，仅中国对外演出公司一家自 1957 年成立到 2001 年底，就接待美国艺术团体和个人 34 场次，共 1623 人，中国观众近 50 万人次；同时中国向美派出 160 余次，3436 名艺术家，在美国 850 多个城市和地区演出 15000 余场，观众人数超过 2050 万人次。

从新中国建立到 1972 年为止，约有 1500 名美国人曾到中国旅行，而今每年来华旅行的美国游客已经超过 80 万，中美两国间已有 140 多个省州、城市建立了友好关系。30 多年前，中美两国没有来自对方的留学生，现在已有超过 18 万中国内地的留学生和访问学者在美学习或工做过，在读留学生达 6 万余人；每年约有 3000 多名美国学生在中国求学。

六、中美文化交流的起源

中美文化交流有着悠久的历史。早在 1867 年中美就开始了文化方面的接触。此间，美国政府曾三次主动向清政府提出交换种子和书籍的请求。1868 年，美国送交了种子和书籍。1869 年，清政府总理衙门做出了回应，并向美国赠送书籍 10 余种，其中半数为医、农、算学之类。同时，还有花籽 50 种，谷籽 17 种，豆籽 15 种，菜籽 24 种。据悉，在美国国会图书馆东方部最早入库的就有 10 种中文书籍，130 函，约 1000 册图书，每函套面贴着白色书签，上面写着：

1869 年中国皇帝陛下赠送美国政府。这次书籍的交换播下文化交流与沟通的种子，并且在中美两国中间生根、开花、结果，枝繁叶茂。

从而奠定了以后一百多年文化交流的良好基础。

通过中美两国人民的共同努力，时至今日，中美文化交流形式日益繁多，内容更加丰富。1996 年在康州成立的全美中国作家联谊会，确立了"促进中国文学走向世界，促进中美两国在文学领域的实质性交流，弘扬中华民族文化"的宗旨。1998 年，全美作联和中国作家协会编译中心联合开展了中国作家向哈佛、耶鲁、哥伦比亚大学签名赠书和中美文学交流系列活动。六年来，全美作联收到并转赠的中国作家签名赠书就多达 5000 多册，开创了民间便捷赠书的文学交流方式，掀开了中美文化交流的新的一页。赠书活动的开展，不仅让美国文学界、汉学界和广大热衷于中华民族文化的美国读者了解到中国文学的发展状况，了解了中国社会，了解了中国人民对美好生活的向往和追求，更增进了中美两国人民的友谊，沟通两国人民之间的情感，增强了中美友好关系，在东西方架起了一座中美文化交流的桥梁。

七、中美表育的交流

中美两国建交后，随着中美两国友好往来的不断深入，两国官方教育交流与合作稳步发展，民间交流日趋活跃，规模日益扩大，领域不断拓宽。中美间教育的交流与合作已成为中国对外教育交流的重要组成部分，主要体现在以下几个方面：

（一）双边教育交流协议和高层互访

中美政府间教育交流协议为两国教育交流与合作奠定了基础，提供了广阔的合作空间。

早在 1979 年 1 月中美建交伊始，邓小平同志与美国总统卡特签订了《中华人民共和国政府与美利坚合众国政府科学技术合作协定》。1985 年 7 月，两国在该协定的框架的基础上签署了《中华人民共和国政府和美利坚合众国政府教育交流合作议定书》，为两国教育交流合作确定了指导原则、合作范畴和内容。1990 年、1993 年、1995 年和 1998 年，该议定书到期后分别由两国代表进行了续签。

1998 年，中国教育部与美方签署《关于在华实施美国志愿者项目协议》，由美方派遣友好志愿者来华从事英语教学工作。

2000 年 3 月，陈至立部长与美国教育部部长赖利分别代表两国政府签署了《中华人民共和国政府和美利坚合众国政府教育交流合作协定》。

2002 年 10 月，周济副部长与美国教育部长佩奇签署了《中美关于网络语言教学的合作谅解备忘录》。

（二）双边教育合作项目

项目合作是中美两国教育交流的重要形式。目前正在执行的主要项目有：

1. 富布莱特项目

富布莱特项目是中国教育部与原美国新闻署共同商定的教育项目。中方每年派遣 20 名左右人文与社会科学领域的访问学者和研究生赴美研究或攻读学位，美方派遣 20 名人文与社会科学领域的教师来华讲学。

2. 美中友好志愿者项目

美中友好志愿者项目不断发展，接受志愿者的院校从 1993 年的 5 所增加到 2001 年的 40 所，志愿者也从当初的 18 名发展为 2001 年的 86 名；开展区域由四川扩大到重庆、贵州、甘肃等省市；教学内容从英语教学扩展到环保教育等课程。到目前为止，共 8 批 209 名志愿者先后来华任教。

3. 政府代表团交换项目

中国教育部与美国教育部及美中关系全国委员会合作，从 1985 年开始每年派遣 2 个教育代表团访美，美方亦每年派一个教育考察团访问我国，访问内容涉及两国教育领域的各个方面。

4. 中美网络语言教学合作项目

2002 年启动的中美网络语言教学合作项目是中美建交以来双方教育主管部门开展的最具实质性的合作项目之一，它对促进中美两国相互了解和开展教育文化交流及推动两国长期友好具有重要意义。

该项目是通过中美专家合作，应用网络、多媒体和模拟等先进技术，开发出一套国际一流的网上英语和汉语学习及教学系统，为美国学生学习汉语和中国学生学习英语提供良好的学习资源。

（三）留学人员交流

我国在美留学人员从事各个领域，特别是自然科学领域的研究和学习。截止到 2000 年年底，我国前往美国的留学人员总数近 19 万人，其中，国家公派人员 15202 人，单位公派人员 53235 人，自费留学人员 121001 人。

据不完全统计，2001 年，美国来华留学生达 5413 人，大多在我国高校学习汉语、中华民族文化、社会科学和艺术等专业。

（四）对美汉语教学

近五年来，中国每年通过校际交流渠道向美国派出汉语教师 20—30 人。自 1998 年起，中国开始先后在密西根大学、休斯敦大学和纽约城市大学开办汉语水平考试（HSK）考点，每年考生人数 100 多人。在师资培训方面，美国中小学汉语教师协会已经组织过两次教师来华培训；中国教育部 2001 年也在美国的西部和东部与当地组织合作，开办三个汉语教师培训班，中国教育部派出教师前往授课，参加培训的美国汉语教师达 140 多人次。此外，中国高校与美国高校也在汉语教学方面开展了多项合作。

随着中美两国关系的不断发展，中美教育交流与合作的影响也在日益扩大。两国间的教育交流与合作有利于相互学习、了解各自国家教育的最新发展动态和先进管理理念，进一步推动了两国教育改革的发展；有利于促进经济和科技的发展以及两国人民之间的了解与友谊；有利于两国关系的进一步发展。

（五）民间教育交流

中美两国之间的民间教育交流是中国与其他各国民间教育交流中最活跃的部分。中国有许多高等院校与美国大学建立了校际交流关系，交流领域涉及自然科学、工程科学、人文科学等；交流形式包括人员往来、项目合作、合作办学、国际会议和教材图书建设等。

八、中美在文化表育领域的交流与合作

中美两国 1979 年 1 月 31 日签署了文化合作协定，之后又连续签订了 6 个文化交流执行计划。交流的内容几乎涉及文化艺术的各个门类，形成了多渠道、多层次、多方位、多种形式的局面。交流的数量越来越多，交流的规模逐年扩大。近年来，中美两国在文化领域的交流与合作开展得更加广泛和深入。

1998 年 2 月，《中华五千年文明艺术展》在纽约的展出，是中国迄今在海外举办的规模最大、历史涵盖最宽的中华文明艺术展览，共展出了 500 多件中国历代艺术珍品，有力地宣传了中国和中国的悠久历史和丰富的文化。5 月 5 日，美国向中国归还了 47 件被美国海关查获的中国古代文物。美国克利夫兰交响乐团和纽约爱乐乐团先后在 5 月和 6 月来华演出。

1999 年 1 月下旬，美国国家交响乐团来华演出。2000 年 8 月下旬至 9 月中旬，"中华文化美国行"大型文化活动分别在纽约等美国东西海岸和中西部 9 个城市陆续展开，这是中国在美举办的最大规模的综合性文化活动，内容包

括主题演讲、文艺演出和艺术展览，吸引观（听）众约 10 万人次。

据不完全统计，截止到 2000 年 11 月 20 日，双方文化往来项目为 262 起，共 3226 次，其中中国赴美项目 136 起，1554 人次。

2001 年，中美在文化领域的交流与合作得到进一步发展。中美两国在文化领域的互访达 170 次，参与人数达 3542 人，其中访华 65 次，参与者达 2031 人；访美 105 次，参与者达 1511 人。

2002 年 1 月至 10 月，中美文化交流项目共有 88 项，人数为 1202 人次。主要大型项目有：魔术师大卫·科波菲尔访华演出；小提琴大师帕尔曼访华演出；甘肃省歌舞团赴美举行"敦煌艺术周"巡演和《9·11 之后——现场目击照片》等，为中美文化交流提供了广阔的舞台。

1998 年克林顿总统访华期间，中美双方续签了《中美教育合作议定书》、签署了《中美两国政府关于在中国实施美国志愿者项目的协议》。

2000 年 3 月美国联邦教育部部长赖利访华，中美双方签署了政府间教育交流合作协定。11 月中国教育部部长陈至立率中国政府教育代表团访美。

2002 年，中美在教育、文化等领域的交流与合作继续向前发展。2003 年 4 月，教育部副部长田淑兰赴美考察美国教育监察机制。5 月，教育部副部长章新胜赴美考察美国有关大学和教育机构。12 月，中美签署了两国政府文化协定 2004 年至 2006 年执行计划，并启动美国大学汉语和中国文化预修课程及考试项目（简称 AP），为中美教育领域的交流与合作开创了新的局面。

第三章 英语翻译概述

第一节 英语翻译的性质与分类

一、翻译的定义

随着经济全球化进程的不断加快，国与国之间的交流日益频繁，翻译作为交际的媒介和信息转换的手段，其重要性也日益凸显。事实上，自翻译活动诞生以来，人们对翻译的各种研究就没有停止过。本章作为开篇章，先对翻译的各种基础知识进行介绍，包括翻译的定义与分类等，以帮助读者对翻译活动有一个整体上的把握和认知。

翻译工作至今已经走过了千百年的历程。可以说，无论在东方还是西方，翻译工作都源远流长、历史悠久。但对于到底什么是翻译的问题，学界一直众说纷纭。下面从国内和国外两个视角来看一下不同学者对翻译的界定。

（一）国外较有代表性的翻译定义

（1）英国 18 世纪著名学者塞缪尔·约翰逊（Samuel Johnson）认为，翻译就是将一种语言换成另一种语言，并保持原文意思不变。（To translate is to change into another language，retaining as much of the sense as one can.）

（2）美国翻译理论家尤金·奈达（Eugene Nida）认为，所谓翻译，是指从语义到文体，在译语中用最接近、最自然的对等语再现源语的信息。（Translating consists in reproducing in the receptor language the closest natural equivalent of the source language message，first in terms of meaning and secondly in terms of styles.）

这是国外比较有代表性的翻译定义。

（3）杜波斯（Dubois）认为，翻译是把第一种语言（源语）语篇所表达的东西用第二种语言（目的语）重新表达出来，尽量保持语义与语体方面的等值。

（4）英国著名语言学家和翻译理论家卡特福德（J.C.Catford）认为，翻译是一种语言（源语）的话语材料被另一种语言（目标语）中的对等的话语材料替代。卡特福德认为、翻译主要有两种存在状态：一是源语，即译出语；二是目标语，即译入语。

（5）皮特·纽马克（Peter Newmark）认为，翻译就是把一个文本的意义按原作者所意想的方式移入另一种文字。（Translation is a craft consisting in the attempt to replace a written message and/or statement in one language hy the same message and/or statement in another language.It is rendering the meaning of a text into another language in the way that the author intended the text.）

（6）韦努提（Venuti）认为，翻译是译者依靠解释所提供的目的语中的能指链替代构成源语文本的能指链的过程。韦努提一反传统的"对等"角度的定义，否定了结构主义信奉的所指与能指或自荐的对应关系，认为能指和所指是可以分裂的，符号与意义之间是不一致的，因此文本意义具有不确定性。在韦努提看来，翻译只是用一种表层结构代替另一种表层结构。

（7）吉迪恩·图里（Gideon Toury）认为，在任何情况下，译文都表现为或被认为是目的语文化中的一种目的语文本。（Atranslation is taken to be any target language utterance which is presented or regarded as such within the target culture，on whatever grounds.）这一定义提出了目的语文化，并使翻译研究的范畴从语言层面向文化层面拓展。

（8）苏联语言学派翻译理论家费道罗夫（Fedorov）认为，翻译就是用一种语言把另一种语言在内容与形式不可分割的统一中所业已表达出来的东西准确而完全地表达出来。

（9）苏联翻译家巴尔胡达罗夫（Barkhudarov）认为，翻译是把一种语言的言语产物在保持内容方面（也就是意义）不变的情况下改变为另外一种语言的言语产物的过程。

（10）马尔科姆·考利（Malcolm Cowley）认为，翻译是一种用其他语言为不同背景的读者提供创作的艺术。（Translation is an art that involves the recreation of a work in another language for readers with a different background）

（11）让·萨格（Jean Sager）认为，翻译是由外力激发，以信息科技为依托，随交际方式的变化而变化的一种产业活动。（Translation is an externally motivated industrial activity，supported by information technology，which is diversified in response to the particular needs of this form of communication.）这一定义进一步扩大了翻译的外延，将翻译视为一种产业活动，其动力来自外部，并以信息科技为辅助手段。

（12）威尔斯（Wilss）给翻译下的定义是，翻译是从源语言文本到目的语言文本，两者尽可能接近等值，并且对源文本的风格和内容提前理解。（Translation leads from a source language text to a target language text which is as close an equivalent as possible and presupposes an understanding of the content and style of the original）

（13）克里斯蒂安·诺德（Christiane Nord）将翻译定义为翻译产生于目标语文本，并且和源语言文本有一定的关联，源语言文本是根据目标语文本的预期和要求设定的。Translation is the production of a functional target text maintaining a relationship with a given source text that is specified according to the intended or demanded function of the target text.

（14）弗米尔（Vermeer）认为，翻译是一种信息模仿过程，"翻译是用 Z 语言模仿 A 文化的 A 语言所提供的信息来提供信息，以实现所希望实现的功能。翻译不是通过换码的方式把词语或句子从一种语言转换成另一种语言，而是某人在新的功能、文化和语言等条件下，在新的环境中，通过尽可能模仿原文的形式特点来提供某文本信息的复杂活动"。

（二）国内较有代表性的翻译定义

（1）茅盾认为，文学翻译是用一种语言把原作的艺术意境传达出来，使读者在读译文的时候能够像读原作一样获得启发、感动和美的感受。

（2）吕俊认为，翻译是一种跨文化的信息交流与交换活动，其本质是传播，是传播学中一个有特殊性质的领域。

（3）林煌天认为，翻译是语言活动的重要组成部分，是指把一种语言或语言变体的内容变为另一种语言或语言变体的过程或结果，或者是把一种语言材料构成的文本用另一种语言准确而完整地再现出来。

（4）沈苏儒认为，翻译是把具有某一文化背景的发送者用某种语言（文字）所表达的内容尽可能充分、有效地传达给使用另一种语言（文字）、具有另一种文化背景的接受者。

（5）王克非认为，翻译是将一种语言文字所蕴含的意思用另一种语言文字表达出来的文化活动。

（6）孙致礼认为，翻译是把一种语言表达的意义用另一种语言传达出来，以达到沟通思想情感、传播文化知识、促进社会文明、推动译语文化兴旺昌盛的目的。

（7）林汉达认为，正确的翻译就是尽可能地按照汉语的习惯，忠实地表达原文的意思。

（8）王以铸认为，好的翻译绝不是把原文的一字一句硬搬过来，而是要传达原文的神韵。

（9）范仲英认为，翻译是人类在思想交流过程中沟通不同语言的桥梁，能使通晓不同语言的人通过原文的重新表达而进行思想交流。翻译是把一种语言（源语）的信息用另一种语言（译语）表达出来，使译文读者感受到原文作者所表达的思想，获得与原文读者大致相同的感受。

（10）谭载喜认为，翻译是把一种语言文字的意义用另一种语言文字表达出来的过程，它主要是一门技术，也具有艺术特征，如创造性特征，但绝不是科学。谭载喜主要强调了翻译的技术性和艺术性。

（11）张培基认为，翻译是运用一种语言把另一种语言所表达的思想内容准确而完整地重新表达出来的语言活动。

（12）许钧认为，翻译是以符号转换为手段、意义再生为任务的一项跨文化交际活动。

以上介绍了国内外学者对翻译的各种见仁见智的定义。无论国外学者还是中国学者都将翻译视作一种文字之间的转换活动。这种转换过程主要包括以下特征：第一，在信息和风格上，力求使翻译作品与原语言作品等值；第二，这种等值应是尽可能地接近，而不是机械地生搬硬套，即一味追求形式上的对等，从而牺牲某些更重要的东西；第三，要注意不同体裁的作品在各个方面的诸多不同，不能千篇一律，也就是要注意各种文体在个性上的差别。

还需要注意的是，在翻译这一转换过程中，译者的任务只是转换文字而不是改变其意思。翻译有两个要素：准确性和表达性。准确性是翻译的首要条件，即译者必须谨慎地遵循原作者的意思，所选用的字词和句式结构必须如实地传达原文的思想。表达性是为了让译文易于理解。也就是说，译者必须尽可能地将原文的思想清楚有力地表达出来。准确性使译文的思想明确无误，表达性则使译文生动而有魅力。

二、翻译的性质

翻译是什么？不同的人对此问题有不同的看法。不同的看法会产生不同的翻译方法和策略。先来看看持不同翻译观的学者是如何解释翻译的。

语言学翻译观可分为传统型和当代型两种。传统型语言学翻译观以19世纪以来的传统语言学理论为基础研究翻译问题。英国的语言学家卡特福德（Catford）认为，"翻译是一项对语言进行操作的工作，即用一种语言（TL）中的文本（texl）来替代另一种语言（SL）的文本的过程"。苏联语言学家巴尔胡达罗夫则认为，"翻译是把一种语言的连贯性话语在保持其内容（意义）

的情况下改变为另一种语言的连贯性话语的过程"。

当代语言学翻译观主要受当代语言学的影响，把研究的观点从语言本身扩展到交际语境、语域、语用等领域，认为翻译是一种交际活动。从语言的功能和交际的角度来研究翻译，一般注重的是翻译信息而不是文字，目的是与接受者沟通。在西方翻译理论上，持交际翻译观的代表人物是尤金·奈达。奈达认为，"翻译就是在译入语中再现与原语的信息最切近的自然对等物，首先是就意义而言，其次是就文体而言"。这条定义常常被人引用。奈达认为，理想的译文应该由读者的反应来衡量，即译文读者对译文的反应应该与原文读者对原文的反应大致相同。我国著名翻译理论家刘这庆则认为，"翻译的实质是语际的意义转换"。蔡毅也认为翻译的定义应该是"将一种语言传达的信息用另一种语言传达出来"文艺学翻译规则从文艺学的角度来解释翻译，认为翻译是艺术创作的一种形式，强调语言的创造功能，讲究译品的艺术效果。巴斯纳奈特（Bassnett）、兰伯特（Lambert）、乐弗维尔（Lefevere）等人是典型的文艺学派，他们认为，"翻译就是对原文重新摆布"。在我国，持文艺学翻译观的人也很多。例如，傅雷的"神似说"和钱锺书的"化境说"。傅雷认为，"以效果而论，翻译应当像临画一样，所求的不在形似而在神似"。钱锺书在《林舒的翻译》一文中则提出："文学翻译的最高理想可以说是'化'。把作品从一国文字转变成另一国文字，既能不因语言习惯的差异而露出生硬牵强的痕迹，又能完全保存原作的风味，那就算得入于'化境'。"

文化学翻译规则以文化为重点来研究翻译。持文化翻译观的学者认为，翻译不仅是语言符号的转换，而且是一种思想文化的交流，"翻译是将一种语言所蕴含的意思用另一种语言文字表达出来的文化活动"（王克非），"翻译是跨语言、跨文化的交流"（沈苏儒）。不少西方学者使用"跨文化"来形容翻译这一活动。

Snell Hornby 把翻译看成"是一种跨文化的活动"。巴斯奈特（Bassnett）和勒弗维尔（Lefevere）认为，"翻译研究进入 20 世纪 90 年代，其历史性的转折点是文化研究"。

从以上持不同翻译观的学者和翻译理论家对翻译的定义或解释来看，翻译过程不但涉及两种语言，还涉及两种文化。由此可见，翻译既是一种语言活动，也是一种文化活动。语言是文化的载体。翻译是通过语言机制的转换连接或沟通自身文化与异国文化的桥梁。实际上，翻译是两个语言社会（Language-community）之间的交际过程和交际工具，它的目的是要促进本语言社会的政治、经济或文化进步，任务是要把原作中包含的现实世界的逻辑映象或艺术映象完好无损地从一种语言中移注到另一种语言中去。

三、翻译的分类

（一）不同视角下的分类

"翻译"这个术语是一个笼统的概念。广义地讲，翻译包括语言和非语言符号之间的转换。本书要讨论的翻译一般集中在语言上，就是将某一语言活动的言语产物转换到另一种语言中。整个翻译活动可以按照不同的处理方法把翻译分为若干类型。

就翻译所使用的源出语和目的语而言，翻译可分为语内翻译、语际翻译和符际翻译。语内翻译指在同一种语言内部的不同语言变体之间进行翻译。例如，将古代汉语译为现代汉语，上海话译为普通话，四川话译为广东话等。语际翻译就是把本族语（native language）译为外族语（foreign language），或将外族语译为本族语。例如，将汉语译为英语，将德语译为汉语等。符际翻译指各种非语言符号之间的转换。例如，当我们处在一个陌生的语言环境中，即使自己不懂该环境的语言，但当我们看到公路上红绿灯亮了时，仍能解读出其含义。

就翻译的活动方式而言，翻译可分为口译（interpreting）、笔译（translation）、机器翻译（machine translation）和网络翻译（online translation）。口译多用于外交会晤、经贸谈判、学术研讨和参观游览等场合。笔译多用于公文往来、商务信息、科学著作和文学翻译等活动。机器翻译主要利用计算机和其他设备进行，人工只起辅助作用。网络翻译则是随着计算机网络的普及而发展起来的一种新兴、快捷的翻译方式，主要依靠网络进行。

就翻译材料的文体而言，翻译可分为新闻文体、科技文体、应用文体、文学文体和论述文体。新闻文体包括新闻报道、新闻评论等。科技文体包括科学著作、实验报告、情报资料、设备和产品说明等。应用文体包括广告、启事、通知、契约、合同、公函、私信等。文学文体包括小说、散文、诗歌、戏剧等。论述文体包括社会科学著作、政治文献、演说报告等。

就翻译活动的处理方式而言，翻译可分为全译、节译、摘译、编译。全译就是把原文原封不动地照译出来，译者不得任意增删或自行改动，但必要时可加注说明或加序评论。节译就是根据原文内容把原文的全部或部分进行节缩译出，但应保持原作内容相对完整。摘译就是译者根据实际需要摘取原文的中心内容或个别章节进行翻译，内容一般是原作的核心部分或内容概要。编译指译者在译出原文的基础上以译文为材料进行编辑加工。

按译文文字的表达方式而言，翻译可分为直译和意译。

（二）雅各布逊的分类

美国语言学家、翻译理论家罗曼·雅各布逊（Roman Jakobson）认为，翻译是用另一种语言解释原文的语言符号。（Translation is an interpretation of verbal signs by means of some other language.）他在《论翻译的语言学问题》（On Linguistic Aspects of Translation）中，从语言学和符号学的角度，即按所涉及的两种代码的性质，将翻译分为语内翻译、语际翻译和符际翻译。可以说，这三种类型的翻译几乎包括了一切语言的交际活动。这种翻译分类也打破了翻译的传统框架，开阔了人们对翻译认识的视野。此后，翻译的领域作为一个概念得到了扩展，翻译方法的研究也进入了一个崭新的阶段。下面就详细分析这三种翻译类型。

1. 语内翻译

语内翻译是用同一语言的另一符号来阐释其言语符号。（Intralingual translation or rewording is an interpretation of verbal signs by means of the same language.）换句话说，语内翻译是同一语言间不同语言变体的翻译，如把用古英语写的《贝奥武甫》译成现代英语，把用古汉语写的《史记》译成汉语，把客家话译成普通话，把黑话、行话译成普通语言等。或者说，语内翻译就是把一种语言材料用同一种语言换一种说法，即重新解释一遍。语内翻译包括古代语与现代语、方言与民族共同语、方言与方言之间的转换。英语学习中解释疑难句子常常用到的 paraphrase 其实也是一种语内翻译，即同一种语言内部的翻译。语内翻译不一定要指向某个预设的真理，它还可以沿着不同的路线导向不同的目的地，唯一能够确定的是，对同一文本的阐释有着共同的出发点。在某种程度上，语内翻译不需要将意指对象完整真实地显现出来，它仅是一种表现形式，体现着人类精神的相互沟通和相互阐发的过程，人类精神文化的不断创造过程，使人类的文化不断地丰富起来。下面是有关语内翻译的几个例句，通过前后两个句子的对比可以从中理解语内翻译的基本内涵。

【例 1】Radiating from the earth, heat causes air currents to rise.

Heat causes air currents to rise when it is radiating from the earth.

【例 2】余闻而愈悲。孔子曰："苛政猛于虎也。"吾尝疑乎是，今以蒋氏观之，犹信。（柳宗元《捕蛇者说》）

我听了（这些话）更加感到悲伤。孔子说："苛酷的统治比猛虎还要凶啊！"

我曾经怀疑这句话，现在从姓蒋的遭遇看来，这是可信的。

【例 3】子曰："学而不思则罔，思而不学则殆。"

孔子说："只读书而不思考，会迷惘；只思考而不读书，会危险。"

2. 语际翻译

语际翻译是运用另外一门语言的符号来阐释言语符号。（Interlingual translation or translation proper is an interpretation of verbal signs by means of some other language.）

换句话说，语际翻译是一种语言的符号与另一种语言的符号之间的口头或笔头的转换，如英译汉、汉译英等。实际上，语际翻译也就是人们通常所指的真正意义上的翻译，可以说是狭义的翻译。

可见，语际翻译是对原文符号在另一种文化中的解读，原文本中所有的符号都置身于一个宏观的文化背景或"非语言符号体系"中。要想达到语际翻译层面的对等，就要使处于源语文化中的符号在目的语文化中进行正确的解读与传译。从符号学的角度来讲，一个语言符号的指示意义由三种意义共同构成：语义意义、句法意义和语用意义。如何正确传达这三种意义便是实现语际翻译的重点所在。

【例 1】His criticisms were enough to make anyone see red.

【译文】他那些批评任谁都得火冒三丈。

【例 2】空山不见人，但闻人语响。

返景入深林，复照青苔上。

【译文】No wight is seen in the lonely hills round here.

But whence is wafting the human voice I hear？

So deep in the forest the sunset glow can cross，That it seems to choose to linger on the moss.

【例 3】子曰：学而不思则罔，思而不学则殆。

【译文】Confucius said: "Reading without thinking results in bewilderment: thinking without reading results in peril."

3. 符际翻译

符际翻译就是运用非言语符号系统来阐释言语符号。（Intersemiotic translation or transmutation is an interpretation of verbal signs by means of signs of nonverbal sign systems.）也就是说，符际翻译是语言与非语言符号或非语言符号间的翻译、语言与手势语间的翻译、英语与计算机代码间的翻译，数学符号、音乐符号、美术符号、手势语与旗语间的翻译等都属于语符翻译。例如：s=t，即路程等于速度乘以时间。

我国南京大学外国语学院许钧教授曾指出，所谓符际翻译，就是人类掌握的语言文字、音乐、绘画、舞蹈几种符号之间的翻译。这需要通过感知领悟音乐、绘画、文字和数理等符号系统。一般来说，掌握的符号越多，符号之间的翻译能力越强，感觉世界的能力也就越强。可见，符际翻译是指原文符号在非言语层面上的解读。它并不传递原文的意义，而是传递对原文的直接感觉，是对作为基于图像符号意义本身特性的翻译。具体来说，符际翻译对等表明了原文与译文的一些相关的物理特征。英汉差异使译文在长度、标点符号使用上难以达到对等，但在符际层面上至少要达到外观结构上的大致对等。

（三）卡精福德的分奏

英国语言学家和翻译理论家卡特福德根据翻译的范围、层次和等级对翻译进行了分类，具体如下。

根据翻译的范围，可将其分为全文翻译和部分翻译。全文翻译是指源语文本的每一部分都要用译语文本的材料来替代。部分翻译是指源语文本的某一部分或某些部分是未翻译的，只需要把它们简单移植到译语文本中。部分翻译并非节译，而是某些词因为种种原因不可译或不译，只能原封不动地搬入译文。根据翻译的层次，即语法、词汇、语音、词形等，翻译可分为完全翻译和有限翻译。完全翻译是指源语的语法和词汇被等值的译语的语法和词汇所替换。有限翻译则是指源语的文本材料仅在一个层次上被等值的译语文本材料所替换。

根据语言的等级，即词素、词、短语或意群、分句或句子，可将翻译分为逐词翻译、直译和意译。逐词翻译是建立在单词级上的等值关系。意译"不受限制，可以在上下级之间变动，总是趋于向较高级的等级变动……甚至超过句子的层次"。直译则是介于逐词翻译和意译之间的翻译。

第二节 英语翻译的基本原则

一、翻译的基本原则

翻译的基本原则是翻译实践的准绳和衡量译文优劣的尺度。国内外对翻译标准的讨论一直都没有停止过，正是在这场对翻译标准的讨论中，翻译理论的研究得到了不断的完善。因此，我们借用前人的研究成果来指导翻译的实践，即在翻译实践过程中应遵守翻译的两条基本原则：忠实（faithfulness）和通顺（smoothness）。

所谓忠实，是指译文要准确地表达出原文的思想、内容和文体风格，再现出原文的特色。翻译不是译者的独立创作，而是把原作用另一种语言表达出来，译者不得对原文进行任何篡改、歪曲、遗漏或任意增删，如果译文与原作不符，那就不能称之为翻译。对译者来说，要实现译文忠实于原作，便要先对原文有正确

的理解，并且吃透原文的词义、语法关系和逻辑关系。

【例 1】Scientists defined the temperature requirements necessary for the survival of black carp.

[原译] 科学家们规定了青鱼生存的必需温度。

[改译] 科学家们查明了青鱼生存所需的温度。

【例 2】Such a system must be tailored quite closely to the machines it monitors.

[原译] 这样的系统必须对监视的机器十分接近地配置。

[改译] 这种系统的配置必须十分接近被它监控的机器。

【例 3】目的是要领导干部年轻化。

[原译]The aim is to make our leaders younger.

[改译]The aim is to ensure that more young people will rise to positions of leadership.

所谓通顺，是指译文语言通顺易懂、自然流畅，符合译文语言的表达习惯，没有文理不通、晦涩难懂等现象。

【例 4】Darkness released him from his last restraints.

[原译] 黑暗把他从最后的顾忌中解放出来。

[改译] 在黑暗中，他就再也没有什么顾忌了。

【例 5】你们谁想参加春游就在星期五之前报名并交费。

[原译]You whoever wants to go spring outing please sign up your name and pay dues before Friday.

【改译】Whoever wants to join the spring outing should sign up and pay the expenses before Friday.

【例 6】语言这个东西不是随便可以学好的，非下苦功不可。

[原译]Language is something difficult to learn well and to learn it well one has to study very hard.

[改译]The mastery of a language is not easy and requires pains taking effort.

综上所述，翻译离不开"忠实、通顺"这两条目前翻译界公认的原则。实际上，忠实和通顺相辅相成。忠实而不通顺，读者就会看不懂译文，失去了翻译的意义；通顺而不忠实，脱离了原文的内容和风格，译还不如不译。

二、翻译工作者的基本原则和要求

（一）翻译工作者在翻译教学中的基本原则

翻译教学涉及两种相互联系又各有目的的教学模式，即教学翻译和翻译教学。根据我国目前的实际情况和社会需要，在我国的外语教学中，无论是非外语专业，还是外语专业，教学翻译和翻译教学这两种教学模式都是不能脱离出来的，它们是相辅相成的。

我国各级英语教学中对翻译的基本教学要求正是从翻译的基本原则出发而制定的。从我国英语专业和非英语专业英语教学大纲来看，甚至在各级英语过级考试中，都可以看出翻译的"忠实和通顺"始终贯穿于英语教学中。我国高等院校英语专业对翻译的教学要求是分级的，具体如下。

（1）入学要求：能将内容不超过高三课文难度的短语和句子翻译成汉语，要求理解正确，语言通顺。

（2）二级：能独立完成课程中的各种翻译练习，要求理解准确，语言通顺。

（3）四级：能独立完成课程中的各种翻译练习，要求译文忠实于原文，表达流畅。

（4）六级：初步了解翻译基础理论和英、汉两种语言的异同，并掌握常用的翻译技巧，能将中等难度的英语篇章或段落译成汉语。译文忠实原文，语言通顺，速度为每小时250~300个英文单词。另外，能将中等难度的汉语篇章或段落译成英语，速度和译文要求与英译汉相同，还能担任外宾日常生活的口译。

（5）八级：能运用翻译的理论和技巧，将英美报刊上的文章及文学原著译成汉语，或将我国报纸、杂志上的文章和一般文学作品译成英语，速度为每小时250~300个英文单词。译文要求忠实原意，语言流畅。另外，还能担任一般外事活动的口译。

高等院校英语专业四级、八级考试对翻译的测试要求如下所列。

（1）汉译英项目要求应试者运用汉译英的理论和技巧，翻译我国报纸、杂志上的论述文和国情介绍，以及一般文学作品的节录。速度为每小时约250~300字。译文必须忠实原意，语言通顺。

（2）英译汉项目要求应试者运用英译汉的理论和技巧，翻译英、美报纸和杂志上有关政治、经济、历史、文化等方面的论述文，以及文学原著的节录。速度为每小时约250~300词。译文要求忠实原意，语言流畅。

我国高等院校非英语专业大学英语教学对翻译的教学要求也是分级的。由于大学英语教学分为基础阶段（一至二年级）和应用提高阶段（三至四年级），全国高等院校非英语专业英语教学大纲对翻译的教学要求也分为两个阶段。

（1）基础阶段对翻译的基本要求（达到四级）：能借助词典将难度略低于课文的英语短文译成汉语，理解正确，译文达意，译速为每小时 300 个英语单词；能借助词典将内容熟悉的汉语文字材料译成英语，译文达意，无重大语言错误，译速为每小时 250 个英语单词。

（2）基础阶段对翻译的较高要求（达到六级）：能借助词典将难度略低于课文的英语短文译成汉语，理解正确，译文达意，译速为每小时 350 个英语单词；能借助词典将内容熟悉的汉语文字材料译成英语，译文达意，无重大语言错误，译速为每小时 300 个英语单词。

（3）应用提高阶段的专业英语对翻译的教学要求：能借助词典将有关专业的英语文章译成汉语，理解正确，译文达意，译速为每小时 350 个英语单词；能借助词典将内容熟悉的有关专业的汉语文字材料译成英语，译文达意，无重大语言错误，译速为每小时 300~350 个英语单词。

（4）应用提高阶段的高级英语对翻译的教学要求：能借助词典将有一定难度的英语文章译成汉语，理解正确，译文达意，语言通顺，译速为每小时 400 个英语单词；能借助词典将题材熟悉的汉语文章译成英语，内容完整，译文达意，语言通顺，译速为每小时 350 个英语单词。

英语自学考试大纲对翻译的基本要求：能将阅读的材料译成汉语，译文基本正确，文字通顺，笔译速度达到每小时 300 个英语单词；能把结构不太复杂、由常用词构成的汉语句子译成英语，译文基本正确。

可见，忠实和通顺是翻译实践中必须遵守的原则。要达到上述原则，必须不断提高英、汉两种语言的水平，掌握丰富的知识，熟悉使用英语的国家和中国的社会风俗，了解它们的政治、经济、历史、文化等各方面情况，并掌握一定的翻译方法和技巧。

（二）翻译工作者的基本要求

首先，翻译人员应具备良好的知识水平。具备包括扎实的汉语和英语功底在内的基础知识和专业知识，这是翻译工作对译者的基本要求。通晓和掌握汉语与英语的基础知识是从事英汉互译的起码条件。专门知识对译者来说也是很重要的，译者必须懂新闻才能译好新闻文章，懂文学才能翻译出优秀的文学作品。其次，译者需要具备包括自然科学和社会科学在内的百科知识，这类知识并无固定的专业范围。另外，译者还需了解有关国家历史、地理、政治、经济、军事、外交、科技、风俗习惯、宗教信仰、民族心理、文化传统等方面的基本情况。

再次，译者应力戒在两种语言转换过程中的狭隘对等意识。虽然在翻译过程中两种语言的确存在对等现象，但由于各个民族在自然环境、历史传统、风俗习惯、民族心理和文化传统等方面存在着巨大差异，这种差异必然会体现在语言上，即两个民族必然会采用不同的词语或表达方式来描述同一事物或现象。如果一味地追求对等，必然导致译文让读者困惑难懂，无法理解。例如，一旦将英语中的"level"与汉语中的"水平"机械地对等起来，那么汉语的"英语水平""生活水平""游泳水平"就很可能译为"English level""living level""swimming level"，而实际上，它们在英语中的对应词是"English proficiency""living standard""swimming skil"。

【例 1】We are here today and gone tomorrow.

[译文] 我们今天在这儿，明天就到别处去了。

[改译] 人生朝露。

【例 2】The scientific and the metaphysical tempers still pursue their opposite courses.

[译文] 科学和形而上学的性质仍然遵循着对立的路程。

[改译] 科学和形而上学仍然分道扬镳，大异其趣。

【例 3】The pines on top the of the mountain above us looked as if the fingers of their long boughs were folding a white cloud.

【译文】山顶上高高的松树看上去好像是它们长长的粗大的树枝用手指抚摸着白云。

[改译] 我们头顶的山巅之上，苍松挺立，一眼望去，修长的枝条宛如手指在轻轻地抚摸着白色的云朵。

因此，在翻译实践中切忌望文生义，译者应在准确理解原文的基础上，采用适当的翻译技巧和手段，做到忠实、通顺，用贴切的词语或句子来表达原文的意思。再看几个直译与意译的例子。

【例 4】For my father know and I know that if you only dig enough, a pasture can be made free.

[直译] 因为我父亲知道，我也知道，只要挖到一定程度，早晚可以在这里辟出一个牧场。

【意译】因为我父亲知道，我也知道，功到自然成。

【例 5】1gave my youth to the sea and I came home arid gave her（my wife）my old age.

【直译】我把青春献给了海洋，我回家的时候便把老年给了我的妻子。

[意译] 我把青春献给了海洋，等我回到家里与妻子团聚的时候，已经是白发苍苍了。

【例6】But Diana's champions were overwhelmingly women. Like many of them, she had a heartless husband, in-laws from hell, and fickle boyfriends.

【直译】可是黛安娜的拥护者绝大多数是妇女。像她们中的很多，她有一个无情的丈夫、来自地狱的姻亲、感情易变的男朋友。

[意译] 而拥戴黛安娜的绝大多数是妇女。因为她的遭遇和她们中的许多人相似：丈夫无情无义，婆家人蛮不讲理，男友个个负心。

最后，译者应具有爱国主义意识。一方面，根据我国的国情，选择好的作品进行译介，运用正确的立场、观点和方法来分析、研究和深入理解原作的内容；另一方面，译者应本着让世界各国人民了解中国的原则，积极对外宣传我党的路线、方针、政策，宣传我国的社会主义建设成就，宣传社会主义道德、风尚和文化，积极推动对外交流，促进中国人民同世界各国人民之间的友谊。

第三节 翻译的标准与过程

一、翻译的标准

（一）泰特勒的翻译三原则

在西方，最受欢迎的翻译原则是翻译理论家泰特勒（Alexander F.Tytler）提出的关于翻译的三条基本原则，具体介绍如下。

（1）译文应该完全传达原文的思想。（A translation should give a complete transcription of the ideas of the original work.）

（2）译文的风格和笔调应与原文一致。（The style and manner of writing should be of the same character as that of the original.）

（3）译文应像原文一样流畅。（A translation should have all the ease of the original composition.）泰特勒的翻译三原则分别从思想内容、风格笔调和表达效果三个方面强调了译文对原文的忠实，这与严复的"信、达、雅"三原则有异曲同工之妙。

既将"忠实"和"信"作为翻译的首要原则，又强调了译文的表达。

（二）严复的"信、达、雅"三原则

在中国，最具有影响力的翻译原则当属严复提出的"信、达、雅"三原

则。严复曾说："译事三难：信、达、雅。求其信，已大难矣！顾信矣，不达，虽译，犹不译也，则达尚焉。"对此，严复解释道："至原文词理本深，难于共喻，则当前后引衬，以显其意，凡此经营，皆所以为达，为达即所以为信也。"这里所说的"信"是指译者要正确理解原文，忠实地表达原文所包含的信息。"达"是指译者要用通俗易懂的语言来表达原文的意思，而不需要拘泥于原文的形式。严复的"雅"具有一定的历史局限性，他认为只有文言文才是标准的表达形式，他主张使用汉以前的字法和句法。

严复的"信、达、雅"三原则得到了广泛的接受和认可，随着时代的进步，"信、达、雅"不断被赋予新的内涵，"雅"也不再只是"古雅"，而是代表着译文的美学价值，带给读者精神上的满足和艺术上的享受。"信、达、雅"三原则对人们的翻译活动具有重要的指导意义。

（三）奈达的"读者反应"标准

尤金·奈达认为，应当把翻译的重点放在译文读者的反应上，即把译文读者对译文的反应和原文读者对原文所可能产生的反应进行对比。奈达指出，判断译作是否译得正确，必须以译文的服务对象为衡量标准，也就是说必须以译文读者与原文读者对所接收的信息能否做出基本一致的反应为依据。奈达结合现代信息传递理论，强调"译文至少要使读者能够理解"，这是翻译最低的标准。奈达指出，"衡量翻译质量的标准，不仅仅在于所译的词语能否被理解，句子是否合乎语法规范，而在于整个译文使读者产生什么样的反应。"奈达主张译出各种不同的可供选择的译文，让读者检验译文是否明白易懂，所以一个好的译者总是要考虑对同一句话或一段文章的各种不同的译法。我们可以将奈达关于翻译标准的论述概括为"忠实原文、易于理解、形式恰当、吸引读者"。奈达将读者因素纳入翻译标准中，可以说是对翻译标准研究的重大贡献。但是，在翻译实践中，受译者能力及其他条件的限制，这一主张很难做到。

（四）多雷的翻译五原则

艾蒂安·多雷（Etienne Dolet）是 16 世纪法国文艺复兴时期的人文主义者、学者、翻译家。他根据翻译的重要性在发表的论文里列出了翻译的五原则。他认为，要翻译得出色，必须做到以下五点。

（1）充分吃透原作者的意思。

（2）精通所译作品的语言，同时对译语也能熟练应用。

（3）切忌作逐字翻译的奴隶。

（4）避免生词僻语，尽量使用日常语言。

（5）注重译语修辞，让译文的词语安排不仅读起来朗朗上口，听上去也能让人感到愉悦甜美。

从对翻译的理解、译者对语言的掌握、翻译的方法以及译作的风格等方面来看，他的这篇论文里的思想在西方可以说是最早的一篇系统论述翻译问题的文章，在西方翻译史上也占有非常重要的地位。

（五）"等值论"和"等效论"标准

自 20 世纪下半叶起，国外翻译理论界提出了多种关于翻译标准的理论。其中，"等值论"（equivalent value）在我国的影响力较大。"等值论"的代表人物有雅各布逊、费道罗夫、卡特福德等学者，它要求译作与原作在思想内容及语言形式上"等值"，翻译应该以争取最大等值的译文为目标。例如，费道罗夫在《翻译理论概要》一书中曾对"等值"这一概念进行了阐述，认为"等值"主要包括两个方面的含义：一是与原文作用相符（表达方面的等值）；二是译者选用的语言材料的等值（语言和文体的等值）。

"等效论"（equivalent effect）是由美国翻译理论家奈达在"等值论"的基础上提出的，它在我国也具有一定的影响力。"等效论"要求译作对读者产生的效果与原作对读者所产生的效果一样。与"等值论"相比，"等效论"不仅关注原作与译作，还考虑到读者因素，强调了译作和原作阅读效果的等值。

尽管"等值论"与"等效论"在国内外非常流行，但是仍然有不少学者提出质疑或反对，认为某些语言、文化障碍是难以逾越的，"等值"或"等效"只能是一种美好的愿望，在翻译实践中是不可能实现的。

（六）"忠实"与"通顺"标准

应该说，上述介绍的翻译标准都在一定程度上带有时代局限性。目前，国内多数学者认为翻译的基本标准可以概括为"忠实"（faithfulness）和"通顺"（smoothness）。

1. 忠实

所谓忠实，首先指忠实于原作的内容，即完整而准确地表达出原作的内容；其次指保持原作的风格，即原作的民族风格、时代风格、语体风格及语言风格，使译文读者得到的信息与原文读者得到的信息大致相同。具体来说，忠实主要涉及完全忠实和对等忠实。

（1）完全忠实

所谓完全忠实，是指要对原作的内容准确并完整地传达出来，不得对其进行篡改或者删减。其中原作的内容主要指的是原作文章对事实的叙述、对景物的描写、对事理的说明、对思想的反映等层面。翻译的完全忠实标准主要用于学术性篇章或者科技类文章中。此外，完全忠实还要求对原作风格的保留，其中的风格包含民族风格、时代风格、语体风格等。同样，译者不能对风格进行删减与篡改。例如，不能将口语体改成书面体，反之亦然。总之，原作是怎样的，译文就应该是怎样的，尽可能地保持原文本来的面目。

（2）对等忠实

"对等忠实"主要是从应用或者功能上来说的，主要体现在功能上的忠实以及文体上的忠实。

功能上的忠实主要是为了让译文对原文忠实，但是这种忠实只体现在功能上，即原文中展现什么样的功能，那么译文也应该展现出什么样的功能。英国著名的翻译家、翻译理论家纽马克认为，语言具备以下六种翻译的功能。

第一，表情功能（expressive function），主要是表达发话人的思想。

第二，信息功能（informative function），主要是对语言之外现实世界的反映。

第三，祈使功能（vocative function），是使读者根据文本做出的反应。

第四，美感功能（aesthetic function），是使感官愉悦。

第五，应酬功能（phatic function），是使交际者之间保持接触的关系。

第六，元语功能（metalingual function），是语言对自身功能及特点的阐释和说明。

因此，译者在进行翻译时，需要对功能有一个清晰的了解和认识，只有这样才能保证与原文功能的一致性，才能让译文读者获得与原文读者相同的感受。例如，中国人的寒暄语"你吃了吗？"发话人的目的并不是想要知道对方吃饭了没有，而是一种寒暄的客套，因此在翻译的时候并不能翻译成"Have you had your meal？"这样就会失去原文的功能，而应该翻译成"Hello！"或者"Good morning！"等。

2. 通顺

通顺是指译文语言必须通顺易懂，符合规范，符合汉语表达习惯，使用明白流畅的现代语言，没有逐字死译、硬译现象，没有文理不通、结构混乱和逻辑不清的现象。当然，如果原作者匠心独运有意运用不规范的语言或作品带有明显的时代特色和地方特色，为了忠实，则不宜改为通顺流畅的译文语言。

二、翻译的过程

（一）文本理解阶段

理解是翻译的基础，只有建立在准确、透彻理解原文的基础上，译文才能实现忠实、通畅。具体来说，文本理解阶段主要涉及以下几个方面。

1. 理解语言现象

语言现象的理解主要涉及词汇意义、句法结构、修辞手法和习惯用法等。例如：

She went to the United States to study last fall.

去年秋天她到美国学习去了。

上句中的 fall 是"秋天"的意思。这是美式英语，英式英语中并没有这种用法，这体现了习惯用法意义。

Jack is a bull in a china shop.

杰克是个好闯祸之人。

本例中 a bull in a china shop 是一个英语习语，不能望文生义，应将其译为"莽撞闯祸的人"。

2. 理解逻辑关系

英语中存在着一词多义的现象，因此译者必须上下有联系地理解原文的逻辑关系，以便更透彻地理解原文。例如：

It is good for him to do that.

译文 1：这样做对他有好处。译文 2：他这样做是件好事。

这句话有以上两种意思，两种译文都是正确的。究竟采用哪种译法，需要译者根据上下文来推理。

3. 理解原文涉及的事物

有时候在原文中会出现很多译者未曾见过的事物、历史背景、典故或专门术语等，如果译者对这些内容理解得不透彻，就很难将原文的信息全部翻译正确，或者勉强译了别人也不懂它的意思。实际上，理解原文中所涉及的事物也就是理解源语所处的文化背景。例如：

South African leopard-spot policy came under fierce black fire....

南非实行的"豹斑"式的种族隔离政策受到了黑人的猛烈拌击……

这里的 leopard-spot（豹斑）现已成为一个专门术语。"豹斑"这一概念形成于 20 世纪 60 年代中期，当时南越人民武装力量在战区后方建立了许多小块根据地，美方军事地图上就此标有"豹斑"状异色的标志。后来，"豹斑"这一军事术语又被转用为政治术语，指白人种族主义者把黑人强行驱入若干小块地区居住的种族隔离政策。

4. 理解语境

任何语言的分析都离不开具体语境，通过语境分析语义的方法即为语境分析。语境可以分为语言语境（linguistic context）和非语言语境

（nonlinguistic context）。前者是指上下文，包括词与词的搭配、呼应、指代等关系。后者又可以分为情景语境（context of situation）和文化语境（context of culture）。

语言分析在翻译理解的过程中非常重要，忽视语境分析或者语境分析失误常常导致翻译的失误。由于不同地区在历史、地理、文化等多方面存在巨大的差异，只有在充分考虑和熟悉这些地区的差异的基础上，才能准确理解、准确翻译。因此，非语言语境对翻译的理解过程也非常重要。例如：

David is working at the BBC.

大卫在英国广播公司工作。

You are working really hard！

你学习真刻苦。

（二）文本表达阶段

表达是理解的升华和体现，是理解的目的和结果，更是语言信息转换的关键。表达是整个翻译过程中的关键环节，表达的好坏取决于译者对原文的理解程度以及对译文语言的修养程度，包括译者的译语水平、翻译技巧、修辞手段等。具体来说，表达阶段需要译者注意以下几点。

1. 准确措辞

众所周知，在英语中一个词常常有多种释义，因此在表达阶段，译者必须联系上下文来确定英汉词语在语义上的对应关系，进而选用正确的词汇，来进行准确的措辞。例如：

The invention of machinery has brought into the world a new era-the industrial age. Money had become king.

机器的发明使世界进入一个新纪元即工业时代，金钱成了主宰一切的权威。

king 这一词汇的基本含义是"君主""国王"，如果直接照搬过来，会使译文错误或不合译入语习惯。king 象征的是"最高权威"，因此在翻译的时候采用其引申义"主宰一切的权威"更为合适。

He put forward some new ideas to challenge the interest of all concerned.

原译：他提出许多新见解，挑战了有关人士的兴趣。改译：他提出了许多新见解，引起了有关人士的兴趣。

要译好一句话，准确的措辞十分重要。原句中 challenge 一词的基本含义是"挑战"。但如果把 challenge the interest 译成"挑战兴趣"，在汉语中有些说不通，因而此处译为"引起"。

2. 自然流畅

译文必须符合汉语的表达习惯，如果有违汉语的表达习惯，就会显得生硬、不流畅，也会让人难以接受。所以，译者在表达过程中必须考虑译文的自然流畅性。例如：

The idea that the life cut short is unfulfilled is illogical because livesare measured by impressions they leave on the world and by their intensity and virtue.

原译：被削短的生命就是一事无成的观点是不合逻辑的，因为人生的价值是由它们留给世界的印象和它们的强度及美德度量的。

改译："生命短暂即不圆满"，这种观点荒谬无理。生命的价值在其影响、在其勃发、在其立德于世。

很明显，原译过于拘泥于英语结构，所以译文生硬不自然，也很牵强。

而改译则突出了句子的两层含义，句子结构严谨，脉络清晰，行文自然流畅，符合汉语的表达习惯。

3. 衔接连贯

一篇译文的行文是否流畅关键在于"衔接"是否连贯，是否能采用合适恰当的语句进行"连接"。因此，在翻译的表达阶段，译者要加强衔接意识，整体把握语篇意义，准确地对源语的衔接方式进行必要的转换、变通，以使译文达到语篇上的衔接与连贯。例如：

The breeze had risen steadily and was blowing strongly now. It was quiet in the harbor though.

（Hemingway: The Old Man and the Sea）

原译：风渐刮渐大，此刻已经相当强劲了。港口静悄悄的。

改译：风势不断地加强，现在已经刮得很厉害。可是港内却很平静。

though 一词不仅对前后句起着衔接作用，还表明了两句之间的转折关系。很明显，原译并没有表明前后句之间的转折关系，使得前后两句之间失去了衔接和连贯。改译则译出了前后句之间的转折关系，达到了语篇的衔接和连贯，同时成功地传译了原作的思想内容。

4. 与原文文体风格对等

在翻译时除了要考虑措辞、流畅和连贯外，还要注意原文与译文的文体风格对等。保持了文体风格的对等能更好地再现原文的韵味。例如：

We do what we say we'll do；we show up when we say we'll show up；we deliver when we say we'll deliver；and we pay when we say we'll pay.

原译：言必信，行必果。

改译：我们说了做的事一定会做；我们说来就一定会来；我们说送货就

一定会送货；我们说付款就一定会付款。

上例原文的风格不属于那种精练典雅的，而且重复出现了很多次 we，而原译则过于精练，明显有别于原文的风格，而且原译的内容也不太忠于原文。改后的译文则更加符合原文的文体风格。

（三）审核

在翻译过程中，对译文的审校是必不可少的。因为即使再好的翻译也难免会存在错漏和疏忽的地方，这就需要译者认真审校并加以补正。除了审校译文中的错漏和疏忽，还要确保译文中的一些概念、术语、译名以及行文的风格和语气前后一致。除此之外，翻译的审校还应包括对文字、词语的润饰以及对逻辑的修改等内容。具体来讲，审校时应该注意以下几个方面的问题。

（1）人名、地名、方位、时间、倍数、数字等是否有漏译或错译，原文的单复数、大小写是否译错。

（2）词、词组、句子、惯用法或段落是否漏译或错译，是否将原文中易混单词看错。

（3）译文是否与译入语的表达习惯相符合，是否有生硬晦涩、翻译腔严重的句子。

（4）译文的逻辑关系是否清晰，是否与原文风格一致，是否处理好了通顺与忠实的关系。

审校是对理解的进一步深化，也是对原文的进一步推敲。通常情况下，一篇译文要审校二至三遍：第一遍审校主要侧重于核实较小的翻译单位（如词、句）是否准确；第二遍审校的重点是看较大的翻译单位（如句群、段落等）是否准确，并对译文的文字加以润色；第三遍审校的重点是看译文的整体行文是否流畅，译文的语体是否前后一致。概括来说，就是第一遍和第二遍审校侧重于微观层面，而第三遍审校则上升为宏观层面。当然，在时间允许的情况下，对译文进行更多几遍的审校也是很有必要的。总之，审校阶段工作做得越认真、越仔细，译文中的错误就会越少，译文的质量就会越高。

第四节 译者的基本素质

一、较强的双语驾驭功底

翻译考查的是译者对两种语言的掌控能力与驾驭能力。因此，译者具备扎实的语言基础非常必要。译者对语言的驾驭能力主要体现在以下两个方面。

1. 译者的理解能力

由于英汉语言之间具有明显的差异，所以有很多因素会干扰译者的理解能力，如词汇量、语法结构以及利用语境确定语义等。翻译不仅仅是对字面意思的传达，还要根据语境把握其真正的意义。

例如，在《汉英词典》上可以查出"打"的英文表达是 hit，strike，beat，而下面的"打"字却对应着不同的英文表达。

打毛衣 to knit 打篮球 to play basketball 打水 to get some water 打铁 to forge iron 打字 to typewrite 打的 to take a taxi 打井 to dig a well 再如，英语中的 black 在字典上的解释为"黑色的"，而在不同的搭配中有不同的汉语表达。

in a black mood 情绪低落

black despair 绝望

black tea 红茶

a black stranger 完全陌生的人

Here the captured comrades were jammed together like sardines.

译文 1：这里被俘的同志像沙丁鱼一样被驱赶在一起。

译文 2：上尉同志在这儿被挤得像个沙丁鱼。

以上两种译文的错误都是因为译者的外语水平不够扎实。

译文 1 系译者不认识 jam 所致；译文 2 系译者误将 capture 看作 captain 所致。

2. 译者的表达能力

翻译并不是要求译者用自己的思想和话语对原文进行再创造，而是要用原作者的思维将其观点移入译入语中。因此，翻译对译者的表达能力提出了很大的挑战。它要求译者能够熟知源语与译入语之间在语音、词汇、句法、修辞和使用习惯上的差异，力求使译文的表达通顺流畅。例如：

There's no pot so ugly it can't find a lid.

译文 1：没有丑到配不上一个盖子的罐子。

译文 2：罐儿再丑，配个盖子不发愁。

译文 1 显得平板滞重；

而译文 2 则更加意韵合拍，风趣隽永，简直是妙笔佳句。可见，如果译者没有扎实的语言基础，翻译质量也就得不到保证。

二、熟练的翻译技巧

要想做好翻译工作，熟练运用各种翻译技巧和策略是非常必要的。要熟练运用翻译技巧，译者需要做如下两个方面的努力。

1. 系统地学习翻译理论知识

掌握系统的理论知识是进行翻译的前提和基础。因此，译者要注重对翻译理论知识的学习，在学习中系统分析和总结相关的翻译技巧与策略。

首先，语言层面的翻译技巧：词语、句子、篇章的翻译技巧。

其次，要掌握各种文本的翻译策略和技巧：如何翻译科技文本、新闻文本、文学文本、公文文本等具有不同风格和功能的文本。

最后，还要熟练掌握文化层面的处理方法：归化、异化等手段的应用。

2. 加强理论联系实际能力

实际上，翻译是对译者理论联系实际能力的考验。其需要译者用正确的理论指导翻译实践，多学习一些翻译名家的范文，经常进行实践，坚持在翻译实践中学习翻译理论，不断总结经验，在翻译实践中不断完善和发展翻译理论。

三、深厚的背景知识

译者要培养一定的专业知识与丰富的文化知识。只有知识面足够广博，才能深刻地理解原文，也才能确保翻译的质量。同时在平时的工作和生活当中，译者还需要对不同方面的知识进行了解和关注。

（一）培养扎实的基本功

翻译与听、说、读、写不同，不仅仅是一种语言活动，而且是两种语言同时进行的活动，因此译者应该具备较强的双语能力。

首先，译者要培养自己的外语功底。译者的外语基础是从事翻译工作、保证翻译质量的关键因素。这是因为从翻译的过程来说，理解是翻译的前提和关键。如果没有扎实的外语基础，就很难理解原文的信息，或者仅仅理解了其表面含义，而不理解其隐含义。例如：

A book is your neighbor: if it be good，it cannot last too long；if bad，you cannot get rid of it too early.

译文 1：书是你的邻居：如果是一本好书，读起来不会需要太长时间；如果不是一本好书，你不会能够太快摆脱它。

译文 2：书好比你的邻居：如果是一本好书，相伴越久越好；如果是一本坏书，越早弃之越好。

从原文上看，这个句子是相对比较简单的。句子中并没有什么复杂的、晦涩的词语。但是如果没有扎实的语言基本功，同样很容易翻译错，让读者不能理解。译文 1 就是译者不明白 cannot...too... 的意思是"越……越好"，因此在翻译的时候出现了大的漏。相比较，译文 2 符合原文的意义，翻译得就比较恰当。

Research teams have conducted studies that show beyond all reasonable doubt that tobacco smoking is associated with a shortened life expectancy.

译文 1：研究组进行的研究超出了所有合理的怀疑，表明吸食烟草与人的预期寿命的缩短有关。

译文 2：研究组进行的研究毋庸置疑地表明吸烟会缩短人的预期寿命。上例中，译文 1 明显文理不通，让人不知所云，而且对原文的一些表达也理解错了。而译文 2 符合原文表达，比较恰当。

其次，译者还需要培养自己扎实的汉语功底。提高汉语水平的重要性主要在于译文的表达上。在实际的翻译实践中，当对原文正确理解之后，译者的汉语功底就呈现出来，这也是影响翻译质量的一个重要层面。汉语水平越高，其翻译作品也就更加得心应手。例如：

You shall see sweet silent rhetoric and dumb eloquence speaking in her eyes.

译文 1：在她的眼睛中，你可以看到甜蜜、无声的言辞和愚蠢的口才。

译文 2：双目含情，悄无言而工辞令，暗无声而具辩才。

对比两个译文，不难发现，译文 1 只是简单地直译出来，语言也不够美观，而译文 2 运用了对称的修辞手法，显得更具文采。可见，译文 2 的译者在掌握一定英语的知识外，还具备了扎实的中文功底。

As we topped the hill，the clouds lifted and the harbour looked most beautiful in its semicircle of hills and half-lights. The colour of a pale pearl grey and of a fairy texture. Quite indescribable and unpaintable，the aircrisp and fresh. This Arctic scenery has a beauty which is the exact antithesis of the Christmas card of tradition. Soft，melting half-tones. Nothing brittle or garish.

译文 1：当我们上到山顶时，云升上去了，海港在半圆形的小山中和半明半暗中，看起来最美。苍白珍珠灰的颜色和仙境般的特征，是非常难以形容和描绘的。空气是清新和爽快的。北极地区的风景有一种美丽，那与传统圣诞节卡片恰成对照。它们柔和而动人得像照相铜版，没有什么易碎的或太花哨的东西。

译文 2：我们到了山顶，云消雾散，只见海港在围成半圆形的小山丛中，朦朦胧胧，煞是好看。这一带充满着珍珠似的银灰色，宛如仙境，无法形容，也无法描绘。空气清新宜人。这北极地区景色之美，同传统的圣诞节卡片恰成对照，它浓淡交融，光影柔和，清雅绝俗。

上例中，译文 1 虽然将意思翻译了出来，但译文句子拘泥于原文形式，不敢越出原文一步，而且由于译者的中文功底较差，译文缺乏文采，读起来没有什么美感。

（二）清楚原文涉及的题材知识

俗话说"隔行如隔山"，特别是专业性很强的文件，如科技文体、法律文件、经济合同等。如果不熟悉所译文章所涉及的专业，就不能正确理解原文的全部意义，翻译也就无从谈起。如果经常涉及某个专业领域的翻译，译者最好能够学习一些该专业的基础知识。例如：

Liabilities or creditor's equity are the obligations or debts the firm must pay in money or service at some time in the future.

负债即债权人权益是企业在将来的某一时间必须用货币或劳务来抵偿的义务或债务。（涉及会计、金融知识）Each particle in a gas has a great amount of movement energy so that they are all travelling quite quickly.

气体的每一个粒子都具有很大的运动能量，因此它们都在快速运动。（涉及科技方面的知识）

The documents will be presented to you against your acceptance of the draft in the usual way.

贵方按惯例承兑汇票后，方可获取相关单证。（涉及外贸知识）John can be relied on，he eats no fish and plays the game.

约翰为人可靠，他既忠诚又正直。（涉及英国历史典故方面的知识）

（三）了解中西方的文化差异

一位合格的译者需要具备多了解本国和英语国家的历史、地理、政治、军事、外交、经济、风土人情、文化传统等方面的文化知识的意识。弄清楚中西文化的差异，也不至于在一些文化内容的翻译上出差错。例如：

After lunching in the basement of the Medical School，Philip went back to his rooms. It was Saturday afternoon，and the landlady was cleaning the stairs.

在医学院地下室吃过饭后，菲利普回到自己的寓所。那是一个星期六的下午，女房东正在打扫楼梯。

在英国，常有人把房屋分间出租供人住宿，出租房屋的人就被称为 landlord 或 landlady。如果不了解有关背景知识，容易把此例中的 landlady 误译为"女地主"。

中西文化差异的存在是导致中西方沟通困难，甚至出现误解和冲突的主要因素。因此，译者必须对中西文化差异的基本内容有一个清晰的了解，提升自己的翻译意识，从而保证交流顺畅。

四、过硬的思想作风

翻译工作者必须具备过硬的思想作风，具体来说主要应做到以下几点。

（1）要能够吃苦耐劳、耐得住寂寞。翻译过程是一个复杂的脑力劳动的过程，译者需要付出艰辛的劳动，没有坚定的决心和顽强的毅力是难以克服翻译过程中遇到的各种各样的困难的。

（2）要坚持严谨踏实、一丝不苟的工作作风。任何疏忽、懈怠都可能影响翻译质量的提高，有的甚至会带来严重的后果。因此，译者必须时刻保持严谨的工作作风。

（3）要具有认真负责、谦虚谨慎的学风。学无止境，"译"海无涯，译者只有虚心学习，善于学习，开阔视野，不断提高自身的翻译水平，才能迎接困难和挑战，保质保量地完成各种翻译任务。

五、积极认真的工作态度

在翻译中，工作态度指的是译者在译文时所持有的翻译精神。译者在翻译过程中的态度对译文的好坏有着直接的影响，因为译者的任何疏忽和倦息都会影响译文的质量。

例如，曾经有一家香港某报在报道一则消息时，因为是通讯社所发出的消息，全是用大写字母传送打印出来的，所以译者将其中的 Turkey Dinner 译成了"土耳其大餐"，因为稍微有点常识的人都知道是"火鸡大餐"，这种错误就源于译者的粗心大意。仅因译者的疏忽就会对新闻乃至其公司产生极大的影响。因此，译者在翻译过程中一定要保持积极认真的态度。

六、坚定的政治立场

21 世纪是全球化的时代，中国的国际交往正在朝着纵深方向发展，对外交流活动的范围也在日益拓宽，与各国的联系逐步深入。这种趋势也对我国的翻译工作者提出了更高的要求。世界各国由于地理位置、气候条件、文化历史的不同而形成了各自的风俗习惯，具有不同的意识形态、政治体制与法律制度。在具体的翻译实践中，译者必须始终坚持鲜明的政治立场、保持良好的政治素养，运用正确的立场、观点和方法来分析研究所译的内容，以确保译文准确、恰当地传达原文的思想。尤其是在国际贸易、国际会议、时事新闻等领域，译者必须谦虚谨慎、严肃认真，始终把国家利益放在第一位，通过自己的翻译实践维护中国的国际尊严，切忌草率从事、粗枝大叶、望文生义，影响国家形象和声誉。

第五节 中西方翻译理论概述

一、中国翻译理论研究

（一）中国古代翻译理论

中国的翻译活动可追溯至春秋战国时期，当时的翻译活动主要限于诸侯国家之间的相互交往，所以这种翻译还谈不上是语际翻译。在中国翻译史上，真正的语际翻译当属佛经翻译。佛经翻译历经千年，出现了一大批杰出的翻译人员，他们译出的佛教经卷数以万计，为佛教在中国的传播以及丰富中国的语言、文化作出了不可磨灭的贡献。同时，不少译经人在佛经翻译过程中总结出了翻译心得，其中有一些已具备理论的雏形，如支谦、释道安、鸠摩罗什、彦踪、玄奘、赞宁等。在这些人之后，明末清初也有一些翻译理论家提出了比较著名的翻译观点，如徐光启和魏象乾。下面进行具体介绍。

1. 支谦的翻译理论

支谦是三国时期主要的佛经翻译人，他在《法句经序》中论述了自己的主要观点："唯昔蓝调、安侯世高、都尉、佛调，译梵为秦，审得其体……因循本旨，不加文饰，译所不解，则阙不传……然此，虽辞朴而旨深，文约而义博，事钩众经，章有本故，句有义说。"对这一观点的意思分析如下所示。

（1）"唯营蓝调、安侯世高、都尉、佛调，译梵为秦，审得其体"这一句是支谦对前人翻译的客观总结。

（2）"因循本旨，不加文饰"是支谦所倡导的一种翻译原则或翻译方法。

（3）"译所不解，则阙不传"是支谦制定的一种权宜策略。

（4）"然此，虽辞朴而旨深，文约而义博，事钩众经，章有本故，句有义说"是支谦对译文结构进行的层次上的评析。

此外，支谦还提出了当时译者所面临的两大难题：一是"或得梵语，或以义出音"；二是"名物不同，传实不易"。前者是关于译音和译义的问题，后者则是关于名物概念的翻译问题。可见，支谦意识到了本质与现象、内容与形式的统一问题，而且他把"本旨""文饰"作为相对的概念来讨论翻译理论，加深了人们对翻译的认识。

2. 释道安的翻译理论

释道安是东晋、前秦时期主要的佛经翻译人，他在总结前人经验和同时代其他佛经翻译者见解的基础上，结合自己的翻译实践，在《摩诃钵罗若波罗蜜经钞序》中提出了著名的"五失本，三不易"理论。

（1）五失本

"五失本"是指梵文佛经翻译时容易失去原文本来面目的五个方面，具体内容如下：梵语尽倒，而使从秦，一失本也；梵经尚质，秦人好文，传可众心，非文不合，斯二失本也；梵语委悉，至于叹咏，叮咛反复，或三或四，不嫌其烦，而今裁斥，三失本也；梵有义记，正似乱辞，寻说向语，文无以异，或千五百，刈而不存，四失本也；事已成全，将更傍及，反腾前辞，已乃后说，而悉除此，五失本也。

①"一失本"：梵文词序与汉文词序不同，汉译时必须改变词序，导致译文失去原文的内容。

②"二失本"：梵文质朴，汉文华藻，为使读者满意，附庸习惯，译文不得不做些修饰，致使译文不完全符合原文内容。

③"三失本"：梵语佛经中同一个意思的词句往往反复，译成汉文时不得不删除一些，导致译文与原文不一致。

④"四失本"：梵文佛经每逢结尾之处，必做小结，将前面的话简述一遍，译成汉文时做必要的删减，使译文与原文在内容上出现不一致的情况。

⑤"五失本"：梵文佛经每论全文之后，往往要纵横牵扯，汉译时必须删除，使译文失去了原文的一些内容。

释道安的"五失本"是他通过比较研究而总结列举出的梵、汉两种语言之间的五对矛盾（内容形式、原文译文、文体类型、语言风格、文辞文法）。至于这五对矛盾的解决方法，或者能不能解决，释道安则没有进一步阐述。

（2）三不易

"三不易"是指翻译梵文佛经时有三种情况不容易处理。具体指：然般若经，三达之心，复面所演，圣必因时，时俗有易，而删雅古，以适今时，一不易也；愚智天隔，圣人叵阶，乃欲以千岁之上微言，传使合百王之下未俗，二不易也；阿难出经，去佛未久，尊者大迦叶令五百六通，迭察迭书，今离千年，而以近意量裁，彼阿罗汉乃兢兢若此，此生死人而平平若此，岂将不知法者勇乎，斯三不易也。

①"一不易"：过去和现在不一样，要把过去的情况用现在的情形译出来，不容易。

②"二不易"：后人要完全理解古代圣贤深邃的思想，不容易。

③ "三不易"：释迦牟尼死后，弟子阿难造经非常慎重，现在要普通人来译不容易。

释道安的"三不易"表明他意识到了翻译所涉及的历时性的矛盾以及原著、译者和译文读者之间知识结构和认识水平之间的差距而产生翻译的矛盾问题。综上可知，释道安的主要贡献在于对汉、梵两种语言进行了比较研究，并涉及原著、译者、译著、读者之间的关系，对翻译实践进行了较为系统的规律性总结，摆出了问题，为后继者指出了努力的方向，提供了继续研究的线索。

3. 鸠摩罗什的翻译理论

鸠摩罗什是天竺（印度）人，东晋后秦时来华，译经 300 多卷，一改过去音译的缺点，主张意译，并倡导译者署名。他的译著有《天然西域之语趣》，忠于原作，译文妙趣盎然，为我国的翻译文学奠定了基础。鸠摩罗什没有正面提出译论，他的观点散见于一些论述中。

鸠摩罗什从佛经文体出发，认为梵语转汉语时虽然可以不失大意，但在文体上总是隔了一层，其宫商体韵不但不能经过翻译传达，连文藻也会失掉。因此，他力图在译经文体上有所改进，使其既通俗化又富有优美的文学色彩，同时保留原作的风姿。在文质问题上，他主张只要不违背原意，则不必拘泥于原文形式，在存原则真的指导下可以"依实出华"，达到辞旨婉约、自然流畅、声韵俱佳的效果。此外，对于译名的问题，他也提出了自己的观点。对于那些难以在汉语中找到对应的梵语可以采用音译法。例如，人名、神名和一些不翻译的专用名词，他一般都采用音译。一方面，这避免了不同音译所造成的牵强附会，或由于音译过多使译文难懂的弊病；另一方面，恰当的音译丰富了汉语的词汇，同时使译文保留了一些异国色彩，增加了文辞的美感。

4. 彦踪的翻译理论

彦踪是隋代一位有影响的翻译家，他翻译过很多佛经，其主要观点是"八备"说，是指做好佛经翻译必须具备的八项条件：诚心爱法，志愿益人，不惮久时；将践觉场，先牢戒足，不染讥恶；签晓三藏，义贯两乘，不苦暗滞；旁涉坟史，工缀典词，不过鲁拙；襟抱平恕，器量虚融，不好专执；耽于道术，淡于名利，不欲高衔；要识梵言，方闲正学，不坠彼学；薄阅苍雅，粗谙篆隶，不昧此文。

通俗来讲，佛经翻译人员应该具备以下条件。

（1）诚心爱法，立志为人奉献，不怕耗时、费力。

（2）品行端正，忠实可信，不招别人讥笑、讨厌。

（3）博览佛经，通达义旨，不拖泥带水。

（4）涉猎中国经史，擅长文学，精于辞藻，笔锋达意。

（5）度量宽和，虚心求教，不武断固执。

（6）深爱道术，不喜名利，不出风头。

（7）精通梵语，熟悉译法，不失原义。

（8）兼通中国训诂，使译文不失准确。

上述条件中，第一点、第二点、第五点和第六点是关于翻译主体的人格修养，第三点、第四点、第七点和第八点是关于翻译主体的学识修养，即译者所具备的理解能力、表达能力以及掌握两种语言的水平。在文与质的问题上，彦琮在《辩证论》中提出"宁贵朴而近理，不用巧而背源"的原则，坚持忠实第一。

5. 玄奘的翻译理论

玄奘是唐代佛经翻译的代表人物。他的翻译著作很多，但关于其译论的资料很少。后人总结出他的翻译思想为"既须求真，又须喻俗"。玄奘的佛经译文既忠于原文，又注重文体风格，是文质结合的典范。

（1）五不翻原则。玄奘提出了"五不翻"原则，这里的"不翻"实际上就是采用音译。

①秘密故不翻。意思是说，具有神秘色彩的词语不用意译，而应采用音译。

佛经中有大量的"秘密"，如"咒语"等。这些秘密咒语具有神秘莫测的特点，通过念诵的声音形式来体现其神秘之处，因此宜采用音译方式。

②多含故不翻。意思是说，具有多种含义的词语不用意译，而应采用音译。

佛教经典中有些词语含义非常丰富，而汉语中找不到与之完全对应的词语，如果使用其中一个含义的词语，则会造成信息与意义缺失。例如，梵语bhagavat 一词具有六种意义："自在、炽盛、端严、名称、吉祥、尊贵"。汉语里不存在同时包含这六种意义的对应词汇，如果采取意译，在一定的语境中只能译出其中的一个意义，而其余五种意义都会缺失，因此只能音译为"薄伽梵"。

③此无故不翻。意思是说，目的语文化中没有的词语不用意译，而应采用音译。例如，"阎浮树"又名"胜金树"，只产于印度等地，中国没有这种树，所以采用音译。

④顺古故不翻。意思是说，对以前已经存在并广泛使用的约定俗成的音译词语不用意译，而应遵循习惯沿袭其原有的音译。

⑤生善故不翻。意思是说，有些词语用音译能令人生尊重之念，否则容

易等闲视之，所以对这类词语不用意译，而应采用音译。例如，"般若"跟汉语里的"智慧"意思差不多，但有着轻重之分。所谓般若不是普通的智慧，是指能够了解道、悟道、修证、了脱生死、超凡入圣的这个智慧。这不是普通的聪明，是属于道体上根本的智慧。这不是用思想得到的，而是身心两方面整个投入求证到的智慧。因此，音译为"般若"显示出对佛经的尊重、敬仰，而意译为"智慧"则显得轻浅世俗。

简而言之，这五种原则比较全面地回答了支谦的"名物不同，传实不易"的问题。

（2）翻译技巧。在翻译实践中，玄奘主要运用了六种技巧。

①补充法（增词法）。

②省略法（减词法）。

③变位法（根据需要调整句序或词序）。

④分合法（分译法和合译法）。

⑤译名假借法（用另一种译名来改译常用的专门术语）。

⑥代词还原法（把原来的代名词译成代名词所代的名词）。

6. 赞宁的翻译理论

宋初的赞宁是千年佛经翻译的总结者。他有关翻译的论述集中在《译经篇》后附的"系"和"论"里，这些文字较为系统地论述了翻译的性质，简要回顾了此前的翻译史，总结了前人的翻译活动、经验以及方法和理论，并提出了自己的观点。

就翻译的性质与定义，赞宁明确指出："译之言易也，谓以所有易所无也。"

也就是说，翻译就是对原文的一种改变。他还提出，"懿乎东汉，始译《四十二章经》，复加之为'翻'也。'翻'也者，如翻锦绮，背面俱花，但其花有左右不同耳。由是'翻译'二名行焉。"他把翻译中的文本内容比作绣花的图案，原文与译文则是图案的正反两面，即二者内容相同，只是正反的"花"（形式）有所不同。

（1）翻译方法

赞宁在翻译方法上提出"六例"说："今立新意，成六例焉。谓译字译音为一例，胡语梵言为一例，重译直译为一例，粗言细语为一例，华言雅俗为一例，直语密语为一例也。"

①译字译音。赞宁提出了四种关于"译字和译音"的情况：译字不译音、译音不译字、音字俱译和音字俱不译。

②胡语梵言。赞宁从地理位置和语言构成两个方面指出了梵语与胡语之间的区别："……胡语梵言者，一在五天竺，纯梵语。二雪山之北是胡。……

三亦胡亦梵……"他指出了人们思想认识上的两大误区：一是从东汉到隋朝，人们"皆指西天以为胡国"，所以有"译胡为秦"的说法；二是隋朝以后，人们又误以为西天为梵，矫枉过正，过犹不及。当时的佛经既有梵语文本，又有胡语文本，甚至存在胡梵夹杂的文本，应加以区分。

③重译直译。直译即直接翻译，是指直接把梵文佛经翻译成汉语文本。需要注意的是，这里所说的直译并不是我们现在所说的与意译相对的直译。重译是我们现在所说的间接翻译或称"转译"，即把胡语佛经文本转译成汉语文本。④粗言细语。根据赞宁的说法，佛经文辞有粗细之分。细语是典正言辞，粗言是"泛尔平语言辞"。赞宁区分了三种情况：一是粗言，是"五印度时俗之言"；二是细语，是译经大师们用汉语雅言译出的原文词语；三是亦粗亦细，是梵语佛经文本中既有粗言又有细语的混同状态。

⑤华言雅俗。具体指目的语——汉语的雅俗问题，即要译出原文的语言风格。源语的俗语不能译成目的语的雅言，反之亦然。

⑥直语密语。直语是平时日常生活中所用的平白的话语，密语则是宗教中的神秘词语。"直"是指用较通俗的话直译，"密"是指用较隐秘的话意译。

（2）文体风格

在文体风格方面，赞宁认为佛经译文的语言风格应居雅俗之间，不应走极端，折中适时才是最恰当的。所谓折中，即译作文字要贴切、得当；所谓适时，即译文语言要合乎当时通行的风格，这样才能达到传达佛旨的目的。

7. 徐光启的翻译理论

徐光启是明末著名的科学家、政治家、翻译家，他翻译过《几何原本》《泰西水法》《灵言蠡勺》等，是将我国翻译的范围从宗教以及文学等扩大到自然科学领域的第一人。徐光启没有留下系统的翻译理论，但其散见于译书序言中的翻译思想对当时士大夫和传教士翻译科技著作的工作产生了积极的影响。他的翻译思想集中体现在以下三个方面。

（1）认识到翻译的重要性，认为翻译是吸取他国长处的先决条件和手段。"欲求超胜，必须会通；会通之前，必须翻译。"这种拿来主义的翻译态度是十分宝贵的思想，放在当时的历史与文化语境下，显得弥足珍贵。

（2）提出翻译时要抓重点，抓"急需"。西方数学的严密理论和逻辑体系是其他学科的基础，因此应该将数学专著的翻译放在首位。

（3）在《几何原本》译序和杂议中谈到翻译的目的是"以裨益民用"，即通过翻译来造福人民。

8. 魏象乾的翻译理论

魏象乾，汉族，雍正、乾隆时人。1739 年，被任命为"实录馆兼内翻书房篡修"（御用的专业翻译工作者），专门从事汉译满（清文）工作，是雍正朝《清实录》名列第六位的满文翻译。他对翻译原则、标准和初学翻译如何入门等问题颇有见地，并将汉满文字翻译经验总结为《翻清说》一文。该文仅1600字，属于内府刻本，共6页，却字字珠玑、寓意深刻，是我国最早的内部出版的翻译研究单篇专著。

在这篇短文中，他首先提出翻译的标准问题，认为好的翻译应该了解原文的意思，表达原文的措辞，保留原文的风格，传达原文的神韵，既不要增译，也不要删减，更不要颠倒原文顺序或断章取义，即"了其意，完其辞，顺其气，传其神，不增不减，不颠不倒，不恃取意"。其次，他认为当时汉译满诸书中，以《资治通鉴》和《四书注》"最为妥当，实得汉文之奥旨，清文之精蕴者"，可为初学者翻译之范本。他特别推崇《孟子》的满文译本。最后，他提出把汉语译成满文时要进行适当的增减。这篇短文既细致地谈论了翻译的技巧，又提出了关于翻译的宏观认识，是我国古代最为精辟的一篇翻译理论文章。

（二）中国近代翻译理论研究

近代翻译理论是指鸦片战争至五四运动时期形成的有关翻译的见解和理论。

这一时期的翻译以西学翻译为主，涌现出一批优秀的翻译家，他们致力于翻译的实践研究，提出了独到的翻译见解和理论。可以说，这一时期是我国翻译理论自成体系的开创时期。

1. 徐寿、傅兰雅的翻译理论

徐寿是洋务运动时期著名的化学家、科技翻译家，他与傅兰雅合译或自译西方书籍13种，代表作有《化学鉴原》《化学术数》《化学考质》等，并首创了一套化学元素的中文名称。傅兰雅结合自己丰富的翻译经验，提出了翻译应"不失原文要旨""易于领会"的翻译标准。这一时期的翻译大家对翻译理论的最大贡献是对科学技术术语的统一工作，从译名统一的原则到科学术语词典的编纂都在翻译史上留下了宝贵的财富。傅兰雅、徐寿等人提出了著名的"译名七原则"。

（1）尽可能直译，而不意译。

（2）万一不能意译，则要用尽量适当的汉字音译，要建立音译体系，基本词素要固定，要用官话音译。

（3）新术语尽可能同汉语的固有形式构建相一致。

（4）译名要简练。

（5）译名要予以准确的定义。

（6）译名在各种场合都要符合原意，不致矛盾。

（7）译名要有灵活性。

"译名七原则"的提出对科技名词的翻译和外来科学技术的引入作出了巨大贡献、促进了中国翻译理论的形成；有力地驳斥了汉语难译科技书籍的说法，指出中国人也可以创造新词汇；倡导科技译名统一，并指定译名的具体规则，使有关地理、物理、化学、医学、数学等科学书籍译成，并广泛流传。

2. 马建忠的翻译理论

马建忠是洋务运动时期的语言学家，他关于翻译的论述主要见于其 1894 年写的《拟设翻译书院议》这篇文章中。他在文中明确指出了翻译对中国反抗外国欺侮，并最后战胜外敌的重大意义，以及创设翻译书院、展开翻译活动、培养翻译人才的紧迫性。在该文中，马建忠提出了"善译"翻译观："夫译之为事难矣，译之将奈何？其平日冥心钩考，必先将所译者与所以译者两国之文字，深嗜笃好，字栉句比，以考彼此文字擎生之源，同异之故。所有相当之实义，委曲推究，务审其音声之高下，析其字句之繁简尽其文体之变态，及其义理精深奥折之所由然。夫如是，则一书到手，经营反覆，确知其意旨之所在，而又蔡写其神情，仿佛其语气，然后心悟神解。振笔而书，译成之文，适如其所译而止，而曾无毫发出入于其间，夫而后能使阅者所得之益，与观原文无异，是则为善译也已。"

这段话的意蕴非常丰富、全面，涉及语义学、语用学、文法学、修辞学，以至于进入了文化研究的领域。在马建忠看来，"翻译是很难的事情，我们应该怎么翻译呢？平时在翻译训练中就应该培养自己对两种语言的浓厚兴趣，用心思考，一定要先将所要翻译的语言和用来翻译的语言进行仔细的研究和比较，以考察两种语言文字产生的渊源，领悟两种语言相同或相异的缘由。对两种语言相当的意义应加以反复推敲，务必探究其语调的高低，分析其字句的繁简，弄清其文体的变异，了解其内涵细微差异的由来。这样，拿到一本书必须反复阅读，掌握它的精神实质，并且揣摩出它的风格、体会到它的语气，才能消化、吸收，写起来得心应手，使译文和原文一模一样，没有丝毫的差别，读者能从中得到与看原文相同的收获，这样的翻译可称得上好翻译"。

马建忠非常注重源语言和文本，强调细致的文本分析，而且推崇翻译中的直译。他的"善译"理论与当代的翻译等值理论如出一辙，建构了中国近代重要译学理论的发展基础。

3. 梁启超的翻译理论

梁启超是我国近代史上著名的思想家和文学家。梁启超把翻译当作强国之道，目的在于推行维新变法。梁启超在其长篇巨著《变法通议》的第七章（论译书）中指出了译书的两个弊端，"一日徇华文而失西义，二日徇西文而梗华读"，即一是由于遵循汉语的表达习惯而失去了原文的文化内涵等，二是由于遵循英语的表达习惯而造成汉语译文的晦涩难懂。同样在第七章中，梁启超指出："自鸠摩罗什、实叉难陀皆深通华文，不著笔受。玄奘之译《瑜伽师地论》等，先游身毒，学其语，受其义，归而记忆其所得从而笔之。言译者，当以此义为最上。"这段话的含义是鸠摩罗什和玄奘等都精通汉语和梵文，能够了解原文含义，因此翻译时无须多加润饰，只需记下来直接译成汉语即可，这是翻译的最佳方法，也值得其他译者效仿。梁启超还曾指出："凡译书者，将使人深知其意，苟其意靡失，虽取其文而删增之，颠倒之，未为害也。然必译者之所学与著书者之所学相去不远，乃可以语于是。"其含义是翻译书籍务必要让读者深刻了解原文含义，如果原文含义有所靡失，只保留原文部分含义或增减原文内容、颠倒原文顺序等，都是有害的。另外，译者的学识专业必须和原作者接近，这样才能翻译出质量上乘的作品。

4. 林纾的翻译理论

林纾是中国近代翻译史上的翻译大师，也是中国文学翻译事业的先行者和奠基人，被公认为中国近代文学翻译的开山鼻祖。林好不懂外语，但他仍然和朋友共同翻译了十几个国家的几十位作家的作品。尽管其译文难免出现一些错误，但这并不能否认他对中国翻译事业所做的贡献。林纾的翻译思想主要体现在以下几个方面。

（1）翻译不易

林好认为，翻译书籍需要抱有严谨、审慎的态度，要想翻译出好的作品，译者必须先了解原文所引用的历史典故、风俗文化、古籍旧说等知识，并了解源语和目的语之间的异同，在传递源语文化的同时，使译文符合目的语的表达习惯，这样才能达到理想的翻译效果。

（2）译文要忠实于原著

林舒在《黑奴吁天录》（Uncle Tom's Cabin or Life Among the Lowly）的例言中指出："是书为美人著。美人信教至笃，语多以教为宗。顾译者非教中人，特不能不为传述，识者谅之。"意思是，本书原作者是一位美国作家，美国人大多深信基督教，因此书中语言很多都体现了基督教教义，但由于译者并不信仰基督教，因此照搬原文内容而不予翻译，望读者原谅。林纾认为，译者在翻译外国作品时难免会对书中的内容产生异议，但翻译时仍需忠实于原文，将原文的特征、思想表现出来。

（3）译名统一

林舒在《中华大字典》的序言中阐述了自己对译名统一问题的看法，汉语中一个字只有一个含义，只有将一个一个的汉字联合起来才能成文。因此，在翻译英文时往往需要耗费大量汉字，再加上由于没有一定的名词，常会和英文原作相左。对此，林纾提出，"由政府设局，制新名词，择其淳雅可与外国名词相通者，加以界说，以惠学者"。尽管这个提议并未被当局采纳，却是他对中国翻译的另一个重要贡献。

5. 鲁迅的翻译理论

鲁迅是中国著名的思想家、革命家、文学家、评论家。下面具体介绍鲁迅的翻译思想。

（1）翻译目的

鲁迅认为，翻译的目的有两个：为革命服务和供大家参考。鲁迅在《"硬译"与"文学的阶级性"》一文中曾论及"为什么而译"这一问题，他的回答是"为了我自己，和几个以无产文学批评家自居的人，和一部分不图'爽快'，不怕艰难，多少要明白一些这理论的读者"。鲁迅认为翻译一般的文章和作品是为了供大家参考，而翻译革命的文学作品、科学的文艺理论的目的则是要解剖自己、提高自己，帮助那些不甚了解革命理论却"以无产文学批评家自居的人"，帮助同一阵营里的文学工作者。总的来说，鲁迅认为翻译要"有用""有益"。

（2）以信为主，以顺为辅

鲁迅认为翻译应做到"信"和"顺"，并认为"信"是翻译工作中最重要的，译者应在保证"信"的同时，尽量使译文流畅通顺。对于当时有人提出的"与其信而不顺，不如顺而不信"的观点，鲁迅在《再来一条"顺"的翻译》中加以批判，并提出了"宁信而不顺"的观点，"这自然是'顺'的，虽然略一留心，即容或会有多少可疑之点……这才明白《时报》是因为译者不拘泥于'硬译'，而又要'顺'，所以有些不'信'了。倘若译得'信而不顺'一点，大略是应该这样的………。

对此，人们常常产生一个误解：鲁迅求信而不求顺。但仔细阅读这段话不难看出，"信而不顺"的观点是在相互比较的情况下提出的，是相对的而非绝对的。事实上，鲁迅并未把"信"和"顺"对立起来，并不认为取"信"就要放弃"顺"，而是持"以信为主，以顺为辅"的观点。

（3）以直译为主，以意译为辅

对于翻译的策略，鲁迅明确提出直译的主张，这是针对晚清以来翻译多随意删减、颠倒、附益的不良风气而提出的。鲁迅在《域外小说集》的《略例》中指出，"任情删易，即为不诚。故宁拂戾时人，遂徙具足耳"，这表达了其直译的观点。需要指出的是，鲁迅所提倡的直译并非死译，也不是逐字翻译，而是既要保存原文全部的思想内容，又要尽量保留原文的语言形式、风格等。

（4）复译有必要

由于晚清时期很多学者乱译、硬译，致使很多读者都不愿意看翻译的作品，并且严重影响了中国读者对原作的认识。鲁迅认为，要改变这种情况需要对那些已有翻译版本的原作进行复译。他在《非有复译不可》一文中曾指出："诬赖、开心、唠明都没有用处，唯一的好方法是又来一回复译，还不行，就再来一回。"这一思想对我国翻译事业的健康发展作出了不可磨灭的贡献。

（5）提倡翻译批评

对于当时国内盛行的乱译、硬译现象，鲁迅提出了翻译批评。他不仅指出了以前的翻译批评的不当之处，还对翻译批评该如何开展提出了很多独到的见解，为后来翻译批评的健康发展起到了促进作用。

鲁迅在《为翻译辩护》中指出，翻译作品不好的主要责任虽在于译者，但读书界、出版界、批评家也有一定的责任。要改变、整顿现在翻译的恶劣风气，正确的翻译批评是必须的。通过翻译批评指出坏的，奖励好的；如果没有好的，则较好的也可以；如果连较好的也没有，则要在指出译本坏的地方之余还要指出其好的地方。

由上述可知，鲁迅对翻译批评的态度十分宽容。他鼓励和支持翻译，并提倡区分译文质量的好坏，为读者选出好的或者较好的译文，即使没有这样的译本，也要从不完全坏的译本中找出好的方面，从而尽可能地让读者受益。这种翻译批评法对端正翻译批评之风无疑是极为有利的，而鲁迅的这种辩证唯物主义思想也成为中国翻译批评日后进一步发展的基石，有助于将中国的翻译批评引入一条正确的道路上。

6. 严复的翻译理论

严复是中国近代翻译史上学贯中西、划时代意义的翻译家，也是我国首创完整翻译标准的先驱者。严复吸收了中国古代佛经翻译思想的精髓，并结合自己的翻译实践经验，在《天演论》译例言里鲜明地提出了"信、达、雅"的翻译原则和标准。

"信"（faithfulness）是指忠实准确地传达原文的内容。

"达"（expressiveness）指译文通顺流畅。"雅"（elegance）可解为译文有文采，文字典雅。

这条著名的"三字经"对后世的翻译理论和实践的影响很大，20 世纪的中国译者深受这三个字影响。

（三）中国现代翻译理论研究

1. 胡适的翻译理论

胡适是我国现代著名学者、诗人、历史学家、文学家和哲学家。从 1919 年起，胡适陆续翻译了都德、莫泊桑、契诃夫等人的短篇小说，拜伦的长诗《哀希腊》，易卜生的剧本《娜拉》（与罗家伦合译）等西方著作。

胡适也是中国白话新诗翻译的领军人物。他认为，用文言文字译诗，无论做得怎样好，"究竟只够供少数人的赏玩，不能行远，不能普及"。诗歌必须为贫民大众所理解和接受，因此翻译应该做到明白流畅。胡适的诗歌翻译无论在语言、格律还是意境上，都极大地促进了白话的开创和发展。

胡适用十分严肃认真的态度对待翻译，提出了"三负责"之说。他认为写文章有两重责任：一是向自己负责；二是向读者负责。翻译文章有三重责任：一是要对原作者负责任，求不失原；二是要对读者负责任，求他们读懂；三是要对自己负责任，求不致自欺欺人。

他在《建设的文学革命论》中提出了翻译西洋文学名著时只译名家著作，不译第二流以下著作的看法。他还主张全用白话进行翻译。他的这两个观点在当时很有影响力，大大推动了白话文翻译的发展。

2. 郭沫若的翻译理论

郭沫若是中国现代著名的诗人、文学家、戏剧家和翻译家，其翻译理论主要表现在以下几个方面。

（1）风韵译理论

郭沫若在为田汉译《歌德诗中所表现的思想》一文的"附白"中指出："诗的生命，全在它那种不可把握之风韵，所以我想译诗的手腕与直译意译之外，当得有种'风韵译'。""风韵译"理论不赞同移植或逐字逐句地翻译，而是强调"以诗译诗"，认为翻译的过程是两种文化融合的过程，不仅是两种语言的转换，更是译者对原文审美风格的再创造。

（2）生活体验论

对于译者的素质，郭沫若认为主体性、责任心是译者必须具备的。他认为，翻译工作要求译者具有正确的出发点和高度的责任感，一方面要慎重选择作品，另一方面要以严肃的态度进行翻译。除了责任心以外，郭沫若认为译者主观感情的投入对翻译工作也十分重要。翻译之前，译者先要深入了解原文作家和作品，只有这样才能更深刻地了解原文和作者的思想。郭沫若曾说自己在翻译别人的作品时常常和原作者"合而为一"，使自己变成作者，融入作品中，体会原作的情感与内涵。这种"合而为一"的翻译思想对翻译理论的发展同样作出了重要的贡献。

（3）好的翻译等于创作

郭沫若早期将原作与翻译之间的关系比作处女和媒婆，认为翻译是一种附属事业，贬低了翻译的作用。而随着文学思想转变，郭沫若端正了对翻译的态度，认识到了翻译的重要作用，并指出"好的翻译等于创作，甚至可以超过创作"。翻译有时比创作还困难，因为创作需要一定的生活体验，而翻译需要体验别人体验的生活。另外，翻译要求译者不仅有很高的英文功底，还要有扎实的汉语功底。由此可见，翻译其实并不比创作容易。

翻译不是一个简单的工作，而是一种需要创造力的艺术。好的翻译和创作无异，甚至会超过创作。郭沫若本人在翻译过程中无不关注原作的艺术风格和精神思想，并将其融入笔端，进行艺术的再创作。只有这样的创造性翻译才是真正高质量的翻译。

3. 茅盾的翻译理论

茅盾是中国现代著名小说家、文学评论家、文化活动家。他所倡导的是"神韵"与"形貌"辩证统一的文学翻译批评理论，对中国的文学翻译批评产生了极大的影响。

晚清时期，严复提出了"信、达、雅"的翻译标准，这是对中国传统翻译批评影响深远的一种模式，也可以说是晚清文学翻译批评的标准模式。但在实践中，译者与翻译批评者之间互动不够，翻译批评难以真正起到指导翻译活动的作用。随着五四运动的兴起，中西文化的碰撞为文学翻译及文学翻译批评注入了新的活力。

茅盾在大量翻译外国文学作品的同时，十分注重中国古代文论中的精华。对于当时文学翻译批评界争论不下的"直译"和"意译"问题，茅盾提出了符合中国传统文化思想的文学翻译批评主张，即"形貌"和"神韵"相结合的辩证统一的翻译批评理论。

对于直译和意译，茅盾曾表示，由于英汉文字不同，对所有文本一律采取直译法很难。译者往往照顾了语言的形式就会导致神韵不足，而照顾了神韵，语言形式又会和原文不同，即"形貌"与"神韵"无法同时保留。尽管如此，"形貌"与"神韵"却又是相反相成的，"单字""句调"不仅构成了语言的"形貌"，也构成了语篇的"神韵"茅盾通过中国文论中的"形貌""神韵""单字""句调"概念打破了晚清以来文学翻译批评的限制，他所倡导的"形貌"与"神韵"辩证统一的翻译批评理论也是对当时争论已久的"直译"和"意译"问题的一个最佳解决办法，这使中国的翻译批评摆脱了传统束缚，产生了新的生机，极大地促进了中国传统文学翻译批评向现代文学翻译批评的转换。

4. 叶君健的翻译理论

叶君健是著名翻译家、儿童文学家，擅长用世界语、英语写作。叶君健通晓英文、法文、丹麦文、瑞典文等多种语言文字，一生翻译了大量外国文学著作，尤以翻译安徒生的童话而闻名于世。其他主要译著有爱斯古里斯的《亚格曼农王》、麦特林克的《乔娜娜》、易卜生的《总建筑师》、托尔斯泰的《幸福的家庭》、梅里美的《卡尔曼》、贝洛奇等的《南斯拉夫当代童话选》等，主要论著有《读书与欣赏》《西楼集》等。

叶君健自 1958 年翻译《安徒生童话全集》以来，一贯关注译者在翻译中的主体性和创造性。传统翻译观念认为，译者应充当"隐形人"，彻底"隐身"，完全忽略了译者客观存在的介人行为。叶君健认为，文学翻译不是简单的符码转化，不是单纯的翻译技巧问题，翻译有再创造的一面，因而也是一种文学创作。译作的倾向和功能要受到译者的文化身份、修养、意识形态、立场等因素的影响。

1997 年，叶君健发表了《翻译也要出"精品"》一文，系统地论述了自己的"精品"理论，即把一部外国作品移植到国文中来，如果功夫到家，就使其转化成为本国文学作品。在文中，他强调了"译者的个性"和"个性的译作"。他的"精品"论具有鲜明的学术个性，是他毕生翻译经验的精华，也是他留给译界后人的最后一笔财富。

5. 傅雷的翻译理论

傅雷是中国著名的文学翻译家、文艺评论家，他在《高老头》译序中提出了"神似论"的翻译标准。具体来说，对翻译理论的贡献主要表现在两个方面。

（1）传神达意

傅雷曾说，领悟原文是一回事，而将原文含义用汉语表达出来又是另外一回事。他认为翻译时做到"传神达意"必须把握好以下三点。第一，中文写作。傅雷认为，好的译文要给人一种原作者在用汉语写作的感觉，这样原文的精神、意义以及译文的完整性和流畅性都得以保全，也不会产生以辞害意或以意害辞的问题。

第二，反复修改。傅雷对待翻译的态度极其严肃，并以"文章千古事，得失寸心知"为座右铭。傅雷指出，好的翻译离不开反复的锤炼和修改，做文字工作不能只想着一劳永逸，而应该不断地推敲、完善。

第三，重视译文的附属部分。所谓译文的附属部分，即注解、索引、后记、译文序等内容，这些内容都对译文能否"传神达意"有着重大影响。妥善处理这些内容有助于读者更好地理解原文的形式和内容。

（2）神形和谐

傅雷认为，翻译要像临画，重点求神似，形似在次。他将中国古典美学理论运用于翻译之中，用绘画中"形神论"的观点来对待翻译。傅雷指出，要做到传神达意，仅按照原文句法拼凑堆砌是不行的，更重要的是要和原文神似。但这并不是说译者可以抛弃原文的形式，而是要在和原文神似的基础上追求形似，不能求形而忘神。神和形是语篇的两个方面，二者紧密联系。神依附于形而存在，神又是形的根本意图。因此，二者是一个和谐的整体，其各自的轻重无法简单衡量。

形与神的和谐需要译者的创造。傅雷认为翻译的标准是，假设译文是原作者用汉语撰写的，提倡译文必须使用纯粹的、规范的中文，不能声音拗口。另外，为了再现原文的生动内容，体现出时空、语境的差异，傅雷还指出译者必须杂糅各地方言，也可以使用一些旧小说套语和文言。使用方言、旧小说套语和文言的关键在于适当调和各成分在语篇中的作用，避免导致译文风格支离破碎。傅雷这种将方言、行话、文言和旧小说套语等融入白话文中，从而竭尽所能地转达原文的"神韵"，不能不说是一个创造性之举。

6. 钱锺书的翻译理论

钱锺书是我国著名的作家、文学研究家，他对翻译也有很多发人深省的论述。"化境说"是钱镇书对翻译理论的主要观点，也是最大贡献。"化境"和中国传统文论一脉相承，原指艺术造诣达到精妙的境界，被钱锺书引入翻译领域中则指原作的"投胎转世"。钱锺书在《七缀集·林好的翻译》中首次提出了"化境说"的翻译观。具体而言，"化"包括以下三个方面。

（1）转化，即将一国文字转换成另一国文字。

（2）归化，即能用汉语将外国文字准确、流畅、原汁原味地表现出来，读起来不像是译本，倒像是原作。

（3）化境，即原作的"投胎转世"，虽然语言表现变了，但精神姿致如故。

此外，"化"还需注意以下两个方面。

（1）翻译时不能因为语言表达的差异而表现出生硬、牵强之感，否则须得"化"之。

（2）"化"的时候不能随便去"化"，不能将原文文本中有的东西"化"没了，即虽然换了一个躯壳，译文仍要保留原文的风味、精神、韵味。

"化境"是钱锺书将原本用于中国古典美学的"境界"概念引入翻译领域中得出的一种翻译理论。他指出，"境界"是所有学科的共性，是相通的。钱锤书将文学翻译理论纳入文艺美学范畴的做法对中国文化而言意义深远。"化境说"不仅兼顾了翻译中的语言形式和神韵,还强调了译者的创造性。因此,"化"是翻译的最高境界。

7. 王佐良的翻译理论

王佐良是我国著名的英美文学研究家和文学翻译家。在翻译领域,他是继承中国传统翻译思想和借鉴西方译论,探索我国现代翻译理论的先行者。20 世纪 50 年代起,他以双向翻译从事文化交流和文学研究,把中国戏剧文学名著《雷雨》等作品译成英文,把多种英诗译为中文,主张以诗译诗,存原诗风貌。他的主要译著有《彭斯诗选》、培根的《论读书》《英国诗文选译集》《苏格兰诗选》、曹禺的《雷雨》《朱利安与马达罗》等,主要著作有《翻译:思考与试笔》《英语文体学引论》《英国文学论文集》。他还主编了《英国文学史》《英国诗史》,并花费了七年时间参加《雪莱全集》(全 7 卷,300 余万字)的译校工作。

20 世纪 80 年代,他在《新时期的翻译观》一文中提出在继承我国传统翻译思想的基础上对外开放的指导思想。他较早提出、引进西方现代语言学科理论,将其付诸中国的翻译理论研究,并提议建立翻译研究的跨学科、综合性途径。王佐良在多篇论文中反复强调自己的翻译观点,即译文要忠实原作,译文是原作的灵魂,是整个概念、整片情感和整个作品的意境、气氛或效果。这一观点与西方当代翻译功能主义学派的目的论的观点基本一致。1984 年和 1985 年,王佐良先后发表了《翻译中的文化比较》和《翻译与文化繁荣》两篇文章,论述了翻译与文化的密切关系,提出"翻译者必须是一个真正意义上的文化人"。在王佐良"把翻译研究与比较文化结合起来"的积极倡导下,20 世纪 80 年代末至 90 年代初,国内出现一股"文化翻译热",一度形成翻译理论研究的"文化学派"。

8. 焦菊隐的翻译理论

焦菊隐是我国著名的戏剧家、杰出的导演艺术家、卓越的文学翻译家和翻译理论家。他精通多种文字,译笔流畅自然,且具有独特的戏剧风格,其主要译作有波特莱尔的《月亮的恩惠》、莫里哀的《伪君子》、左拉的《娜娜》、高乃伊的《希德》、爱伦·坡的《海上历险记》《爱伦·坡故事集》、俄国契诃夫的《歌女》《樱桃园》、高尔基的《布雷乔夫》、丹钦柯的《文艺·戏剧·生活》、安徒生的《现代戏剧译丛》、迦梨陀娑的《失去的戒指》、贝拉·巴拉兹的《安魂曲》等。

焦菊隐发现,有的译文若是用原文去对照,可能任何一句都没有错,但全段或全篇读完反倒不知道说的是什么。产生这种现象的原因在于译者孤立地理解句子或段落，忽略了原文的整体思想与感情。因此，他发表了著名论文《论直译》，提出了"整体论"的翻译思想，认为译者要建立整体观念，做到整体意义对应，然后再从上而下、由大到小地考察每个部分的意义，逐步完成各个部分的对应。他提出的"整体论"是对篇章翻译理论的一大贡献，丰富了我国的翻译理论和思想，具有重要的理论意义和实践价值。他从哲学的角度科学地论述了词的绝对价值和相对价值，指出一个词在篇章中的意义往往不是它的固有词义，而是它在特定环境（上下文）中的具体所指。他还提出翻译是"二度"创造的艺术。许多翻译工作者经过一二十年的努力，仍未能提升自己的水平，就是因为缺乏"翻译是二度创造艺术"的认识。

二、外国翻译理论

（一）古代至中世纪翻译理论

1. 西塞罗的翻译理论

西塞罗是古罗马共和国末期的政治家、哲学家、演说家、散文家、律师和拉丁语言大师，是西方翻译史上最早的翻译理论家之一。西塞罗曾翻译过许多古希腊政治、哲学、文学等方面的名著，其中包括柏拉图的《蒂迈欧篇》和荷马的《奥德赛》。因此，他的译论深深植根于翻译实践的基础之上。西塞罗对翻译理论的阐述主要见于《论最优秀的演说家》和《论善与恶之定义》。虽然这两部著作并非论述翻译的专著，但其中的精辟见解对后世的翻译理论与实践产生了深远的影响。

在《论最优秀的演说家》第 5 卷第 14 章中，西塞罗提出的所谓"解释员"式翻译与"演说家"式翻译的区分，即直译与意译两种基本译法的区分，是西方翻译理论起源的标志性语言。在《论善与恶之定义》中，西塞罗提出翻译必须采取灵活的方式，选词造句要符合自己的语言，以达到感动读者的目的。在此基础上，西塞罗强调翻译是一种文学创作。西塞罗是西方翻译史上正式提出翻译的两种基本方法、译作与原作的关系、形式与内容的关系及译者的权限和职责等问题的第一人。他打破了翻译只限于实践而脱离理论的状态，是西方翻译史上的第一位理论家。

2. 哲罗姆的翻译理论

哲罗姆是早期西方基督教会四大权威神学家之一，被认为是罗马神父中最有学问的人。他最著名的翻译是拉丁文《圣经》，即《通俗拉丁文本圣经》。这次翻译非常成功，它结束了拉丁语中《圣经》翻译的混乱现象，既为拉丁文读者提供了第一部"标准"的《圣经》译本，又为后世欧洲各国的译者提供了参考样本。

哲罗姆提出了切实可行、系统严谨的翻译原则，主要有以下几点。

（1）翻译不能始终字当句对，必须采取灵活的原则。

（2）应区别对待"文学翻译"与"宗教翻译"。

（3）正确的翻译必须依靠正确的理解。

3. 贺拉斯的翻译理论

贺拉斯是古罗马时期的著名政治家、抒情和讽刺诗人、文艺批评家、翻译家。他的翻译思想集中体现于《诗艺》（又名《致皮索兄弟书简》）。《诗艺》中"忠实原作的译者不会逐词死译"这句话后来成为活译者、意译者用来批评直译、死译的名言。他受西塞罗的影响，认为翻译必须避免直译，应选择意译，但意译并不意味着翻译可以天马行空地任意发挥。同时，他根据自己的创作和翻译实践率先提出"以希腊为典范的旗帜"，制定出一套古典主义的文艺原则，提倡创新、平易、和谐、寓教于乐的风格，影响了文艺复兴以后的许多翻译家。

4. 布鲁尼的翻译理论

布鲁尼是意大利著名的人文主义者、学者和政治家，是中世纪末期最著名的翻译理论家。他在《论正确的翻译方法》这篇论文中对翻译问题进行了专门论述，是西方翻译史上最早对翻译问题进行专题研究的学者。布鲁尼的翻译思想主要有以下三个方面的内容。

（1）译者应当尽可能地模仿原作风格。

（2）任何语言都可以用来进行有效翻译。

（3）翻译的实质是把一种语言里的东西转移到另一种语言中，因此译者必须具备广泛的知识。

5. 昆体良的翻译理论

昆体良是西塞罗、贺拉斯之后提倡活译的另一位著名人物，以演说家、修辞学家著称。他一生写过三部著作，其中最有名也是唯一残存的作品就是《修辞学原理》。这部 12 卷本的《修辞学原理》讨论的是有关修辞学家一生的教育问题，但昆体良在第八、九、十卷阐述了自己的翻译思想。他不仅提出了翻译的分类，即一般普通材料的翻译和创造性转换性质的翻译，界定了"翻译"和"释义"，还主张译者可以通过翻译改进写作风格，与原文竞争，甚至可以通过改编翻译，用编译的语言提高原文的质量。《修辞学原理》是西方翻译理论著作中最早提出与原作"竞争"的论著。

6. 奥古斯汀的翻译理论

奥古斯汀是罗马帝国末期基督教神学家、哲学家、拉丁教义的主要代表，传世著作有《上帝之城》《忏悔录》《论基督教育》。《论基督教育》虽然是一本从神学角度论述语言学的著作，但书中许多论述都直接或间接涉及语言的普遍问题和翻译问题，因此也被认为是古代语言学和翻译理论的重要文献。奥古斯汀的翻译理论可以概括为以下几点。

（1）译者必须通晓两种语言，熟悉并"同情"所译题材，还要具有一定的校勘能力。

（2）翻译中必须注意朴素、典雅、庄严三种风格。

（3）翻译中必须考虑"所指""能指"和译者"判断"的三角关系。

（4）翻译的基本单位是词。

（5）《圣经》翻译必须依靠上帝的感召。

奥古斯汀的翻译理论对后世影响巨大，他的符号理论被哲学家和语言学家当作共同财产，直到今天仍在发挥作用。

（二）文艺复兴时期翻译理论

1. 马丁·路德的翻译理论

马丁·路德是德国神学家、辩论家、社会学家和翻译家。他按照通俗明了的翻译原则完成的《圣经》德译本被誉为第一部大众的《圣经》，在西方翻译史上占有极其重要的地位，对宗教改革、德语的统一、德国的文学和语言的发展意义重大。此外，他翻译的《伊索寓言》具有很高的文学价值。路德在翻译理论方面的主要贡献体现在以下几个方面。

（1）使用大众所熟悉的通俗语言才能使翻译大众化。

（2）翻译必须注重语法和意思的联系。

（3）翻译要将原文的语言现象放在首位，要采用意译的方法帮助读者完全看懂译文。

（4）翻译必须集思广益。

（5）系统地提出了翻译的七条原则：可以改变原文的词序；可以合理运用语气助词；可以增补必要的连词；可以略去没有译文对等形式的原文词语；可以用词组翻译单个的词；可以把比喻用法译成非比喻用法，把非比喻用法译成比喻用法；注意文字上的变异形式和解释的准确性。

2. 多雷的翻译理论

多雷是法国文艺复兴时期著名的人文主义者、学者和翻译家，他翻译和编辑过《圣经·新约》，弥撒曲、柏拉图的对话录《阿克赛欧库斯》，以及拉伯雷的作品。长期以来，欧洲教会主张《圣经》的翻译应该直译，多雷博学多才，思想解放，他因主张意译而被活活烧死在火刑柱上，时年37岁，是文艺复兴以来第一位因翻译而受难的翻译家。

在多雷看来，翻译是译意，而不是译字。为了表达作者意图，译者有调整、颠倒译文句式的权利。多雷在《论出色翻译的方法》一文中对翻译问题进行了系统的论述。他认为，要想翻译得出色，必须做到以下五点。

（1）译者必须完全了解自己所翻译的作者的旨趣和内容。

（2）译者应该精通原文语言和目的语语言，不损害原文的优美。

（3）译者不应该亦步亦趋地逐字翻译。

（4）译者应该避免刻板的拉丁化味儿太浓的语言，使用通俗的语言表达。

（5）译者应该调整次序，重构语序，避免生硬的翻译。

多雷的翻译理论造诣很高，再加上他本人被神职人员迫害致死，所以他的"五原则"在西方翻译界极受珍视，《论出色翻译的方法》这篇论文可被视作西方最早的一篇系统论述翻译问题的文章，在西方翻译思想史上占有相当重要的地位。

（三）西方近代翻译理论

1. 巴特的翻译理论

巴特是 18 世纪法国乃至欧洲最富影响力的文学理论和翻译理论家之一，他的代表著作有《论文学原则》和《纯文学教程》。巴特认为，语言的普遍因素不是语法，而是语序，语法结构为句子次序所支配。因此，如果出现矛盾，语法结构应让位于句子次序。他在《论文学原则》的第五部分着重讨论了翻译的语序问题，并提出了 12 条规则，如应该保留原文思想出现的先后顺序，原作中所有的连接词都应该保留，应该使用尽可能相同的篇幅来表达以使译文具有与原文同等程度的明晰，必须在译文中保留原作的修辞手段和形式等。

《论文学原则》集中体现了巴特对翻译问题的种种看法，观点新颖，论述精当，是西方 18 世纪翻译理论发展史上的一个里程碑。巴特既是一个翻译理论家，又是一位积极的翻译实践者。他所译的亚里士多德的《诗学》始终保留原作的语序，句子长短也与原文接近，达到了形式上的对等。

2. 歌德的翻译理论

歌德是享誉世界的文坛巨匠，是近代德国伟大的文学家、翻译家和翻译理论家。他所译的意大利雕刻家切里尼的《自传》、西班牙戏剧家卡尔德隆的戏剧和法国哲学家狄德罗的《拉摩的侄儿》等作品，在整个欧洲文学中都是最有影响的上乘之作。

在歌德看来，翻译是世界事务中最重要、最有价值的活动之一，译者是人民的先知，因此人民应该重视翻译。他认为，文学作品包括诗作的可译性之所以存在，是因为不同的语言在其意思和音韵的传译中有着彼此相通的共性。他把翻译分为三类：传递知识的翻译、按照译语文化规范的改编性翻译和逐字对照翻译。歌德的翻译理论是建立在浪漫派的美学基础之上的，因此他认为第三类翻译最好，既能传递原文的信息，又可以体现译文的优美。同时，他提出不论外国名著是诗体还是散文体，都应使用平易明快的散文体来翻译。歌德的翻译理论，尤其是以散文译诗和三种翻译类型的主张，对德国以及其他欧洲国家的翻译理论和实践都有很大的影响。

3. 洪堡的翻译理论

洪堡是德国的哲学家、教育改革家和语言学家，对德国在 18 世纪末至 19 世纪初成为西欧翻译理论研究中心作出过特殊贡献。《按语言发展的不同时期论语言的比较研究》和《论人类语言结构的差异及其对于人类精神发展的影响》是他的两部代表性论著。此外，他为自己翻译的古希腊戏剧家埃斯库罗斯的《阿伽门农》写过一篇重要的序言。在这些论著中，他用崭新的观点对语言问题进行了深刻的讨论。

洪堡认为，语言和人类思维、民族精神、文化有着密不可分的关系，语言决定思想文化。他提出，可译性与不可译性是一种辩证关系。虽然语言的不同给翻译带来一定的困难，但不同语言之间的翻译是可能的，而且翻译对丰富译入语民族文学和语言起着难以替代的作用。在谈到翻译原则时，洪堡主张把忠实列为翻译的首要原则，但这种忠实必须指向原文真正的特点而不是其他旁枝末节。洪堡的最大贡献在于他提出了一种两元论的语言观。尽管在 19 世纪这种语言观并没有引起重视，但在 20 世纪，现代语言学家斐迪南·德·索绪尔、帕尔西格、加丁姆等在洪堡两元论的影响下提出了二分法语言观，即语言可以从"语言系统"和"言语系统"两个方面进行分析，奠定了现当代翻译理论的基础。可见，没有洪堡的两元论就没有二分法语言观，也就没有了当今翻译理论的繁荣发展。

4. 施莱尔马赫的翻译理论

施莱尔马赫是一位颇有影响力的德国哲学家、神学家和古典语言学家。1813 年 6 月 24 日，他在柏林德国皇家科学院宣读了一篇长达 30 多页的论文——《论翻译的不同方法》，从理论上阐述了翻译的原则和方法问题。这篇论文至今仍是翻译研究领域具有标志性意义的重要文献。施莱尔马赫在《论翻译的不同方法》中表达了以下几个重要的思想。

（1）翻译可以分为"真正的翻译"和"纯粹的口译"。施莱尔马赫是西方第一个把笔译和口译明确区分并加以阐述的人。在他看来，"纯粹的口译"主要适用于商业翻译，是一种机械的活动，不值得为之付出特别的学术关注。

（2）"真正的翻译"可以分为"释译"和"模仿"。前者主要指翻译科学或学术类文本，后者主要指处理文学艺术作品。二者的区别在于释译需要克服语言的非理性但可以达到原文和译文之间的等值，模仿可以利用语言的非理性却无法做到在所有方面都与原文精确对应。

（3）译者必须正确理解语言和思维的辩证关系。

（4）翻译有两种不同的途径，一种是使作者向读者靠拢，另一种是使读者向作者靠拢。这一思想后来被美国翻译理论家韦努蒂发展为翻译的归化和异化理论，在翻译界产生了巨大的影响。

（四）西方现当代翻译理论

在现当代，国外涌现出了一大批翻译理论学家，他们对翻译的研究大大丰富了翻译理论的内容，拓展了翻译研究的方向，对世界翻译理论作出了巨大的贡献。这里以学派为分类标准，介绍一些具有代表性的学者的翻译理论。

1. 语言学派

奥古斯汀以亚里士多德的"符号"理论为基础，提出了语言符号的"能指""所指"和译者"判断"的三角关系，开创了西方翻译理论的语言学传统。

20世纪初，斐迪南·德·索绪尔提出的普通语言学理论对语言和言语、语言的历时和共时进行了区分，提炼出了语言符号六对对立统一的性质，深深地影响了其他人文学科，如哲学、人类学、社会学、文化学、历史学、逻辑学、美学等，也极大地影响了西方翻译理论的发展，构筑了此后翻译研究的语言学派的基本框架，为当代翻译研究的各种语言学方法奠定了基础。索绪尔的语言哲学思想为翻译理论研究开辟了新的研究途径，西方翻译学者开始从科学的现代语言学视角来讨论翻译问题，充分运用语言理论来建立自己的翻译模式。翻译语言学派强调翻译过程中语言现象的研究与分析，着重从语音、词汇、句子、篇章等不同的语言结构层次出发来探讨翻译活动的普遍规律。此外，他们以"等值"为理论核心，认为语言和语言之间相互转换的等值方法是解决语言之间翻译问题的根本途径。翻译研究的这一语言学转向是西方翻译理论发展史上出现的第一次质的突破和飞跃，因此在20世纪40年代到70年代初，翻译被纳入了语言学范畴，被视为比较语言学、应用语言学和语义学的一个分支。语言学派在地域上分布较广，代表性学者也很多，下面介绍其中几位学者的观点。

（1）奈达的翻译理论

著名语言学家和翻译理论家尤金·奈达（Eugene A.Nida）长期供职于美国《圣经》公会翻译部，是公认的现代翻译理论的奠基人，也是语言学派最重要的代表人物之一。从 1945 年开始，奈达共发表 250 多篇文章，著述 40 多部，其著述数量之多、质量水平之高、论述之详尽、系统之完备在西方翻译理论史上都是空前的。他的代表性专著有《翻译科学探索》（1964）、《翻译理论与实践》（1969，合著）、《语言结构与翻译》（1975）、《从一种语言到另一种语言》（1986，合著）、《语言与文化：翻译中的语境》（2001）等。

奈达于 1947 年发表的《论〈圣经〉翻译的原则和程序》标志着西方语言学派开始对翻译进行"科学"研究。他第一个提出"翻译的科学"这一概念，是"翻译科学说"的倡导者，因此翻译语言学派也被称为翻译科学派。他在语言学研究的基础上，把信息论应用于翻译研究，认为翻译即交际，创立了翻译研究的交际学派。他还就翻译过程提出"分析""转换""重组"和"检验"的四步模式。

此外，他从社会符号学出发，论述了语言符号的相互依存性及对比意义，把符号的意义分解为"当下""分析"和"综合"三个层次，具有操作性。奈达最有影响力的贡献是提出了"动态对等"的翻译原则，进而从社会语言学和语言交际功能的观点出发，提出"功能对等"的翻译原则。"功能对等"是奈达翻译理论的核心思想，在西方翻译理论发展史上占据了重要的地位。

奈达的翻译理论依据扎实的语言学基础对翻译概念及术语进行了科学明晰的界定。同时，其翻译理论的探索经过大量《圣经》翻译活动的实践检验后被证明是行之有效的。理论与实践的相互结合确立了奈达的学术地位。尽管如此，奈达的"动态对等""原则乃至""功能对等"原则都过于注重内容而忽视形式，有一定的局限性。如果应用于文学翻译，有可能导致风格的失落和文学性的削弱。

（2）卡特福德的翻译理论

卡特福德（Catford）在 1965 年发表的《翻译的语言学理论》一书中探讨了翻译的定义和基本类型、翻译等值、形式对应、意义和完全翻译、转移、翻译等值的条件、语法翻译和词汇翻译、翻译转换或翻译转位、翻译中的语言变体以及可译限度等内容，从现代语言学视角诠释翻译问题，是翻译理论史上的划时代著作，在世界翻译学界产生了很大影响。卡特福德的主要翻译理论包括以下几个方面。

①对等值做了较为深入的研究，认为确立语言之间的等值关系是翻译的本质和基础。

②将翻译界定为"用一种等值的语言（译语）的文本材料去替换另一种语言（源语）的文本材料"，并指出对等是关键词，将寻求对等视做翻译研究和实践的中心问题。

③独创了"转换（shift）"这一术语，并将"转换"区分为"层次转换"和"范畴转换"两种形式。

④建议采用系统地对比原文和译文，辨别两种语言的不同特征，观察两种语言的限制因素的方法来培训翻译人员。

卡特福德摆脱了传统的印象式翻译研究方法，详尽分析了翻译等值的本质和条件，对语言转换的规律进行了科学的阐述，是 20 世纪少有的有原创性的翻译理论家。

（3）雅各布逊的翻译理论

美国著名语言学家罗曼·雅各布逊（Roman Jakobson）于 1959 年发表的《论翻译的语言学问题》第一次将语言学、符号学引进了翻译学，并从语言学的角度对语言和翻译的关系、翻译的重要性及翻译中存在的一般问题进行了详尽的分析和论述，为当代语言学派翻译研究的理论方法作出了开创性的贡献，被奉为翻译研究经典之作。在这篇论文中，雅各布逊首次将翻译分为三类：语内翻译、语际翻译和符际翻译，这一分类方式准确概括了翻译的本质，在译学界影响深远。此外，雅各布逊认为翻译必须考虑语言的认识、表达和工具等功能，还必须重视语言的比较，包括语义、语法、语音、语言风格及文学体裁的比较。

雅各布逊的研究领域十分广泛，这种多领域跨学科的研究使他在沟通欧美语言学的交流中起到了突出作用。其著作《语言学与诗学》入选 100 位哈佛大学教授推荐的最有影响的书。雅各布逊的语言功能理论给翻译研究提供了超越词汇、句子以外的语境模式，探讨了翻译中语言的意义等值、可译性和不可译性等翻译理论和实践中的根本问题。他对语言和翻译的新颖而全面的论述开启了 20 世纪翻译研究的语言学派的大门。

（4）纽马克的翻译理论

英国学者纽马克（Newmark）在奈达、卡特福德等人翻译思想的启迪下，将跨文化交际理论和现代语言学的研究成果（如格语法、功能语法、符号学和交际理论等）运用到翻译研究中，形成了自己在许多翻译理论问题上独到的见解和认识。他提出了"交际翻译"和"语义翻译"的概念，还提出自己的一套文本功能及其分类。

在 1981 年发表的《翻译问题探索》中，纽马克提出的"语义翻译"（semantic translation）和"交际翻译"（communicative translation）两个重要的翻译策略成为西方翻译研究史上的重要里程碑。纽马克认为，语义翻译和交际翻译的区别是，后者产生的效果力求接近原文文本，前者则在目标语结构许可的情况下尽可能准确地再现原文意义和语境。但是，在翻译中具体采用哪一种翻译方法还要考虑到不同的文本类型（text-types），这样才能达到效果等值（equivalent efect）。语义翻译法和交际翻译法是纽马克翻译理论的核心，也是其翻译理论中最主要、最有特色的组成部分。1991年，针对原有理论中的不足，纽马克又提出了一个新的翻译概念，并于1994年将其正式定义为"关联翻译法"，即原作或译出语文本的语言越重要，就越要紧贴原文翻译。这标志着他的翻译理论渐趋系统和完善。此外，他借鉴、修正和补充了雅各布逊的功能模式，将文本功能分为表情功能、信息功能、呼唤功能、审美功能、寒暄功能、元语言功能，使文本的功能分析更加系统和完备。在此基础上，他试图通过对源语和目的语系统的比较和描述来建立文本类型的样板。纽马克勤于著述，他的代表作有《翻译教程》（1992）、《关于翻译》（1991）、《翻译散论》（1993）等。

2. 功能学派

德国的功能翻译理论产生于20世纪70年代到80年代，当时结构主义语言学对德国译学界的影响越来越大，导致翻译成为语言学的附属品，严重制约了翻译这一学科的发展。理论与实践的严重脱节促使一些学者寻找新的途径，功能学派应运而生。

功能学派翻译理论认为，要想解决翻译研究中的所有问题，不能完全依靠纯语言学理论。因此，他们针对翻译语言学派中的薄弱环节，广泛借鉴交际理论、行为理论、信息论、语篇语言学，并接受美学的思想，将研究的视角从源语文本转向目标文本，成为当代德国翻译界影响最大、最活跃的学派。

功能学派翻译理论推翻了原文的权威地位，帮助译者摆脱了传统的对等、转换等语言学翻译方法的羁绊，转而运用功能和交际方法来分析、研究翻译，在翻译理论史上有着重要的意义。它的诞生标志着流行于20世纪50年代至70年代的结构主义语言学统治地位的结束。下面介绍功能学派中具有代表性的学者的翻译理论。

（1）莱斯

莱斯（Reiss）毕业于海德堡大学翻译学院，长期在高校从事翻译教学研究工作，是德国翻译功能学派早期重要的创建者之一，也是费米尔、曼塔里和诺德的老师。

莱斯早期的理论研究主要围绕对等概念展开。她认为，翻译追求的对等应该是语篇层面的对等，并非词、句的对等，所以主张将翻译策略和语言功能、语篇类型及文章体裁结合起来考察。但到了后期，在自身翻译实践的启发下，她认识到在翻译实践中不可能实现真正的对等，于是逐渐将研究的目光转向翻译的功能，并和弗米尔一起成为翻译研究功能论的倡导者。莱斯于

1971 年出版《翻译批评的可能性与限制》一书。在这本书中，莱斯首次把功能范畴引入翻译批评，将语言功能、语篇类型和翻译策略相联系，发展了以原文与译文功能关系为基础的翻译批评模式，从而提出了功能派理论思想的维形。目前，翻译理论界普遍认为《翻译批评的可能性与限制》一书标志着功能学派的创立。

莱斯借鉴卡尔·比勒（Karl Buhler）对语言功能的三分法，将语篇分为重内容（content-focused）文本、重形式（form focused）文本和重感染（appeal focused）文本三个类型。在安德鲁·切斯特曼（Andrew Chesterman）的德文版本里，她将这三个类型分别称为信息（informative）文本、表情（expressive）文本和感染（operative）文本。一些翻译理论书籍将这三个类型概括为信息型、表达型和操作型。莱斯认为，不同的文本类型决定不同的翻译方法。每一种语言功能都有一个相对应的语言层面，逻辑功能对应信息层面，审美功能对应表情层面，对话功能对应操作层面。能否传达原文的主导功能是评判译文的重要因素。另外，她认为目标文本的形态应该先由目标语境中所要求的功能和目的决定，功能随接受者的不同而改变。

莱斯的功能类型及其翻译方法超越了字、词、句的层面，力图再造适当的功能效果，以达到交际目的。除此之外，这种分类将文本概念、翻译类型、翻译目的联系在一起，强调任何一种翻译类型都是在特定环境中为特定的翻译目的服务。这些观点为功能翻译理论的形成奠定了坚实的理论基础。但是，莱斯的理论由于自身的局限性受到不少学者的质疑。比如，语言的功能是否只有三种，不同类型文本之间的界限是否如其所言那样分明，仅凭语篇类型来决定翻译的策略是否可行，等等。也就是说，莱斯对文本类型的划分只在译文要实现的功能和原文功能对等的时候才有意义。正因为如此，莱斯的功能对等论不被视为常规标准，而只被当作特殊标准。

（2）弗米尔

弗米尔（Vermeer）长期从事翻译教学研究工作，是杰出的语言学家。他在莱斯的指导下研究语言学和翻译理论，突破了莱斯的理论局限，创立了目的论。

作为一名有长期翻译实践经验的译者，弗米尔认为翻译不但是语言符号的转换，而且是一项非言语行为。翻译符号的使用是为了达到一定目的，且会涉及不同的跨文化模式。因此，弗米尔在现代语言学（实用语言学、语言行为论、话语语言学）和美学的启发和影响下，在与莱斯合著的《普通翻译理论原理》一书中提出了以翻译"目的论"为主的基本理论。目的论影响深远，功能学派因此也被称为"目的学派"。目的论坚持三个原则：目的原则、连贯原则和忠实原则。

①目的原则将行为理论引入翻译理论中，认为翻译行为所要达到的目的决定了翻译所应采取的方法、策略。

②连贯原则具体指语篇内连贯，即译文必须符合逻辑，符合译入语的表达习惯，能够让译文读者理解，并在目的语文化以及使用译文的交际环境中有意义。

③忠实原则具体指语篇间连贯，即译文不违背原文，译文和原文存在某种联系，并不要求译文和原文在内容上一字不差。目的论所要求的忠实，其程度和形式是由译文的目的和译者对原文的理解来决定的。

在上述三个原则中，语篇间连贯从属于语篇内连贯，而二者同时受目的原则的统领。也就是说，当目的原则要求语篇间或者语篇内不连贯时，二者都将失去作用。目的论的出现标志着翻译的研究角度由以语言学和形式翻译理论为主转向更加倾向于功能化和社会、文化方向，因而成为功能主义翻译理论最核心的理论。

（3）曼塔里

曼塔里（Mantlari）是德国籍翻译学者和翻译家，长期在荷兰工作。她借鉴冯·莱特的行为理论和里宾（Jochen Rehbein）的功能语用学提出翻译行为论，进一步发展了功能派翻译理论。1984 年发表的《翻译行为——理论与方法》一书集中体现了她的学术观点。曼塔里认为："目的语的文本功能并不是从分析原文文本中自动获得的，而是通过跨文化交际的目的，从语用角度达到目的语文本的功能。"换句话说，译文功能与原文功能不同，根据语境做出"功能改变"是译者主体性的体现。功能改变不是例外，而是常态。

此外，曼塔里特别重视行为参与者（信息发出者、译者、译文使用者、信息接收者）和环境条件（时间、地点、媒介）。她对自己理论模式中参与者的角色做了这样的分析：信息发起者可以是需要翻译的公司或个人，委托人是译者的联系人。原文文本的生成者是创作原文文本的人，但不一定与翻译有关。目的语文本的生成者就是译者，而目的语文本的使用者是具体使用译文的个人。目的语的接受者是目的语最终的受众。从一开始，译者在翻译行为中扮演至关重要的角色，是跨语际转换的专家和任务的执行者。

（4）诺德

克里斯蒂安·诺德（Christiane Nord）在学术思想上深受莱斯的文本类型学的影响。此外，她积极倡导弗米尔的目的论，认同曼塔里的翻译行为理论，是功能学派目的论的第二代代表性人物。她首次用英语全面、系统地介绍了功能学派的各种学术思想，并针对其不足提出了自己的观点。

诺德的研究领域主要涉及功能主义目的论的哲学基础、语篇分析及翻译类型等。她尤其关注译文接受者的研究、双语能力与译者培训、翻译培训的过程、忠诚原则、决定忠诚原则的因素、译者的责任与地位等方面的问题，代表作有《翻译中的文本分析》和《目的性行为——析功能翻译理论》。

"功能加忠诚"原则中的"功能"指的是"使译文对译语文化接受者起作用的目的"，而"忠诚"属道德范畴，关注翻译活动参与者之间的关系，强调的是"译者应当把翻译交际行为所有参与方的意图和期望都加以考虑"。诺德提出的功能加忠诚模式其实走的是折中路线。理论上貌似完美，可以自圆其说，但在实际运用中困难重重，再加上诺德使用的是语篇分析的模式，这使她最终不能走出对等的局限。

（三）西方后殖民翻译理论

后殖民主义伴随 20 世纪 60 年代末欧洲殖民体系在全球范围的土崩瓦解和 70 年代初解构主义学派的蓬勃兴起而逐渐发展成一种多元文化批评理论。后殖民主义翻译理论超越语言的局限，主要关注翻译在殖民化过程中所涉及的权力运作机制，以及随之而来的一系列抵抗的历史等内容，是翻译理论与当代前沿文化理论相结合的产物之一，是西方翻译理论中不可或缺的一部分。后殖民翻译理论的主要代表人物有被称为"三巨子"的爱德华·赛义德、盖亚特里·斯皮瓦克和霍米·巴巴。"三巨子"虽然不是严格意义上的翻译理论家，但他们的文化观点却给传统的翻译观念带来极大的冲击和全新的视角。要想摸清后殖民翻译理论的脉络，就无法跨越他们三人的理论观点。下面对他们的翻译理论进行具体介绍。

1. 赛义德

赛义德是巴勒斯坦裔美国文学批评家和文化学者，一般被认为是后殖民翻译思潮的最杰出代表和领军人物。他于 1978 年出版的富有挑战意味的专著《东方主义》理论带有强烈的意识形态和文化政治批判色彩，其批判的锋芒直指西方的帝国主义文化霸权和强权政治，是后殖民主义理论的奠基性著作。

赛义德指出，东方主义作为西方人对东方的一种根深蒂固的认识论体系，始终充当着西方殖民主义的意识形态支柱，从本质上来说是西方殖民主义者试图制约东方而制造出的一种政治教义。赛义德将研究的触角直接指向历来被西方主流学术界所忽视并且故意边缘化了的一个领地，即东方或第三世界，建构了一个供他批判和消解的对象，为跨学科的文化学术研究开辟了崭新的理论视野，对后来的所有后殖民主义翻译理论和实践产生了深远的启示作用。

《东方主义》一书的出版不仅奠定了赛义德本人的学术声誉和地位，也标志着他的后殖民理论体系建构的开始。赛义德的另一重要贡献是"理论的旅行"概念的提出。在 1982 年出版的《旅行中的理论》中，赛义德指出理论有时可以"旅行"到另一个时代和场景中，而理论在旅行的过程中往往会失去某些原有的力量和反叛性，必然会与彼时彼地的文化接受土壤和环境发生作用，进而产生新的意义，所以理论的变形是完全有可能发生的，导致这一后果的重要因素就是翻译。正因为如此，通过翻译而达到的文化再现使东方在西方人眼中始终扮演着一个"他者"的角色。赛义德以东方主义文化批判为核心的后殖民批评理论深刻批判了西方传统文化中的各种"中心论"，是当今后殖民翻译理论的重要源泉，在第三世界国家尤其是中国产生了巨大的共鸣和反响。

2. 斯皮瓦克

斯皮瓦克是当今世界首屈一指的文学理论家和文化批评家，也是继赛义德之后最有影响、最有争议、最杰出的后殖民理论批评家。斯皮瓦克的文化研究横跨多学科、多流派，既有解构主义、翻译理论、女性主义、马克思主义，又有比较文学、社会学、哲学、底层人研究等，主要著作有《论文字学》（翻译并写序言）和《另一个世界：文化政治文集》《底层人研究选集》《后殖民理性的批判走向行将消失的当下的历史》《后殖民批判家》《学科的死亡》《另一个亚洲》等。

解构主义的旗帜性人物保罗·德曼是斯皮瓦克的博士生导师，在他的指导下，斯皮瓦克深受德里达的解构主义的影响，斯皮瓦克本人的学术生涯就是从翻译德里达的《论文字学》开始的。虽然在《论文字学》的"译者前言"中，斯皮瓦克没有专门讨论传统意义上的翻译问题，但她从一种独特的文化理论阐释的角度解释并发挥了德里达的重要理论概念，如延异、差异、播撒、痕迹、踪迹、语音中心主义、逻各斯中心主义等。同时，这篇"译者前言"开启了人文科学著做翻译的一种新的可能性：阐释，即不拘泥于原作中具体的文字、段落甚至结构，而是从一个宏观的视角引领读者进入一部深奥的理论著作。时至今日，法文读者在遇到《论文字学》原著中难以理解的地方时，总能通过查阅斯皮瓦克的英译本找到答案，这是一般的理论著做翻译难以达到的高度。

斯皮瓦克的另一重要著作是《翻译的政治》，她在其中探讨了语言的修辞与逻辑之间的关系，指出"每一种语言的修辞性都会对语言的逻辑系统造成一定的破坏"，因此译者在翻译中不应该压抑语言的思路，而应该理解、认可语言的修辞性。同时，她强调翻译不仅是简单的传递意义，还充满了政治和意识形态等文化批判意义的伦理政治问题。斯皮瓦克的理论把翻译紧紧与意识形态、种族、修辞性、差异性、距离感等因素联系起来，将翻译研究带入后殖民的"文化翻译"场景，为整个西方翻译界提供了全新的界定与洞见。

3. 巴巴

巴巴的主要研究领域是后殖民理论和 20 世纪批评理论，代表作有《民族与叙事》《文化的定位》《大都会主义》《爱德华·赛义德：话题的继续》，主要论文有《奈保尔》《制造差异：文化战争的遗产》《塑造范农》。巴巴的后殖民术语"第三空间""混杂性""言说的现在"是后殖民理论中不可或缺的概念，其《民族与叙事》和《文化的定位》是西方后殖民研究的必读书目，在学术界影响很大。巴巴将民族建构与话语叙述理论融为一体，并将其运用于文化翻译实践，从而创造性地发展了具有解构性的后殖民文化研究和翻译理论研究。他的混杂性理论影响了全球性后殖民语境下的民族和文化身份研究，他提出的模拟概念证明了模拟作为一种模棱两可的话语具有颠覆性。他的文化翻译理论强调语境的特殊性、历史的差异性和少数族裔的立场，极大地挑战了西方文化霸权的优越性。

总之，巴巴全方位地探讨了翻译问题与后殖民文化及民族之间的关系，高屋建瓴地分析了文化翻译的特征，他对后殖民翻译理论的贡献是不言而喻的。

（四）西方女性主义翻译理论

始于 20 世纪 60 年代的西方第二次妇女运动高潮促使女性主义者将视野投向文本。她们以解构主义的理论为武器，希望通过解构传统的男性中心主义话语，建立全新的男女平等关系。20 世纪 80 年代，翻译研究开始了轰轰烈烈的"文化转向"大潮，许多传统观念都受到挑战或解构，被压抑已久的各种力量纷纷揭竿而起，以期能重塑自己的文化身份。在这样的大背景下，形成了女性主义翻译理论。

女性主义翻译理论探讨了女性主义与翻译的历史渊源、对翻译的影响及作用，颠覆了传统译论中原文与译文的主仆关系，瓦解了传统译论关于译文要忠实于原文的观点，给翻译研究带来全新的启迪。女性主义翻译理论的主要代表人物有雪莉·西蒙、钱伯伦、冯·弗罗托等。

1. 西蒙

西蒙是著名翻译理论家、文化专家，是当代女性主义翻译理论最有影响力的声音。

《翻译的性别：文化认同和政治交流》主要探讨作为政治与文学运动的女性主义对翻译理论和实践的影响，是西蒙重要的译学理论专著之一，是西方第一本全面论述女性主义视角下的翻译问题的学术性专著，也是女性主义翻译理念最广为阅读的著作。

西蒙摒弃了传统的翻译理念，认为翻译不是简单机械的语言转换，而是无限的文本链与话语链中的意义的不断延伸。此外，西蒙从建构主义的观点出发，指出翻译的衍生性和女性的从属性、在历史上的低下地位都是一种建构。性别像其他文化身份一样，是身份与经验的构成因素，是由社会意识和话语建构的。西蒙通过系统考察西方尤其是加拿大女性作家和女性译者的话语实践，为女性主义翻译理论奠定了坚实的基础。

2. 钱伯伦

钱伯伦是美国翻译家和女性主义翻译理论家，曾在《当代文学》《国际小说》《符号》发表过论文。其发表于《符号》的文章《性别和翻译的隐喻》是女性翻译研究的经典代表作。在《性别和翻译的隐喻》中，钱伯伦通过梳理西方翻译史上 17 世纪到 20 世纪关于翻译的性别化隐喻，深入探究这些隐喻中所隐含的性别政治。钱伯伦指出："尽管我们所看到的翻译的隐喻试图给翻译的次等地位披上一件阳性语言的外衣，但是西方文化却极力强化这种次等地位，坚持赋予翻译女性化的地位。"因此，对长期流传于西方的男女之间的等级关系、文本的等级关系以及这种带歧视性的隐喻必须予以消解。这样，我们才能真正理解翻译，承认女性的平等地位。

钱伯伦通过后结构主义理论的运用，解构了原文和译文、男性和女性的边界，提高了女性译者的政治文化地位和女性译者的主体地位，对翻译理论界产生了巨大的影响。

3. 弗罗托

弗罗托是加拿大著名的女性主义翻译理论家，她的性别研究渗透到了学术研究与文艺翻译的各个方面。她对女性文化的深入研究深刻地影响了她的翻译实践、翻译理论与翻译批评观点，使翻译成为探索性别与文化相互作用的重要领域。弗罗托在翻译研究领域的探索可谓硕果累累，1997 年出版的翻译理论专著《翻译与性别》是继西蒙《翻译中的性别》之后女性主义视角下的又一力作，该书将翻译置于女权运动及这场运动对"父权"语言的批判背景中，聚焦翻译对父权社会中作品的重现，阐述了女性实验性作品的翻译实践。

弗罗托的女性主义翻译理论充分吸收了当代各种理论思潮，并以此来建构自己的译论。同时，她采用实证的研究方法，从北美女性作家着手收集了大量素材，从翻译技术角度进行微观分析。弗罗托认真分析了女性主义翻译理论存在的问题和面临的挑战，并清醒地认识到女性只是为女性翻译提供一个起点，性别的语言在不同语境中可能有不同的含义，因此需要采用不同的、动态的翻译策略来翻译女性的语言和文化。弗罗托的研究对西方整个女性主义翻译理论和实践产生了极其深远的影响。

第六节 翻译基本问题的阐述

一、直译与意译

直译与意译的问题一直是一个争论不休的问题。在有些情况下，直译和意译不构成翻译问题。比如，"Ilike the movie"译成"我喜欢这个电影"就没有直译和意译之争，因为直译和意译完全是一回事。但由于英汉语言间差异非常大，译者往往会面临两种选择，即一个句子可以直译，也可以意译。在这种情况下，到底采取直译法还是意译法就会引起人们的争论。当然，不同的人在用这两个概念时所指可能会十分不同，有些人认为逐字翻译为直译，但大部分人都认为直译并不一定要到"逐字"翻译的地步。一般来说，比较遵照原文语言结构的译法就是直译，而脱离原文语言结构的束缚，只译意思的译法可称为意译。逐字翻译、直译、意译和解释翻译之间并没有十分清楚的界限。但用直译和意译这两个概念来讨论翻译还是很有用的。比如，下面这句话既可直译也可意译："The Negro lives on a lonely island of poverty in the midst of a vast ocean of material prosperity."有人译成："黑人依然生活在物质富裕的汪洋大海中贫穷的孤岛上。"这是比较接近原文的直译法，用了和原文相同的形象，如"物质富裕的汪洋大海"，其优点是保留了原作者的比喻。但恰恰是由于不肯割舍比喻，结果在可读性方面就差了些，不但行文比较别扭，而且"汪洋大海"这个常有负面含义的比喻和"物质富裕"放在一起也显得很不协调。这时，多一点意译成分就可避免直译的弊端，如："黑人仍生活在贫困的孤岛上，尽管放眼四周是一片繁华景象。"这个译法增加了可读性，其不足之处是没有反映出原文的比喻。又如，"The Negro is still languishing in the corners of American society and finds himself an exile in his own land."这句话有人译成："黑人依然在美国社会的角落中饱受痛苦，并发现自己是自己国土上的流亡者。"这是比较贴近原文的直译法，特别是后半句照搬了原文的语言结构，结果可读性自然就差些。增加意译成分可提高可读性，如"黑人仍然在美国社会的角落里过着痛苦的生活，美国虽是他们的家园，他们却感到流落异乡。"译者做了语境的解读，因此翻译时就有了更大的自由度。再如，"But if you look back at the sweep of history, it's striking how fleeting supremacy is，particularly for individual cities."，可译成"然而，若我们对历史稍做回顾，便会惊觉尘世的霸权地位是多么变动无常，尤其是一座座城市"，但这种比较直的译法在可读性上并不得分。意译可以使意思更清楚，并增加可读性，如："然而，你若纵观历史，便会惊觉鼎盛繁华转瞬即逝，城市的兴衰更是弹指间的事。"但是意译并不等于肆意改动、添油加醋，如下面的译文就有过度诠释之嫌："回首风云变幻的人类历史，你会感到任何辉煌的事物都如昙花一般转瞬即逝，特别是城市更容易被历史湮没。"译文中的"风云变幻""昙花一现""被历史湮没"都是不当的添加，虽然并非完全不是言外之意，但放在句中反而繁复累赘，失去了译文的简洁。

直译的缺点显而易见，它常使译文读起来吃力，所以大多数人都主张不把直译作为翻译的主要手段，只是在一些特殊的文本中酌情使用直译。但也有人给予直译更高的地位，如翻译理论家纽马克就认为自己颇认同直译这个概念（lam somewhat of a literalist）。他的观点是基于自己在印欧语言之间翻译的实践，并不一定适用于英汉翻译。在英汉翻译领域，尽管直译应该有其一席之地，但广为大众接受的译文很少是以直译为主要手段的。

意译虽然被大多数译者采用，但有时也会带来一些问题。意译超出了限度就会扭曲原文的意思，把原文没有的意思加到译文中。一般来说，如果原文的意义不是通过语言形式表达的，那么意译不会丧失意义。如果原文的意义有一部分是通过语言形式本身表达的，则意译往往会抹掉那些由形式附带的意义。上述说法在理论上是正确的，但在英汉翻译实践中可能行不通，如有些文学作品中的意义是通过语言手段表达的，本该用直译法表达才可反映出语言形式所载的意义。英汉语言差别很大，照原文搬过来的译法在印欧语言间也许可以接受，但在英汉翻译时，汉语不能接受这类表达法。因此，有些中国学者主张在翻译文学作品时多用意译。刘必庆将诗歌之类的文学作品放到不求字面对应，但求保证可读性一类，认为有时必须完全意译方能达意。这种主张与西方理论家们将文学作品列入表情类，应采用直译的理论似略有不同。其实，文学作品也不能一概而论，有些作品适合多用直译，有些则适合多用意译，要因文本而定。

英汉翻译中有些句子显然应该用直译，有些则只能用意译。对这些显而易见的情况，译界往往没有争议，直译和意译确实常常交替使用，相互可以取长补短。翻译实践中还常会遇到一些既可直译也可意译的情况。这时到底取直译，还是取意译就会成为一个问题。比如，"A man may usually be known by the books he reads as well as by the company he keeps；for there is a companionship of books as well as of men."这句话有人采用比较直接的译法译成："人往往可以从一个人所交往的朋友以及所阅读的书去猜他的为人。这是因为人与人之间有友谊，同样，人与书之间也有书谊。"但有的译法意译成分更多，如："所谓欲知其人，先观其友，猜一个人读什么书也能了解一个人，因人不仅能与人为友，还能与书为友。"

上面两句虽然都有些值得进一步推敲的地方，但都是中文读者可以接受的。这就引出了一个问题，如果两种方法都可以，到底用哪一种？回答这个问题必须从更大的范围着手，孤立地谈直译和意译实际上没有多大价值。一个句子到底应直译还是意译，往往要考虑到文本、读者甚至翻译目的等因素，没有一个一成不变的定理。北京大学辜正坤教授在讨论文学翻译时，对直译和意译有一段十分精彩的论述，概括得很全面："直译、意译各有千秋，译者依据功能、审美、读者层三要素，宜直译就直译，宜意译就意译，能神游于规矩之内，亦能神游于规矩之外，能循规蹈矩，亦能叛道离经，方称得上翻译的行家里手。"

但有一点应该牢记，当今英汉翻译活动的主体并非文学翻译。在经济、科学、新闻、政论等文本中，语言形式不是关键的因素，译文就应尽量保持译入语的特色。在英汉翻译中发挥中文的优势始终是译者要努力的方向。这一点在当今全球化的大背景下尤为重要。因此，假如直译法有悖汉语行文习惯，造成翻译腔，译者就应该采用意译法。换句话说，在大多数情况下，略偏重意译仍然是应该提倡的。不过，对于较正式的文本，如政、经、法方面的文件等，不过度偏离原文的译法仍然会频繁使用。

二、功能对等与形式对应

这一对概念实际上早有人提出，由奈达加以完善，成为翻译理论研究中一对很重要的概念。所谓功能对等，是指译文要在语言的功能上和原文对等，而不是在语言的形式上和原文对应。形式的对应是机械的，表面上看和原文一样，但由于语言系统不同，相同的语言形式并不一定能起到相同的效果。比如，"He is the last person I will ask for help."可以译成"他是我会要求帮助的最后一个人"，以求形式上与原文对应。但本句的实际意思是"我是不会求他的。"后面的译法在语言形式上完全和原文不同，却在语言的功能上和原句对等。又如，美国的中学生常会和家长说："Tomorrow is a minimum day, could you pick me up at noon？"其中，minimum day 如果译成"最小日"，是保留了原文语言的形式，但谁都看不懂是什么意思。所以，译者应求得本句在汉语中功能的对等，而放弃形式对应，可译为："明天只上半天课，提前放学，能在中午就来接我吗？"

　　根据奈达的理论，功能对等是以读者的心理反应为基础的，也就是说，原文读者读原文的心理反应和译文读者读译文的心理反应相似。功能对等理论有很多优点，最主要的是有利于信息的交流。用功能对等法译出的句子符合译入语行文的习惯，没有翻译腔，一看就懂。但反对功能对等的人则说，功能对等太灵活，会漏掉或歪曲原文中的信息。

　　虽然功能对等和意译、形式对应和直译在概念上不同，但它们实际上从不同的概念出发，殊途同归，引出了跨语言交流中的问题。

三、原文形式与内容

　　内容和形式之争是文学批评领域的主要焦点，在跨语言交流中显得更加突出。大部分情况下，原文语言形式不是译者要传译的，英汉两种语言在语言形式上截然不同，所以在翻译上不必去反映原文的形式，只要将原文的内容译出来就可以。但作家的艺术特征是由语言形式来反映的，形式就变得很重要了。这种情况下，有必要在反映内容的同时照顾到语言的形式。

　　我们有必要记住，在翻译过程中译者面临的最大的障碍毕竟是来自原文的语言形式，过于强调形式的译法往往会使译文缺乏可读性。所以，尽管在个别情况下有必要在译文中反映原文中有特殊意义的形式，但翻译过程中总的策略应该是偏重内容。

四、源语与译入语

　　前面几对概念主要和言语行为有关。源语和译入语这对概念则还涉及语言体系。有人主张译文应靠近原文，因为语言反映文化，原文中的语言特色即使不是作者风格的体现，也有必要在译文中表现出来，因为原文的语言特色反映了原文所在文化的特色，译者有必要将这种特色介绍过来。他们还认为，过多地为读者着想会"宠"坏读者，应该相信译文读者有解读原文语言形式的能力，靠近原文的译法把读者拉到源语中，使读者能"身临其境"地欣赏外国作品，是文化交流的重要内容。

　　这种说法实际上是让翻译承受过多的责任。语言形式不应该拿来当作文化介绍的工具。除了为某一特殊目的，如用靠近源语的译法翻译以反映原文表达的文化特点，以供学术研究所用，大多数情况下，译者翻译的任务还是以传达信息为主。介绍源语文化不应该以牺牲译入语表达习惯为代价，因为靠近源语的译法总是会生成很多不符合译入语习惯的句子，真正想通过语言了解外国文化，有必要鼓励读者学外语、读原文，因此翻译的基本方法应该主要是向译入语靠拢，尽量发挥译入语的优势。

五、原作者与读者的中心问题

这对概念从不同的角度讨论上面谈到的相同的问题。如果译文以原作者为中心，则可能反映出原文的一些行文特色；如果译文以读者为中心，则可能发挥译入语的优势。原则上讲，不应以原作者为中心，但这也要看原作者是否重要。个会议记录的作者和一个获奖文学作品的作者就不能说同样重要。大部分文本的作者都应该"隐藏"在文本背后，不应该在文本中显露出来。一篇电脑软件使用说明、一个法律条文、一则食品广告等都不会呈现原作者的"影子"，也就是说，读这些文本后，读者看不出作者为何人。但有些文本则可能"文如其人"。一读作品，读者马上就会感到与众不同，遣词造句、布局谋篇都有原作者留下的痕迹。因此，一般认为，如果文如其人，译者除了翻译原文的内容外，也有必要使译文能文如其人。大部分西方翻译家都认为在译文中保留原文的语言形式是使译文文如其人的方法。但也有人认为，相对等的语言形式在译文中不一定起到同样的效果，主张用符合译入语的相似的语言形式来达到文如其人的效果。如果这样做不到，也就只好把它归入翻译的不可译性。我们并不绝对排除有时以原作者为中心会是译者所应采取的方法，但这种译法所占的比例是相当小的。翻译的总原则是以读者为中心，这一点在英汉翻译中尤为突出。

六、原作者写作与译者翻译的联系

人们动笔写作一般都有目的，无论是原作者还是译者总是为了某一目的而动笔。在大多数情况下，原作者的目的和译者的目的基本一致。用英文写一个电脑操做过程的人是为了让顾客了解如何操作电脑，翻译这个操做过程的译者也是为了让不懂原文的顾客了解如何操作电脑，所以原作者和译者目的相同，都是要将信息准确地传达给读者。一则服装广告的作者希望用广告影响顾客的行为，让其看了广告后会花钱买产品。一个译者翻译同一则广告的目的也是影响顾客，促进消费。一份经济合同的作者希望合同能成为某项经济活动的基础，翻译这个合同的人也希望不懂原文的人能看懂原文的内容，以便使合同中的经济活动可以展开。一则交通广告的作者希望用广告将有关交通的信息告诉大众，同一则广告的译者也有相同的目的。因此，大部分翻译工作的目的和原文写作的目的相同，这些文本有一个特性，即都是为一个非常实用的目的而写，翻译的目的也十分实用。但不是所有翻译的目的都和原作目的相同。诗人写一首诗可能是为了表达自己的情感。译者将诗直译成中文，以便进行英汉语言对比，译者的目的就和原作者不一样。例如，戴高乐在第二次世界大战时的一些讲话有鼓舞士气的目的，半个世纪后，戴高乐的讲话已成历史文件，翻译后的这些讲话就不是戴高乐原来的目的。

这就引出不同目的、不同读者和不同译文的问题。由于译者的目的和服务对象会与原文的目的和对象不同，所以同一个原文有几个不同的译文是完全正常的。《圣经》写作的目的是将上帝的话传给世人，但写作时用的语言不是以儿童为对象的，而有人将《圣经》译成儿童语言，虽然读者对象不同，但目的依然如故。为了适合不同读者群，用不同的文体来翻译译同一个原文应该得到允许。一首英文诗可以译成五言诗，供喜爱唐诗的人欣赏；也可以译成词曲，供喜爱词曲的人欣赏；更可以译成现代诗，供喜欢白话诗的人欣赏。译者服务对象不同、目的不同，译文也可以迥异。

也有人不同意上面的看法，认为原作只有一个，译文也应该是一个，不应该千面千腔，最终在译文中找不到原作的影子。然而，翻译毕竟有其局限性，很多文化内涵强的作品一旦完成，就很难恢复其原貌，因为时过境迁，作品依旧，但作品存在的环境变化了。同一语言文化已如此，何况跨语言文化的翻译。因此，翻译文化内涵强的作品从来都有侧重，因为译者服务的对象不同，翻译的目的不同。下面这句话最能概括这个道理："Who is translating what，for whom，when，where，why and in what circumstances？"

分析了这几对概念之后，我们对"原文的意思在译文中表达出来"就有了理性的认识。这些概念从不同的角度切入，讨论翻译的核心问题。虽然角度不同，但都落实到同一个焦点上，即如何将原文的意思在译文中表达出来。了解了这些基本概念后，我们就会更清楚地认识那些五花八门的翻译标准和原则。这些标准和原则是不同的人从不同的角度，在不同的时空里，对同一问题的解决之道。它们一方面反映了标准设立者在翻译研究上的聪明才智，另一方面反映了他们在翻译研究中左右为难的境遇，因为翻译本身就是一件令人左右为难的事。

不同的人有不同的理论，依照有些理论从事翻译实践，译出来的文章有原文的影子；但依照另一些理论从事翻译实践，译出来的文章完全像译入语。原文的影子在译文中可浓，可淡，可无。有人主张在译文中保留一些"异国情调"，有人则主张用地道的译入语。这之间如何把握、如何拿捏，不仅在理论上有着重要的概念，在实践中也需要倾注大量的精力去研究。

第四章 英汉翻译技巧

第一节 定语从句的翻译

英语定语从句分为限制性（restrictive）和非限制性（non-restrictive）两种，都放在先行词后面。限制性定语从句与先行词之间没有逗号隔开；非限制性定语从句以逗号与先行词隔开，对先行词作补充叙述或说明。

一般而言，根据从句的性质和作用，限制性定语从句多数被译成定语，用以修饰原文里的先行词；非限制性定语从句则往往译成一个后置的并列成分。如：

Thus the people of the entire community，not just the parents of the children who atend，pay for public schools，which are free and open to everyone.

因此，整个社区里的居民，而不仅仅是就读儿童的家长，都得为公立学校出资，而公立学校是免费的，面向所有人。

一、合并译法

（一）译成定语

把英语中不是很长的限制性定语从句译成汉语时，放在被修饰词前，中间加个"的"字表示修饰关系，从而将英语复合句译成汉语单句。

1. A man who doesn't try to leam from others cannot hope to achieve much.

一个不向别人学习的人是不能指望有多少成就的。

2. The few points which the president stressed in his report are very important indeed.

院长在报告中强调的几点的确很重要。

3. Such people as you describe are rare nowadays.

你描绘的这种人现在已经很少见了。

4. We will always remember the time when we won the game.

我们会永远记住赢得比赛的那一刻。

5. I must make full use of the time there is left to me and do as much as I can for the public.

我要充分利用我剩下的岁月为大众多做些事。

6. Doctors will therefore have immediate access to a great many facts which will help them in their works.

医生们将迅速获得对工作有帮助的大量资料。

（二）译成谓语

当句子的主句比较简单，句子的重点在定语从句时，可将主句压缩成汉语单句中的主语，用定语从句做谓语。（又称融合法：少数限制性定语从句与主句关系紧密，可以把原句的主语和定语从句融合在一起来译。英语中的 there be 结

构往往这样处理。）

1. There have been good results in the experiment that have given him great encouragement.

实验的良好结果给了他莫大的鼓舞。

2. There are many students in this class who come from big cities.

这个班上的许多同学来自大城市。

3. There are some chemical fuels that are clean and smokeless.

有些化学燃料洁净无烟。

4. There are many people who want to buy this book.

许多人想买这本书。

（三）译成兼语式的一部分

汉语中的兼语句是英语中所没有的一种特殊句型。在兼语句中有两个谓语动词，第一个动词的宾语是第二个动词的主语。在翻译这种汉语句时，最常见的方法是将句中的第二个动词转化为英语中的宾语补足语。宾语补足语可以是动词不定式、介词短语、形容词（短语）、副词（短语）、分词（短语）、名词（短语）等。

1. I need someone who can instruct me in my English study.

我需要一个人来指导我学英语。

2. When I passed by, I saw a man who was writing something in the room.

我从这里路过时，看到一个人在屋子里写字。

3. There is a man downstairs who wants to see you.

楼下有人要见你。

4. I have three letters which I must write this afternoon.

我有三封信必须今天下午写出来。

（四）译成连动式的一部分

连动式为汉语句式的一种。两个或两个以上的动词连用，动词间有先后、方式、目的等关系。

1. He took a bottle of wine out of his pocket，which he began to drink slowly.

他从衣兜里掏出一瓶酒慢慢喝起来。

2. We'll send the boy to Britain，where he will receive better education.

我们要把这孩子送到英国接受更好的教育。

3. The serviceman will send the washing machine to the repair shop，where it will be checked and repaired.

维修工将把这台洗衣机送到维修部检修。

（五）译成带有"这"字的单句

非限制性定语从句译成汉语时常常用并列分句的方法，在译文中常把英语的定语从句后置，在从句中重复英语关系词所代表的含义，有时关系代词"which""that""who"可译成"该""这"等。

1.He admires Mrs.Brown，which surprises me.

他佩服布朗太太，这使我感到惊奇。

2.She was very patient towards the children，which her husband seldom was.

她对孩子们很耐心，她丈夫却很少这样。

3.On that day she looked the happiest that I've ever seen her.

那一天，她显得特别高兴，我从来没有见过她这样。

二、拆分译法

拆分译法的一种方法是译出关系代词。

1. At dinner，I found myself placed between Mrs.Brown and a shy girl，who seemed younger than the others.

席间，我发现自己的座位在布朗夫人和一位腼腆的姑娘之间。这位姑娘看起来比其他人都年轻。

2. The note was left by Mr.Wang，who was here a moment ago.

这张条子是王先生留的，他刚才还在这儿。

3. Only a few days before I had called on a friend of ours，a physician，whose son Tony wanted to play with while I did the shopping.

仅在几天前，我还拜会过一位朋友，是位内科医生。托尼想在我购物时跟他的儿子一起玩。

4. Mr.Maugham，if I understood him alright，stated that there is something in the fundamental make-up of the human mind which delights in，and even demands，a story，-a story with a beginning，a middle，and an end.

如果我没有理解错的话，毛姆先生说的是：人类头脑的基本构造中有一种东西，它非常喜欢甚至要求听人讲故事，讲一个开头、中间、结尾都很齐全的故事。

5. We will put off the outing next week，when we won't be so busy.

我们把郊游推迟到下星期，那时我们就不会这么忙了。

6. They will fly to Kunming，where they plan to stay for two or three days，and then go on to Guilin.

他们将乘飞机到昆明，在那儿停留两三天，然后去桂林。

三、转换译法

（一）表示时间

1. I once met with Dr.Li in the street，who came back to see his parents in 1995.

李博士 1995 年回来看望父母时，我曾在大街上遇到过他。

2. A girl who was learning to ride a bicycle lost balance and fell down.

一个女孩学骑自行车时失去平衡，摔倒了。

（二）表示原因

1. I like the film that makes a good impression on me.

我喜欢那部电影，它给我留下了美好印象。

2. But he would have to be careful not to offend Crass，the foreman，who could give him the sack at any time.

但是，他得小心谨慎，不要得罪工头克拉斯，因为他随时可以把他解雇。

（三）表示目的

1. We need to establish some institution which helps to develop the production.

我们需要建立一种机构来帮助发展生产。

2. He bought a lot of picture-books which were used for helping his young boy to read.

他买了许多图画书来帮助他的小孩认字。

（四）表示条件

1. How can a man who doesn't work hard be expected to be a great scientist？
一个人如果不努力，又怎么能指望他成为伟大的科学家呢？

2. Nothing is hard in the world for one who dares to scale the height.
世上无难事，只要肯登攀。

（五）表示让步

1. Electronic computers，which have many advantages，cannot carry out creative work and replace man.

虽然电子计算机有许多优点，但它们不能进行创造性的工作，也不能替

2. Professor Wang，who is old，is still working hard in his field.
王教授虽然上了年纪，但仍然在自己的领域里辛勤工作。

（六）表示结果

1. He wrote so many books which resulted in his success.
他写了那么多书，终于功成名就。

2. It kept raining for seven days and nights. Which led to serious and harmful consequences.

大雨一连下了七天七夜，造成了严重的后果。

第二节 状语从句的翻译

英语中状语从句用得比较多，位置也比较灵活。根据汉语的特点，汉译时位置往往这样处理：比较和结果状语从句放在主句后面；方式状语从句可前可后；其他状语从句（时间、条件、原因、目的、结果或让步等）一般放在主句之前。

一、时间状语从句

（一）译成相应的时间分句

1. From her second floor window she could see the postman when he came.
邮差来时，她从三楼的窗口望出去就可以看见。

2. After what had happened he could not continue to work there.

事情发生后，他无法在那里继续工作下去了。

3. As he（Pierre）spoke，it was quite clear to them both that they would become millionaires if they should choose to do that.

在他（皮埃尔·居里）这样说的时候，他们俩（居里夫妇）都很清楚，如果他们决定这样做，就会成为百万富翁。

4. I asked him whether he hadn't had any good food while he was in France.

我问他在法国的时候是不是根本就没有吃过什么美味佳肴。

（二）译成并列分句

1. She sobbed as she told us her miserable past.

她一边向我们叙述她悲惨的过去，一边啜泣着。

2. While there is life，there is hope.

留得青山在，不怕没柴烧。

（三）译成"刚（一）……，就……"的句型

1. "Why did you ask me to come in the middle of the batle?" Mr.Bethune asked General Nieh as soon as he entered.

白求恩大夫一进大门就问聂将军："为什么你要在战斗最紧张的时刻把我招来？"

2. Stormy applause broke forth the moment she appeared on the stage.

她在台上一出现就响起了暴风雨般的掌声。

3. Scarcely had we gathered in the grain when it began to rain.

我们刚把粮食收进来，就下雨了。

4. The machine will start instantly the buton is pressed.

一把电钮，机器就会开动起来。

（四）由 until/til 引导的从句译法

1. I don't like meeting people until I have this dental work done.

在我牙齿修补好之前，我不想会客。

分析：主句否定时，把 until 当作 before 来译。

2. Not until I had received his letter，did I understand why he had been absent from the meeting.

直到我收到了他的信后，才明白他缺席会议的原因。

分析：原句是强调句，until 当成 after 来译。

3. I waited for him till the sun set.

我等他一直等到日落西山。

分析：当主句肯定时 til 译为 "直到……为止"。

（五）由 before 引出的时间状语从句

1. Unfortunately, he died before his wish could come true.

遗憾的是，他愿望还没有实现，就去世了。

2. It won't be long before imperialism comes to its end.

帝国主义的末日快要来了。

3. But my teacher had been with me several weeks before I understood that everything has a name.

可是老师和我生活在一起几个星期之后，我才明白样样东西都有个名称。

分析：将从句译成正句，主句译成偏句，把 before 当成 after 来译，正句中加 "才" 加强语气。

4. The guerrillas would fight to death before they surrendered.

游击队员宁死不屈。

（六）将英语里表示时间的从句译成汉语的正句，而将其主句译成偏句

1. I was halfway back when I heard the shots-two of them.

我往回走到半路上，听见了枪声——两响。

2. I was writing a letter to her when she came to visit me.

我正要给她写信，她却来看我了。

3. They were just going to get on the bus when suddenly there was a loud noise behind them.

他们正要上车，突然背后一声巨响。

（七）时间状语从句的转换译法

由于英语本身有时存在着内容和形式不一致的情况，所以有些形式上像时间状语的从句应按其逻辑关系译成原因、条件、让步、目的等偏句。

1. He was very much surprised when his visitor turned out to be a handsome young woman.

来客竟是一位年轻关貌的女士，他感到十分惊讶。

2. When you have finished your homework, you can go and play bal-games.

做完了家庭作业，你就可以出去打球了。

3. He usually walks when he might ride.

虽然有车可坐，但他通常总是步行。

4. Jane likes to dress in blue while Mary likes to dress in red.

简喜欢穿蓝色衣服，而玛丽喜欢穿红色衣服。

二、条件状语从句

（一）译成"条件"分句

汉语中条件分句常用的关联词有："只要""如果""一旦"等。在语气上，"只要"最强，"如果"最弱。英语中的"条件"状语从句的位置比较灵活，汉语中的"条件"分句一般前置。

1. If the prices rose，he would buy less；if they fell，he might buy more.

如果涨价，他就少买；如果降价，他就可能多买。

2. Some go for only one year，many for two，but never longer，unless the shipwhich is to bring them out cannot reach their base.

有些人只在那儿待一年，许多人待两年，但决不会待上更长时间，除非前来接他们回去的船只到不了他们的基地。

3. I'll remember the incident as long as I live.

这件事我一辈子也忘不了。

4. We'll let you use the room on condition that you keep it clean and tidy.

只要你们能保持整齐清洁，我们可以让你们使用这个房间。

（二）译成"假设"分句

汉语中"假设"分句常用的关联词有"倘使""假如""万一""如果"。其位置一般在句首。

1. If only he could have understood the doctor's words.

如果他能弄懂医生的话就好了。

2. What if anything happened to me？

我要是有个三长两短，那可怎么办呢？

3. Send us a message in case you have any difficulty.

如有困难，捎个信来。

4. She would have fallen but that I caught her.

要不是我抓住她，她早就摔倒了。

（三）将分句置于句末，译成补充说明情况的分句

1. "Why don't you come and see me again in a week's time？"

"Yes，yes，yes，all right，if you wish."

"你为什么不过一个星期再来见我一次呢？"

"好，好，好，就这样吧，如果你希望这样做的话。"

2.We'll come over to see you on Wednesday if we have time.

我们将在星期三来看你，如果有空的话。

（四）转换译法

转换译法，即按逻辑关系，将条件状语从句译成"让步""结果""时间"等分句。

1. If too old to work much，the retired worker is very enthusiastic about neighborhood alfairs.

虽然年老不能多操劳，但这位退休工人对邻里工作却非常热心。

2. If he was so able as to solve such a difficult maths problem known to the world，it is because he was extremely diligent and absolutely absorbed in mathematics.

他之所以能解决这样一个世界著名的数学难题，是因为他非常勤奋且对数学的全身心投入。

3. If we have carried on thorough investigations，we can draw a correct conclusion.

只有当我们作了彻底的调查研究之后，才能得出正确的结论。

（如果进行了彻底的调查研究，我们就可以得出正确的结论。）

4. If you can come，I'll be only too glad.

你如果能来，那我就太高兴了。

三、让步状语从句

英语让步状语从句一般用"although""though""no matter""even if""even though""however""whatever""granted that""adj./adv./v.+as" 等从属连词、词组和句型构成。在汉语中，引导"让步"的常用关联词有"尽管""虽然""即使""就算"等。英语中"让步"从句的位置比较灵活；汉语中一般前置，但在现代汉语中受西方语言的影响，也渐渐出现让步状语后置的现象。

1. I shall remember how you pushed me back into the red room，though I was frightened，and begged you for mercy.

我不会忘记你是怎样把我推回到红房子里去的，尽管我由于害怕乞求过你宽恕。

分析：将 and 连接的谓语译成因果关系。

2. Being very short of money and wanting to do something useful，I applied although I feared that without a degree or any teaching experience I had little chance of getting the job.

尽管我担心自己一无学位，二无教学经验，得到这份工作的机会微乎其微，但因为手头拮据，同时也想干点有用的事，我还是提出了申请。

3. Even if Myra did not come，she would send a present.

迈拉即使不来，也会寄一件礼物来的。

4. However hard the task（may be），we must fulfil it in time.

不管任务多么艰巨，我们必须及时完成。

5. But Prometheus also knew，powerful as Zeus was，once a god had given a gift，it could not be taken away.

但普罗米修斯知道，尽管宙斯威力无比，可是一旦有哪位神把一样天物送出，它就不可能被收回去了。

6. Much as I like it，I will not buy it.

虽然我很喜欢这东西，但不想买。

7. Try as he would，he could not lift the rock.

他虽然尽了最大努力，仍不能搬起那块巨石。

8. Granted that you have made some progress，you should not be conceited.

即使你有了一些进步，你也不应该骄傲自大。

9. No matter how good it is on paper，the bosses will try to wangle it all their own way.

不管纸上写得多么好，老板们还是会随心所欲地耍花招。

10. Pursue your object，be it what it will，steadily and indefatigably.

不管追求什么目标，都应该坚持不懈。

四、原因状语从句

原因状语从句常用的从属连词和词组有"because""as""since""seeing that""considering that""now that""not that，but that"等。汉译时常用的关联词有"因为……所以""由于…因此""鉴于……"等。

英语原因状语从句比较灵活，一般来说，由 because 引起的从句后置较多，由 as，since，now that，considering that，seeing that 引起的从句前置较多。

（一）译成表因分句

1. The prince in rags was thrown out of the palace because the guard couldn't recognize him.

衣衫褴褛的王子被赶出王宫，因为卫兵没有认出他。

2. Don't try to drive through Cambridge during the five minutes between lectures，as you will find crowds of people on bicycles hurying in all directions.

在课间休息的五分钟时间里不要在剑桥大学里开车，因为你会发现成群骑自行车的人匆匆忙忙地奔向四面八方。

3. She felt that her husband should help with the chore since theirs was a joint home.

既然他们组成了家庭，她觉得丈夫就应该帮忙干这些家务事。

4. Seeing that one of its wings was hurt，he took it home and looked after it carefully until it was well again，and then he set it free.

因为看见它一只翅膀受伤了，他就把它带回家仔细照料，等到它痊愈之后，把它放飞了。

5. Considering that they are just beginners，they are doing quite a good job.

考虑到他们还是才开始学做，他们干得算是很不错的。

6. Now that women are freely taking part in work outside their homes，such questions arise as: who does the house-work? Who cares for preschool-age children？

既然妇女们自由地走出家门参加工作了，那谁来做家务，谁来照顾学龄前的孩子，这样的问题就产生了。

7. He felt a bit worried，not that his comrades were not working hard，but that they did not pay enough attention to safety.

他有些着急，不是因为同志们不努力工作，而是他们对安全问题不够重视。

8. But all men now live in a changed world because this simple man of genius gave of his intelligence and heart to his fellowman.

由于这位淳朴的天才把自己的智慧和热忱献给了人类，人们现在才能生活在一个与过去不同的世界里。

（二）省略关联词而把原因状语从句译成汉语偏正复句中的正句

1. Since we live near the sea，we can often go swimming.

我们住在海边，所以可以常去游泳。

2. As the weather was fine，I opened all the windows.

天气很好，于是我把所有的窗子都打开了。

（三）译成因果关系内含的并列分句

1. Time spent in a bookshop can be most enjoyable，whether you are a book-lover or merely there to buy a book as a present. You may even have entered the shop just to find shelter from a sudden shower.

无论你是个书迷，还是单纯为了买本书做礼物，哪怕只是为了躲避突如其来的阵雨而进书店，在那里度过的时光会给你带来极大的乐趣。

2. Now that everybody is here，let's begin our discussion.

大家都到了，咱们开始讨论吧。

3. Since he is busy，I won't trouble him.

他很忙，我就不打扰他了。

4. I'm glad that you have been assigned such an important task.

我真高兴上级给了你这样一项重要的任务。

5. Not that I loved Caesar less，but that I lov'd Rome more.（Shakespeare）

不是我爱恺撒薄，而是我爱罗马厚。

五、目的状语从句

目的状语从句常用的从属连词有：in order that，lest，for fear that，in case（that），so that 等。汉语常用的连词有：为了、省得、以免、以使、生怕等。

1. He just wanted me to see you so that we may make sure you understand everything.

他只是让我来看看你，确信你对一切都明白。

2. People came here from all over Europe in order that they could study the new methods.

人们从欧洲各地来到这里，为的是能够学习新方法。

3. Jim did not answer back lest his mother should be angry with him.

吉姆没有还嘴，免得妈妈生气。

4. He walked on tiptoes for fear that he might wake the patient.

他踮着脚走，以免惊醒病人。

5. Please remind me of the meeting again tomorrow in case I forget.

请你明天再提醒我一下开会的事情，免得我忘记。

6. They set out early so that they might arrive in time.

他们为了准时到达，很早就动身了。

7. All the parts for this kind of machine must be made of especially strong materials in order that they will not break while in use.

为了使用时不致断裂，这种机器的所有部件都应该用特别坚固的材料制成。

8. Consequently the capacitor is made up of plates of large area so that large electrical charges may be stored.

为了储藏大量电荷，通常用大面积金属板来制造电容器。

9. She explained the matter again and again in case colleagues should misunderstand her.

她对这件事再三解释，唯恐同事们产生误会。

10. Scientists are working hard to quicken the pace at which artificial intelligence is improving so that computers can do even more work for human beings.

科学家们正努力工作来加速改善人工智能的步伐，以使计算机为人类做更多的贡献。

六、结果状语从句

英语结果状语从句常用的从属连词有：that，so…that，so that，such…that 等。

1. The world's natural resources are being used up so rapidly that there would not be enough to provide an adequate standard of living for everyone within the next two centuries.

地球上的自然资源消耗得很快，在未来的两个世纪内将没有足够的资源保障人们相当的生活水平。

2. I didn't go early, so that I didn't get a good seat.

我去晚了，没有找到好座位。

3. Wells pased his examination with such good marks that he was given the chance to study science at London University.

维尔思的考试成绩优异，获得了在伦敦大学攻读自然科学的机会。

4. What have I done that he should be so angry with me？

我究竟干了什么，他竟对我这样生气。

5. They must be blind that they don't see China's great achievement.

他们准是瞎了眼，看不见中国的成就。

6. She worried so much that she could hardly eat her supper.

她急得简直吃不下晚饭。

7. The black worker was so poor that he could not afford to buy a pair of shoes for his son.

这个黑人工人穷得没钱给儿子买双鞋。

8. The rain is not likely to stop for some time，so we had better hurry home.

这场雨一时不可能停下来，我们还是赶快回家为好。

9. Light travels so fast that it is very difficult for us to imagine its speed.

光传播的速度快得让我们难以想象。

10. And I know that my father and his comrades were ordered to ride on the outside of tanks as they rumbled towards the Rhineland，but they camouflaged themselves so well by holding boughs and branches that only about half of them were picked off by snipers.

我知道我父亲和他的战友们在受命进攻莱茵地区时，坐在隆隆行驶的坦克外面，他们用树枝把自己巧妙地伪装起来，只有大约半数的人被敌人的狙击手击落。

七、方式状语从句

英语方式状语从句常用的连词有：as，as if，just as，as though 等。从句位置一般都后置。汉语常用的连词有：如同、好像、宛如、仿佛、正如、像……似的、像……那样等。

1. The boys jumped on their blankets as they were told to kill the locusts.

孩子们按照吩咐在毯子上蹦跳，来踩死蝗虫。

2. There was a pause at the other end as if someone was searching through a list.

（电话上）对方停顿了一下，好像有人正在从头到尾仔细地查看名单。

3. Paper of all varieties was put away for reuse as though it were as valuable as fabric.

人们把各种各样的纸存放起来重新使用，仿佛纸也像布一样珍贵似的。

4. You may do as you please.

你愿意怎么干都行。

5. We must do as the Party tells us.

我们必须听党的话。

6. Do just as you like.

你喜欢怎么做就怎么做吧。

八、比较状语从句

英语比较状语从句常用的连词有：as…as, not so…as, more…than, less…than, the more…the more 等。汉语常用的连词有："如同……一样""不及……""不如……""比……更""劣于……""越……. 越……"等。

1. The longer the period, the higher the interest rate.

存期越长，利率越高。

2. In general, the more bags the ladies carry, the beter organized they are to cope with life on the streets.

一般来说，这些女士们携带的袋子越多，她们应付街头流浪生活的能力就越强。

3. The sooner, the better.

越快（早），越好。

4 .In fact, there is almost as much plant life in the sea as there is on land.

事实上，海洋里植物种类之多几乎像陆地上一样。

5. She was as kind as the woodcutter himself.

她像樵夫本人一样善良。

6. Lesson Ten is not so difficult as Lesson Nine.

第十课不像第九课那么难。

7. The number of students in your class is less than ours.

你班上的学生比我班上少。

8. This book is better than any others in the box.

这本书是箱子里最好的一本。

9. I should thank you rather than you thank me.

应当是我谢你而不是你谢我。

10. It is easy to think to oneself that one's emotions used to be more vivid than they are, and one's mind more keen.

人们往往会认为自己过去的感情和思想比现在更丰富、更敏锐。

第三节 比较句式的翻译

一、各种比较格式的替换

从形式上看，英语表示比较时有三种格式：

1. 原级 as...as...

2. 比较级 more（less）...than...

3. 最高级 the most（least）...

但是在实际运用中这些结构形式是可以替换使用的。

（一）原级与比较级的替换使用

A is more important than B=B is not as important as A

1. Never have I heard American music played better in a foreign land.

我在国外从来没有听到过把美国音乐演奏得这样好的。（比较级替换为原级）

2.But rockets，complex machinery and less fantastic weapons are virtually defenseless，as lasers can bore，with remorseless effect，through almost all known materials.

但是，火箭、复杂的机械以及不那么尖端的武器，碰上激光都将无以自卫，因为激光能够毫不留情地穿透几乎所有已知的材料。（比较级替换为原级）

（二）原级和比较级与最高级的替换

1. Of the various Europeans who came to lend the British colonies a hand in their struggle for independence，no one is as well remembered as the Marquis de Lafayette.

在所有帮助过英国殖民地人民争取独立斗争的欧洲人中，最令人怀念的莫于德拉叶特侯爵。（原级替换为最高级）

2. Nothing is more important than the signal sent to Moscow by the President's action.

总统的做法向莫斯科传递的信号才是最重要的。（比较级替换为最高级）

3. Even though the United States produces more automobiles than any other country，it still imports large numbers of autos from Germany，Japan and Sweden，primarily because there is a market for them in the United States.

尽管美国的汽车产量居世界首位，但仍从德国、日本和瑞典进口大量汽车，这主要因为美国市场上有这种需求。（比较级替换为最高级）

二、等比句式

等比句式表示两个相比较的事物出于同样的情况。

1. as...as 不仅指单纯的比较，还可以表示"既……又……""同……一样"。（另外，这一结构还含有极比句式的意义，可以译为"非常""之极"。）

（1）This method of measurement is as simple as practical.

这种测量方法既实用又简单。

（2）His trust in his friend was as firm as ever.

他对朋友的信任一如既往，毫不动摇。

（3）You are as wrong as wrong can be. 你大错特错了。

（4）She is as thirsty as thirsty can be. 她渴极了。

2. no more than…和 no more…than.

这两种结构都表示前者与后者一样，通常翻译成……同……一样……"

（1）This classroom is no larger than the next one.

这间教室与隔壁那间一样小。

（2）The lion is no more merciful than the tiger.

狮子与老虎同样残忍。

比较：The lion is not more merciful than the tiger. 狮子并不比老虎仁慈。

（3）A man can no more fly than a bird can speak.

人不会飞翔，就像鸟不会说话一样。

（4）A causeless event or thing，we cannot think of any more than we can of a stick with only one end.

我们不可能设想有哪件事情是无缘无故产生的，就像我们不可能设想有哪根棍子会只有一头一样。

（5）Nobody with any sense expects to find the whole truth in advertisement any more than he expects a man applying for a job to describe his shortcoming, and more serious faults.

有头脑的人谁也不会指望广告里说的都是真话，同样也不指望求职者会说出自己的缺点和严重过失。

3. A is to B what C is to D（A 对于 B，如同 C 对于 D）

（1）A pen is to a writer what a gun to a soldier.

作家的笔就如同战士的枪一样。

（2）Fertilizers are to the plant what food is to men.

肥料对植物来说就如同食物对人一样重要。

4. may as well…as 和 might as well.…as（"……如同……一样""……犹如……"）

（1）You may as well go to her place as let her come to your place.

你去她那里，如同让她到你这里来一样。

（2）One might as well expect the leopard to change its spots as expect him to change his hot temper.

指望他改掉火暴脾气，就如同指望豹子去掉身上的斑点一样。

5. It is in（with）…as in（with）（"……同……一样""如同……"好比……""犹如……"）

（1）It is in studying as in eating；he who does it gets the benefits，and not he who sees it done.

学习和吃饭一样，获益的是亲力亲为的人，而不是旁观者。

（2）It is in teaching as in learning which requires efforts.

教与学一样，都需要下功夫。

6. no less…than 和 no less than（no less…than 结构相当于 as…as 或 the same amount of…at s… 通常译为"同样"或"既……又"；no less than 是 no more than 的反义词，no more than 可译为"只不过"，而 no less than 为"多达、无异于"。）

（1）Sunlight is no less necesary than fresh air to a healthy body.

阳光和清新的空气对健康的身体同样重要。

（2）Our soldiers fought with no less daring than skills.

我们的战士打起仗来有勇有谋。

（3）There were no less than fifty killed and wounded.

死伤人数多达 50 人。

（4）To be discourteous appears to him little less than a crime.

在他看来，不礼貌无异于犯罪。

7. as much as，as much，as many 和 so many（as much as "无异于""和………样""不仅……而且"；as much 常用于 had expected as much，"早已料到如此"；as many "一样多"，大小与前面的数字一致；so many 表示

"那么多"，常不译出；如果前文有参照物，也应相应译出。）

（1）I enjoyed the film as much as you did.

我和你一样喜欢这部电影。

（2）I was not in the least surprised for I had expected as much.

我早已料到如此，一点也不吃惊。

（3）Those five days seemed to me as many years.

那五天对于我就像五年一样长。

（4）You have made two blunders in as many minutes.

你在两分钟里就犯了两次大错。

（5）It was a truly awful sight，watching the numberless little wooden houses catching fire one after another，and flaming up like so many match-boxes.

那真是个可怕的场面，只见无数的小木屋一间接着一间着了火，然后像无数的火柴盒一样燃烧起来。

8. as it is（置于句首，接在假设语气之后，it 无意义，在许多场合下可用其他同样意义的词语来代替；当 as it is 置于句尾时，接在名词或代词后，it 指代前面的名词或代词，有数的变化。）

（1）If I had relatives in foreign countries，I would go abroad. As it is，I can't go.

如果我国外有亲戚，我就会出国了。可现在我去不了。

（2）We hoped things would go beter，but as it is they are getting worse.

我们原指望事态好转，可事实上却更糟了。

（3）He finds fault with me as I am without having anything better to suggest.

他只是对我现在的一切加以指责，而没有提出什么良策。

9. none +the +comparative（同以前一样，没有……更）

（1）His teaching work is none the worse for his old age.

他的教学工作不因年老而逊色。

（2）The political blunders he committed in the past made him none the wiser.

过去犯的政治错误没有使他变得聪明。

三、差比句式

1. more than（以下各句表示程度的加强）

（1）I am wiser than to believe it.

我还不至于傻到相信这种事。

（2）The beautiful scene of Mount Tai will more than excite you.

秦山的美景将使你异常激动。

2. more…than.（该结构除了在两个形容词或名词词组之间进行比较，译为"比……多……""超过"外，还可以替代 rather…than 译为"与其说……不如说……"在英语 more…than… 的结构中，往往肯定 than 前面的部分，而在汉语"与其说……不如说……"的结构中，往往肯定后面的"不如说"，因此翻译时 than 前后部分应互换位置。）It seems，then，that these two branches of science are mutually dependent and interacting，and that the so-called division between the pure scientist and the applied scientist is more apparent than real. 看来，这两门科学是相互依存而又互相影响的，因而理论科学家和应用科学家之间的所谓区分，与其说是实际存在的，不如说是表面化的。

3. less…than…（有些含有该结构的句子也可用"与其说……不如说"来翻译。不过在"less…than…"的结构中，肯定部分在于 than 后面的成分。）Many difficulties in the country were due less to any ideological reason than to nationalistic feelings.

那个国家的许多纠纷与其说是由于意识形态原因造成的，不如说是由于民族主义感情造成的。

4. not so much…as（与其说……不如说……）

（1）The child is not so much unintelligent as uneducated.

与其说这个孩子不聪明，不如说他没有受过教育。

（2）It was not so much his appearance I liked as his personality.

与其说我喜欢他的外表，不如说我喜欢他的性格。

（3）The book is not written so much for the professor as for the public.

这本书与其说是为了教授，倒不如说是为了大众而写的。

5. more than…can/could（暗含否定的意义，是一种含蓄的表达方式）

（1）It is more than flesh and blood can bear.

这是血肉之躯常人无法忍受的。

（2）The traveler entertained his host with stories，some of which were really more than could be believed.

游客给主人讲了一些故事，其中一些简直让人难以相信。

6. all/none/so much+the+ 比较级（更加，还是）

（1）So much the worse for you if you break the rules.

如果你违反了规则就更糟了。

（2）I am none the wiser for your explanation.

我听了你的解释还是不明白 / 更糊涂了。

7. next to（仅次于，几乎等于）

（1）I think it next to impossible.

我想这几乎是不可能的。

（2）Next to health，heart and home，happiness for moving Americans dependsupon the automobile.

对好动的美国人来说，生活是否幸福，除取决于身体、爱情和家庭方面的情况外，还取决于汽车。

8. what+be+ 比较级结构（这种结构通常作插入语成分，表示后者比前者"更……"，其中，常用的比较级形容词有 more，worse，better，rarer，happier，odder，more important 等，有时候比较级前还加上 even，still，much 等副词来加强语气。另外，为了使语言简练，有时将 what is 省略。）

（1）He hung around for hours，and what was worse，kept me from doing my work.

他连续几个小时闲荡着，更糟糕的是，他还妨碍了我的工作。

（2）He pased the final examination without a hitch，and what is even happier，he did exceedingly well in it. 他顺利地通过了期末考试，令人更为欣慰的是，他的成绩相当不错。

9. as…again as…（该结构表示前项是后项的两倍）

（1）This year we have produced as many computers again as they.

今年我们生产的电脑是他们的两倍。

（2）Wheel A turns as fast again as wheel B.

A 轮的转速是 B 轮的两倍。

四、极比句式（most/-est）

1. nothing/no+ 比较级 nothing/no 还可替换成 few/hardly

（1）Nothing is more precious than time，yet nothing is less valued.

最宝贵的莫过于时间，而最廉价的也是时间。

（2）Take the example of Great Britain，in no country are the sciences studied with greater success，yet in no country is poetry with more ardor.

以英国为例，其科学成就超越了其他各国，对诗歌的热情也最为高涨。

（3）Few are better qualified for the job than he is.

几乎没有什么人比他更适合做这项工作了。

2. not +comparative+（than）（最高级的委婉表达方式）

（1）You couldn't have come at a better time.

你来得正是时候。

（2）They couldn't have been worse scared as if the place had been full of ghosts lying behind everything and under the beds and shivering through the air.

他们简直吓坏了，仿佛房子里到处都是鬼怪似的，有的藏在各种东西的后面，有的躲在床底下，有的飘忽在空中。

3. as…as any（最……）

（1）He is as diligent as any in our class.

他是我们班上最用功的。

（2）The weather here is as agreeable as any in the country.

这里的天气是全国最宜人的。

4. 否定词 +so…as…（最……/ 没有比……更……）

（1）Nothing can be so simple as my work.

我的工作最简单。

（2）He never looked so energetic as when he was playing tennis.

他在打网球时显得精力最充沛。

5. the last（最……）

（1）He would be last man to say such things.

他绝不会说这种话。

（2）This is the last thing in personal computer.

这是最新式的个人电脑。

6. of all things 和 of all others（在所有的人和事物之中，这是最…/ 特别是…）

（1）She is the actress of all others for the part.

她演这个角色最合适了。

（2）Snobbishness is of all things to be despised.

势利眼是最令人部视的。

7. no +amount/degree +of（即使最……也不……/ 无论怎么……都不………

（1）No amount of lies can cover it up.

再多的谎言也掩盖不了这一点。

（2）No degree of altention justifies the importance of the issue.

对于如此重要的问题无论怎么关注都不过分。

五、比例句式

比例句式包括平行比较、渐进比较。

1. the more…the more…

The more a man knows，the more he discovers his ignorance.

一个人懂得越多就越发现自己知识的不足。

2.…more……more When we are more in danger，we should be more courageous.

越危险就越应该勇敢。

3.（ever）+ 比 较 级 +and+ 比 较 级（" 日 益 "）Her face has turned ever thinner and paler.

她的脸近来日渐消瘦和苍白。

六、择比句式

择比句式指的是在两种选项中选择一个，通常译为"与其……不如……""宁可……也不……""喜欢…不愿……"

1.Better do nothing than do a poor job.

与其干不好，不如不干。

2.I would as soon go boating as play tennis.

我宁可去划船也不愿意去打网球。

3.Sooner than do such thing，I would starve.

我宁愿饿死也不愿做这种事情。

七、介词表示比较

1. 表示数量多少、质量优劣、程度高低的比较：above，before，behind，below，beyond，over，under 等。

（1）It is not strange at all that he values wealth above health.

他把财富看得比健康还重要，这一点都不奇怪。

（2）Good advice is beyond price.

好的建议是无价的。

（3）Children under six years old are admitted free.

未满 6 岁的儿童免费入场。

2. 表示对比、对照：beside，against，for，to 等。

（1）I felt so weak and useless beside them.

与他们相比，我感到自己太软弱无用了。

（2）She looks young for her age.

她比实际年龄显得年轻。

（3）245 students have gone to college this year against 150 last year in this school.

该校今年有 245 名学生上了大学，而去年只有 150 人。

（4）He is inferior to me in listening comprehension.

他在听力方面比我差。

第五章 科技英语与新闻英语翻译

第一节 科技英语的翻译

科技英语（English for Science and Technology，简称 EST）诞生于 20 世纪 50 年代，是随着科学技术的发展而形成的独立的文体形式，包括科学专著、科学论文、科学报道、试验报告、技术规范、工程技术说明、科技文献以及科普读物等，涉及自然科学各个专业的题材。科技英语文体质朴，行文规范，陈述客观，逻辑性和专业性强，科技翻译描述的是不以人的主观意志为转移的客观世界，是一种科学的"语码转换"，与一般文体翻译尤其是文学翻译有很大不同。文学翻译注重的是形式与意境的统一，而科技英语翻译追求的是形式与逻辑的结合。这就要求翻译者必须具备一定的自然科学素养，在翻译过程中要力求平易（plainness）和精确（preciseness），尽量避免使用加强语言感染力和宣传效果的修辞格，尤其是忌用夸张、借喻、讽刺、反语和双关等修辞手段。

一、科技英语的特点

（1）无人称（Impersonal）：科技文本主要描述的是科技活动的过程、结果或自然规律，所以较少使用人称句。

（2）语气正式（Formal in Mode Speech）

（3）陈述客观、准确（Objective and Accurate in Statement）：英汉语言的结构、思维习惯等各异，一般翻译中有很多变通手段。但是在科技翻译中，使用变通手段要特别小心，必要时，宁可让译文"费解"一点，也不可为了一时一处的"顺畅"而自由发挥使读者误解。

（4）语言规范（Standard in Language）

（5）文体质朴（Unadorned in Stylistics）

（6）逻辑性强（Strict in Logic）

（7）专业术语性强（Concentrated in Technical Terms）：如 element 一词，一般译为"要素""成分"，但在化学中通常译为"元素"，在电学中"电极"，在无线电学中译作"元件"等。

二、科技英语词汇

据 1975 年版的《美国百科全书》介绍，英语的全部词汇已经超过 100 万个。如果按照一天记 10 个单词，一个人要记住全部单词得花费将近 280 年时间。而这些词，绝大多数是科技词汇。

（一）形式

单词式（single words，如 robot，internet，cassette）、复合式（compound forms，如 feedback，dataphone 数据送话机）、短语式（phrases，如 on-and-off-the-road 路面越野两用的，anti-armored-fight-vehicle-missile 反装甲车导弹）

（二）来源和构成

1. 派生法（affixation）

microwave =micro+wave 微波 teletypesetter = tele +type + setter 电传字机 miniultrasonicprober =mini+ultra +sonic +prober 微型超声波金属探伤仪

2. 合成法（compounding）

waterlock 水闸，fire-resistant 耐火的，keysets 配电板

3. 缩略法

（1）首字母缩略法（acronym）

CD=compact disc 光盘

IT=information technology 信息技术

laser=light amplification by stimulated emission of radiation　激　光 SARS=Severe Acute Respiratory Syndrome　非　典 TOEFL=Test of English as a Foreign Languago 非英语国家英语水平考试

（2）截短词（clipped word）

telecom =telecommunication 电信

email=electronic mail

flu=influenza 流感

lab=laboratory 实验室

4. 混成法（blending）

smog=smoke+fog 烟雾

telex=teleprinter +exchange/tele type exchange 电 传 telecon =telephone conference 电话会议 medicare=medical +care 医疗保障

5. 专有名词（proper nouns）

Pentium（奔腾）（英特尔第五代 X86 架构之微处理器。Penta 希腊文"五"加拉丁文中代表名词的结尾语"ium"的造词。）IBM system（IBM 系统）（IBM 公司 / 国际商业机器公司：International Business Machines Corporation）Boeing-737（波音 737 飞机）（美国人威廉·爱德华·波音创建的波音公司生产的一种喷气式客机。）BBC Worldwide Ltd（英国广播公司）（British Broadcasting Corporation）

（三）词义的确定

1. 通过题材决定词义

Tension is building up.

形势紧张起来。（一般生活）张力增大。（力学）电压增加。（电学）压力增强。（较早英语中表示蒸汽机的压力）

2. 通过句法决定词义

句法指句子的排列组合规律。一个句子表达的是一个相对完整的意思，一个词如果能在句子中充当一个合法的成分，说明它在这个句子中与其他词的意思是相容的。反过来说，如果知道句子的结构，要确定句子中的某个词的意思也就容易多了。如 contract 一词有 20 多个意思，相当于"合同、契约、订合同、订婚、包工、染病、限制、缩略词"等。

（1）They got a heavy fine due to the breach of the contract.

由于违反了合同，他们受到了巨额罚款。

（2）They contracted to the project until 2002.

他们与该项目的合同一直持续到 2002 年。

（3）As a general rule，a body will expand when heated and contract when cooled.

一般说来，物体热胀冷缩。

（4）He's contracted skin cancer.

他患了皮肤癌。（及物动词）

（5）She's contracted to a wealthy man.

她跟一个有钱人订了婚。（不及物动词，与 to 连用，意为"订婚"）

3. 通过词语搭配决定词义

fine yarn 细纱

fine tuning 微调（表示范围）fine vacuum 高真空（表示程度）fine copper 纯钢（表示纯度）

4. 通过语义场决定词义

语义场是德国语言学家 J.Trier 提出的有关词汇语义关联的理论。其核心是探讨词语的类概念与种概念之间的关系。代表类概念的是上义词，代表种概念的是下义词。上义词和下义词一起构成一个金字塔结构，上义词支配着这个语义场中的下义词。

三、科技英语的主要句法特点

1. 大量使用长句（more long and complicated sentences）

由于科技英语描写的是科学技术和其他的自然现象，因此，科技作者所注重的是事实和逻辑推导，所给出的定义、定律、定理，或描绘的概念，或叙述的生产工艺过程，都必须严谨、精确。在这方面与文学英语、政论英语或应用文英语相比，科技英语的长句就使用较多。在这些长句中，常常是一个主句带若干个从句，从句带短语，短语带从句，从句套从句，互相依附、互相制约，一环扣一环，这可谓错综复杂，盘根错节，读起来或翻译起来颇伤脑筋。

One of the most important things which the economic theories can contribute to the management science is buildings can contribute to the management science is building analytical models which help in recognizing the structure of managerial problem, eliminating the minor details which might obstruct decision making, and in concentrating on the main issues. 经济理论对于管理科学的最重要贡献之一，就是建立分析模型。这种模型有

助于认识管理问题的构成，排除可能妨碍决策的次要因素，从而有助于集中精力去解决主要问题。

2. 大量使用名词化结构（more nominalization）

在科技英语中普遍以名词为中心构成的词组表达动词概念，这些词组中的动词概念实际上是由其中做宾语的名词来体现的，其中的动词被称为"空心动词"（Empty Verbs），该动词着重体现语法功能（Grammar Function），而非主题功能（Thematic Function）。

（1）Television is the transmission and reception of images of moving objects by radio waves.

电视通过无线电波发射和接收各种活动物体的图像。

（2）The operation of a machine needs some knowledge of its performance.

操作机器需要懂得机器的一些性能。

3.广泛使用被动语态（extensive use of the passive voice）

由于表达上的客观性，科技英语中使用的被动语态频率高达 1/3 之多，远高于普通英语中被动句的使用频率。这是因为：

（1）与主动语态相比，被动态会突出所要说明的事物，能减少主观色彩；

（2）被动句用行为、活动、作用、事实等作主语，在句中是第一个出现的词，因此能立即引起读者的注意；

（3）通常被动句比主动句更简洁明了。

① Natural rubber is obtained from rubber trees as a white, milky liquid, which is known as latex. This is treated with acid and dried, before being dispatched to countries all over the world.

天然橡胶取自橡胶树，是一种叫"乳胶"的白色乳状液体，在运往世界各国之前，橡胶要经过酸处理并烘干。

② Electrical workshops may not be entered by unauthorized personnel.

未经许可的人员不得进入电气间。

4.大量使用非限定动词（more non-finite forms of the verb）

非谓语动词的使用可以大大简化句子结构，减少长句的使用。

Today the electronic computer is widely used in solving mathematical problems having to do with weather forecasting and puting satellite into orbit.

今天，电子计算机广泛地用于解决数学问题，这些问题与天气预报和把卫星送入轨迹有关。

5.时态的不同用法（different uses of the tense）

科技英语中常用的时态有一般现在时，一般过去时，现在完成时和一般将来时，其他时态出现的频率较低。

（1）一般现在时

科技英语用一般现在时，给人以"无时间性"（Timeless）的概念，以排除任何与时间关联的误解。可用于对科学定义、定理、方程、公式、图表等客观真理性的内容进行解说，还可对一些通常发生或不受时间性限制的自然现象、过程和常规等进行表述。

（2）一般过去时和现在完成时

科技英语中在叙述过去进行的研究情况时，若不与现在情况发生联系，常用一般过去时；若与现在关系直接且影响较大则用现在完成时。现在完成时还用于表述已取得的成果或完成的工作，以及在加工过程中工序的前后顺序。

（3）一般将来时

科技英语采用一般将来时可用于讨论计划中的项目研究。

When steam is condensed again to water，the same amount of heat is given out as it was taken in when the steam was formed.

当蒸汽重新冷却为水时，所释放出的热量与其原来形成蒸汽时所吸收的热量相等。

6. 广泛使用后置定语（the post-position of the attributive）

所谓后置定语，是指位于名词或代词之后的定语。由于科技英语的准确性与严密性，使其频繁使用后置定语，因此尽管定语是句子的次要成分，却是影响译文质量好坏的重要因素。

In radiation，thermal energy is transformed into radiant energy，similar innature to light.

热能在辐射时转换成性质与光相似的辐射能。

四、科技英语的翻译方法

就词汇而言，由于科技英语有特殊性，我们一定要注意科技译名的统一性，应当遵从"名从主人"的原则，不可随意变换原文的命名，必要时可以"名从主人，译者加注"辅之。同时要注意符合汉语表述习惯，统一译名原则简述如下：

（1）原词汇有词义应取其意。

（2）原词汇无词义取其音。发音应依据国际音标（IPA），译名应从汉语拼音，某词汇为外来语借入则应按外来语发音。

（3）音译不能表示事物本身属性或类属时，可音译加注释，注释词点出事物类属、类别；属性多范畴的情况则可用解析法析出原词或词素，再顺序递加词义，得出译名。

（4）汉语中已有对应词汇，应采用原对应词，如 tinplate 马口铁、the Pluto 冥王星。

（5）沿用已久的不规范译名不需重新译出。如 Greenwich 沿用"格林尼治"。

就句法而言：

1. 名词性短语

（1）扩展成汉语句子（expanding the noun phrase into a separate clause）

This position was completely reversed by Haber's development of the utilization of nitrogen from the air.

由于哈伯发明了利用空气中的氮气的方法，这种局面就完全改观了。

（2）译成动宾结构（converting the noun phrase into a verb-object structure）

Two-eyed, present-day man has no need of such microscopic delicacy in his 普通的现代人看物体时不需要这种显微镜般的精密程度。

2. 非谓语动词结构

在科技英语中较有代表性的用法是做状语性分词词组，相当于副词从句（Participles as Adverb Clause Equivalent），可以大大简化句子结构。

《文体与翻译》一书中指出状语性分词结构与主句之间的逻辑关系有：时间，条件，因果，方式以及描述某种背景或映衬，提出某种假设或前提，表示某种动机或结果。在此基础上，进一步提出六种翻译方法，很值得参考借鉴。

（1）译成动词并列式分句（或后续分句），即在一个主语下使用两个或两个以上的并列动词，用逗号隔开。

The solar wind grossly distorts the earth's magnetic field, dragging it out to a long tail. 太阳风使地球磁场的形状发生很大的变化，将它向外拉牵，扯出一条长尾。

（2）译出复合式分句，即有两个主语分置于两句中，形成有逻辑联系的并列或从属句式。

The article published as it was in a small magazine, remained unknown for a long time. 该论文由于是发表在一本小杂志上，故长时间不为人所知。

（3）译成包孕式，即句中包含着另一个"句子"，形成"句中句"。

Using purified interferon, a research team under the direction of biochemist Christian B.Anfinsen is mapping interferon's molecular structure at the National Institutes of Health in Bethesda, Md.

在马里兰州贝塞斯达国立卫生研究生的生物化学家克·芬森指导下的一个研究小组正在使用提纯的干扰素，对干扰素的分子结构进行研究。

（4）译成外位语句。如句子太长或成分或层次较多，可将句子切分，用一个代指成分（一般为代词"这"，"这样"，"那"，"它"等）代替先行部分。这时，代指词前的先行部分就称为外位语，代指词是本位语。本位语承接外位语，形成明晰的层次。

Theorists believe that the waves are generated near the bottom of a coronal hole and ride outward, exerting added pressure on the high speed stream.

理论工作者认为，这种波在日冕洞的底部附近产生出来，然后向外运动，这样就给高速射流增加了一个附加压强。

（5）译成前置无主句。前置无主句实际上是连动式分句。前句与后句共用一个主语，但前句不带主语，后句带主语（句中加重处）。

Combining this estimate with what we know about star density and the number of stars in our galaxy，we conclude that 1 out 10 million stars has a detectable civilization.

将这一估计与我们已知的恒星密度与银河系恒星数联系起来，我们即可推断每一千万颗星中有一颗具有可探测的文明。

有些表示时间、场所或行为方式的状语性分词结构也可以视情况译成定语修饰语。如：

Working at the Fruit and Vegetable Chemistry Laboratory in Pasadena，Calif...

the scientists sprayed young guayule plants with 5000 parts per million of the hormone stimulator 2-（3-4 dichlorophenoxy）triethylamine.

在加利福尼亚州怕萨迪纳的果蔬化学实验室工作的科学家们向幼小的银胶菊植物喷以浓度为 5000ppm 的激素刺激剂 2-（3-4 二氯苯氧基）三乙胺。

3. 将定语成分转为独立句、状语从句等

① This is an electrical method，which is the most promising when the water is brackish.

这是一种电学方法。当水含盐时，它最有希望（用于半成水）。（并列分句）

② Nowadays it is understood that a diet which contains nothing harmful may result in serious disease if certain important elements are missing.

现在人们已经懂得，如果食物中缺少了某些重要成分，即使其中不含有任何有害物质，也会引起严重疾病。（状语从句）

4. 被动语态

（1）正规被动句，通常用"被、叫、让、受、为"等引导的被动结构。

① Coal is being used in greater and greater amounts to produce electricity.

越来越多的煤正在被用来发电。

② They are entirely controlled by instincts.

他们完全受本能的控制。

（2）当然被动句，将被动转为主动（converting the passive into the active）。

A convex lens can be used to concentrate the sun's ray and thus burn a hole in a piece of paper.

凸透镜可以用来聚集太阳光，将一张纸片烧穿一个洞。

（3）无主句

① Thin layers of other impermeable materials are found in nature，too.

在自然界中也发现了其他非渗透性薄层物质。

② If some sugar is added to water and stirred，the sugar disappears；in other words，it dissolves，because sugar is soluble in water.

如果把糖加入水中搅动，糖就消失了。换句话说，糖之所以溶解，是因为它能溶于水。

5. 补充必要的词语

① It was understood that atoms were the smallest elements. It is known now that atoms are further divided into nuclei and electrons，neutrons and protons，etc.

以前人们认为原子是最小的元素，现在才知道原子还可以分为原子核与电子、中子与质子等。

② Nuclear physics has been a distinctly twentieth century science.

核物理学一直是一门颇具 20 世纪特色的科学。

五、常用科技用语的翻译

1. 表示假设、前提的句子

（1）以 let，suppose，assume，imagine 等动词引导一个从句或其他成分。译作"设……""假设……"等。

Let $\angle$ ABC be an angle of 90° .

设 $\angle$ ABC 为直角。

（2）其他表达：

given that...（已 知）provided/providing that...（除 了 / 只 要）consider that...（考虑……）refer to...（参见）take...for granted（姑且）

2. 表示方覆运算的说明文字

given 已知

find/determine 求

...to be obtained 需求出……

procedure/solution 解

derive 推导出

neglect.../...can be negligible... 可忽略不计

...can/could be written（as）... 可以写成……

3. 长度与重量

英制中一些汉语不常用的度量衡单位如 yard（码），fluid ounce（s）（液盎司），pint（品脱）等需换成相应的公制；外国非常用货币第一次出现时最好换成美元制，用括号写在原文货币之后。

1mile=1.609km 1 foot =0.3048m l inch =2.54cm l yard =0.9144m

1pint（Br.）=20fluid ounces=568.26125ml

1pint（Am.）=16 fluid ounces=473.176473ml

4. 温度

常用华氏温度与摄氏温度转换公式：（F-32）×5/9=C The normal temperature of human body is 98.6F.

人的正常体温为37℃。

第二节 新闻英语的翻译

新闻传媒已经成为当今世界文化传播、信息交流的重要途径，是人们生活中不可或缺的部分。新闻报道的现实性、真实性、时效性特点决定了该文体的特殊性，使得新闻翻译与文学、科技和商务等方面的文字翻译存在诸多差异。

新闻英语（Journalistic English）指英文报刊上常见的各类文章，体裁多样，有新闻报道、新闻特写、广告、公报、文艺作品、述评、访谈、学术介绍和争鸣等，题材广泛，内容包罗万象。新闻报道通常由标题、导语和正文三部分构成。标题是新闻报道的灵魂，因此必须醒目以吸引读者或听众的注意力，以简练的文字报道该新闻的要点；而导语则是新闻报道最基本内容的概括和浓缩，通常由一个句子构成。传统的导语包括 who、what、when、where、why 和 how 等，构成新闻六要素，简称概括性导语。随着科学技术，尤其是电子技术的发展，"六要素"的地位开始动摇。对突出和创新的追求导致了主要事实导语、原因导语、方式导语及延缓型导语等的产生；正文为导语以后的段落，是新闻的主要部分。其作用是以具体和次要的事实补充、解释或扩展导语涉及的内容。限于篇幅，也因不存在一个统一的新闻报刊文体和为了便于陈述，本章要讲的新闻英语主要指那些新闻性强的 news report，news analysis，news features 等。

新闻英语有以下文体特点：

一、词汇

新闻报道通常拥有自己的一些惯用词汇，或者叫作"新闻词语"，如 story 一词意思常常是 news item 或 news report，而 probe 一词则指"（新闻）调查"，如中央电视台的一个重要栏目"新闻调查"即译为 News Probe。还有如 cut 表示 reduction；bar 表示 prevent；curb 表示 restrain 或 control 等。

常见的其他例子还有：

accord（give），ban（prohibition），bid（attempt），boost（rise，increase），clash（disagreement），deal（business agreement），freeze（stabilization），loom（appear），blaze（fire），comb（search），row[rau]（violent argument），rap（to speak severely to，to blame，to punish），move（plan，decision，suggestion），round（a series of action），shock（astonishment，blow），shun（to keep away from...），heist（robbery），viable（workable），voice（express），operation（activities），pact（agreement），woo（to seek to win...，to persuade...），fake（counterfeit）。

这些常用的新闻词语一般都具有短小精悍的特点，这主要是由于使用短小的词语能够节省时间和篇幅并有利于抢发新闻。

为了表达的需要和追求新奇以吸引读者，新闻英语中常会使用一些新词（包括旧词赋新义）和临时生造的词（nonce words），以使文章生动活泼，并给人以新奇之感。如 gay（同性恋者），basket（一组问题等），unisex（男女共用），hijack（劫持），supercrat（高级官员），dial in（电话示威），moneywise（在金钱方面），thumbsuck（安抚），sitcom（情景喜剧），Reaganomics（里根经济学），Jaznik（爵士乐迷），heartmen（换心人），Euromart（欧洲共同市场），Masscult（大众文化），atobomb（原子弹），blacketeer（黑市商人）等。在这一点上，新闻英语与广告英语十分相似。

新闻英语还广泛借用社会各界的行业用语以及外来词语。如从商业用语中它吸收借用了 a package deal（一揽子交易），从赌博业中它借用了 showdown（摊派），从体育中借用了 knockout（击败）等。而外来词语有如：coup de theatre（非常事件，源自法语，），swindler（骗子，源自德语），Zen（禅宗，源自日语），renegade（变节分子，源自西班牙语），rapport（两国间的亲善关系，源自法语），macho（伟男气概，源自西班牙语）等。

新闻英语还大量使用新闻套语，如 according to eyewitness/AP reports/sources concerned（据目击者 / 美联社 / 有关方面），informative sources or well-informed source（消息灵通人士），with guarded reserve（持审慎态度），no comments（无可奉告），on the brink of a breakthrough（即将取得进展），quoted as saying（cited assaying）（援引……的话说），in response to allegation in The New York Times（就《纽约时报》的提法发表评论），Not so，not yet（不置可否），preferred not to be identified（不愿透露姓名的）等。

为节省篇幅，新闻报道还常使用缩略词，如：ISDN（Integrated Services Digital Network 综合服务数字网络），PC（personal computer 个人电脑），TMD（Theater Missile Defense 战区导弹防御系统），memo（memorandum 备忘录），AIDS（Acquired immure Deficiency Syndrome 艾滋病），mod（modern 现代的），Lab（Labor 劳工），Lib（Liberal 自由党人），nukes（nuclear weapons 核武器），heliport（helicopter airport 直升机机场），NATO（North Atlantic Treaty Organization 北大西洋公约组织），SALT（Strategic Arms Limitation Talks 限制战略武器会谈）等。

二、句法

1. 多采用扩展的简单句

为求得在较小的篇幅内容纳较多的信息量，新闻英语多采用扩展的简单句（expanded simple sentences），其方法是使用定语、状语、同位语、介词短语、分词短语等语言成分来扩展简单句。因此，英语报刊里经常出现一个句子就是一个段落的情况。而要把众多的信息包容到里面，在确保句式不过于复杂的前提下，作者

只有大量使用或增加修饰限定词的数量。试看下列一则报道：

LAGOS，Dec.15（Reuter）-The Nigerian foreign ministry's offices were completely destroyed by a fire in the center of Lagos Monday night.

Eyewitnesses gave conflicting reports about the number of people injured in the blaze，which firemen suspect was caused by an electrical fault.

One fireman said four people had been rescued from the ministry，suffering fromminor injuries. About 100 firemen were unable to prevent the blaze spreading to buildings beside the seven storey ministry.

The foreign ministry，which lost many valuable records in the blaze，was due to be moved to a new site shortly.

The building，completely guted by the blaze，also housed offices of the information ministry and the ministry of science and technology.

2. 户泛使用直接引语和间接引语

这种方式既可增添新闻报道的真实性和生动性，又可显示其客观性。

3. 多用主动语态

新闻英语多用主动语态，但为了叙事的客观和便利，有时也使用一些被动结构。

4. 正文较多使用现在时，而标题所使用时态则几乎都是现在时

这种时态使用方式可对读者产生一种"某事正在发生"的印象，从而增强其真实感和现实感。

例如：China Starts WAP Service./Longevity star dies at 110.

5. 标题中奢使用省略句

像冠词、动词、介词等常在标题中省略，这既可节省版面，又可使新闻显得简洁明快。如：House and Senate Pursuing Efforts to Reduce Deficit（The New York Times）=The House of Representatives and the Senate are pursuing the efforts to reduce the deficit.

三、语篇

在篇章结构上，英语新闻有其惯常使用的布局，即标题（headline）、导语（lead）、正文（body）和结语（conclusion）。英语的标题通常十分简洁，几个关键词即可点明其报道内容的要旨。导语一般为新闻的第一句话，它通常提纲挈领地点明该条新闻的主要内容（who，what，when，where，why 或者 how）。正文部分则对整个事件做进一步的详细说明，在先后排列顺序上，一般是比较重要的内容在前，较次要的在后，形成一种倒金字塔形的结构（the inverted pyramid form）。这样，读者如有时间就可以将全文读完，如没有时间则只需浏览一下较靠前面的部分就可以迅速了解该新闻的要旨，同时编辑也很方便取舍。当然，由于所报道事件性质各异，作者有时也采用顺时叙述法（the chronological method）或其他方法。新闻的最后是结语部分，该部分通常对整个事件进一步发挥并做出结论。

总之，新闻英语语言大多简洁练，表意清晰易懂。因要照顾文化水平较低读者的理解力和接受能力，故句子一般不太复杂，词语多用短词和常用词，但表述则力求生动。当然一些作者为赶时间或因自身水平所限，有时也会用一些陈腐之词，但这绝非主流（新闻行业套语另当别论）。此外，因新闻报道崇尚客观真实，所以，作者常要避免个人感情和倾向性，更忌不切实际的夸张，语言应以平实为范。

四、新闻英语的翻译

翻译英语新闻报道，要顾及其文体特点，在遣词造句和谋篇布局上都应使译文"适如其所译"。具体需注意的是：

1. 要准确理解一些希用词语在新闻英语中的将定含义

如前所述，新闻英语有自己特定的一套惯用词汇，因此译者首先应准确理解这些词在新闻英语中的特定含义。否则极易张冠李戴，造成误译。

2.要注意使译文的文体风格与原文相适应

总的来说，新闻英语语言正式程度适中，有时还带有一些会话语体色彩，所以译文语言不可太雅，亦不可过俗。但是，因为一些作者常在报道中引用当事人或其他相关人士的话语，也因一些作者有时会使用几个俚俗词语，所以译文语言的正式程度应尽可能与原文保持一致。此外，还应注意大报新闻语言特点与小报新闻文体特点的区别。一般来说，像《泰晤士报》《纽约时报》一类的大报文体较为严肃正规，而像《每日镜报》《纽约邮报》一类的小报则大多语言轻松活泼，词语正式程度偏低。因此译者必须认真分析原文的文体特点，使译文与原文保持文体上的一致。

3.处理好新闻中的新词和生造词

如遇新词和生造词，首先可依据英语构词法对其在词形上加以辨析，比如找出该词的词根或词缀，以帮助理解其词意。另外要从词的联立关系和上下文中，即该词与其他词的搭配、组合和该词各种语境中去寻找线索，判断该词可能的含义。如果经以上考证后仍不得其意，则可给出该词的音译，并在随后的括号内写上原英文词，必要时还可加脚注。这里所说的"新词"就是那些字典中查不到的词，那些按照原先知道的词义译出但又发现语义逻辑不通的词。

4.行文要力求简明

语言要平实，不可浮华夸张，不要掺杂个人感情，在名词前加修饰语时应慎重。

5.翻评时不要为某些动词的时态所惑，注意原文的一些特殊语法现象

例如："Largest Chinese trade delegation to visit US in Nov."中省去了 to 前的 is；"Deposits，loans rising in HK" 意为 "Deposits and loans are rising in HK"；"2Workmen Injured in Electrical Accident" 则意为 "2 Workmen Are Injured..."。

6.标题翻评要尽量与原文一样葡短，要注重译文能像原文一样传神达意

例如："Four Killed and Five Hurt in a House Fire" 可译为"房屋起火五伤四亡"；"Soccer Kicks off with Violence" 可译为"足球开赛脚踢拳打"。

7.对评者有精别要求

要做好新闻的翻译工作，译者除了应具备语言知识外，还需要具备必要的文化常识和政治常识。比如有过这样一条电讯："1956 年 7 月，尼克松再度来到远东，他到菲律宾、南越、台湾、泰国、巴基斯坦和土耳其六国活动。"这条电讯可能来自外文资料，但译者在翻译此资料时，把台湾和南越当成"独立的"国家。这样的报道可能会引起严重的后果。

第六章 文化与翻译研究

第一节 语言文化与翻译纵横谈

翻译起源何时，似难界定。但对于翻译产生于人类拥有自己独特的语言并进行一定范围的交往交际之日这一简单起源说，笔者表示赞同。否则，操不同语言或操同种语言但发音不同的部落与部落、民族与民族之间就不可能化干戈为玉帛，更不可能延至今日，昌盛繁荣。因此说，翻译是一项古老而又举足轻重的人类高级活动，也是最早从语言中分离出来且备受人注目的一部分，它的确使人在交往交际中能"达其意，通其欲"，也使人"最为通解"。然而各部落、各民族、各国都有各自不同的渊源与发展、不同的风俗习惯，对周围各种现象的不同看法、心理定势等，因而便产生了不同的文化。

那么，何谓文化？文化对翻译有何影响？"文化"这一概念包容甚广，因而目前学术界说法也颇不一致，可谓见仁见智。胡文仲、克罗培（Kroeber）和克拉克洪（Kluckhohm）在《文化的概念和定义述评》中列出了150多种对文化的定义。尽管如此，但广义的文化是指人类社会的一切精神和实践活动的总和，是人类世世代代的所有共享的东西，包括物质的和非物质的。狭义的文化则是"使用特种语言表达思想的某一社群的独特生活方式及其表达形式"（P.Newmark）。特定文化是特定民族自立于世界民族之林的必要条件。人类世界语言繁杂，多达六千多种，语言不通、文化各异，若要相互理解、关系融洽，自然就得依靠翻译开展文化交流。语言与文化是相辅相成互为补偿的，文化蕴含于语言之中，通过人类不断地使用语言、文字来得到传播与交流，可以说与文化无关的语言、文字是没有的。至于衡量文化水平之高低当然要依靠语言中的文字了，有语言却没有文字的民族其文化水平肯定低下。事实上，人们所进行的各种相关研究总是要把语言文字与文化紧密地联系在一起，国内外许多著名的翻译理论家几乎都是这么做的。这是因为古往今来人们所进行的种种交往与交流无不依靠语言、文字来完成，而整个交际过程的纽带是无数的译员。相传远古黄帝时代中原有国家一万个，夏时三千个，周朝时有诸侯八百，可想而知，各氏族部落都有自己的语言或方言。孔子周游列国时若无译员，毫无疑问会难行其事。据《孟子·滕文公上》记载，孟子曾把向滕文公游说的楚国人许行斥为"南蛮鴂舌之人"，其意是许行这个南方人说话像伯劳鸟叫，不知道说的是些什么。该故事说明，当时的齐、楚两国使用着不同的方言。由此可知，为了消除彼此因方言造成的交际障碍，就得使用翻译、依靠译员。《圣经·旧约》能够以多种语言文字出现在世界各地全凭众多译员的大量辛勤劳动。闻名于世沟通中西的丝绸之路得以开通并使西方文化艺术传入我国，使我国的文化艺术传到西方世界，无不得益于使用翻译手段的译员。可见翻译的过程就是引进外来（族）文化、输出本族文化并达到交际目的的复杂过程。

就英汉两种语言而言，由于中英两国相隔万里，种族、历史、文化不同，英汉两种语言各属一大语系，其起源与发展、思维与表达方式也存在较大差异，如汉语"玩得开心"，英语则说"enjoy oneself, have a good/pleasant/wonderful time"等（尽管两种语言有共性的一面）。然而却有人因此而认为，英汉两种语言及操这些语言者关系密切，有极相同的文化背景，因为他们在英语中见过如 lose face/no face（同汉语"丢脸、失面子"）、wushu（同"武术"），kongfu（同"功夫"）等之类意义与汉语完全等同的词语。其实，这是我们在国际文化交流中输出本国文化的结果；而在汉语中出现诸如"马克思主义"（英语为 Marxism）、"国王"（同 king）等则是人们通过翻译引进外来（族）语言文化的结果。但研究的结果表明，翻译的原始目的不完全是为了丰富甲、乙民族间的语言文化（反对这种提法的人似乎只看到了其偶然性与美好的一面），而主要是为了经济利益（可以这么说：文化交流起源于经济交换），更确切地说，是为了追求最大数量的物质财富，因此它具有很强的功利目的，带有其他美好意愿的毕竟是微不足道的。那种认为翻译与文化交流跟政治或经济无关的言论是值得推敲的。因为"从翻译的内容来看，可分为文学翻译、政治翻译、科技翻译和事业性函电翻译。不同种类的翻译，有不同的要求"。各种翻译都是在为一定国家的政治、经济目的服务，这种政治、经济目的界定了什么可译什么不可译。但是随着对外开放、对外交往的日益频繁与不断深入，各种腐朽没落的文化思潮必定会乘虚而入，因此务必提高认识与警惕，保持清醒的头脑，不断增强自身的免疫力，防止政治目的下的经济与文化侵略。就怎样对待翻译中的文化而言，笔者主张一方面应"入乡随俗"，因为"西方偏重自然空间，汉民族注重心理时空，时空观的不同导致了思维方式的不同"，作为译者在译写的过程中就要实现思维方式与句型结构的转换；另一方面不论传统文化还是外来文化都应该辩证又而灵活地对待，都须尽力做到"取其精华，去其糟粕"，"古为今用，洋为中用"，努力尝试实现两种文化的融合，为国际文化交流服务，为东西方乃至整个人类的和平事业做贡献。

众所周知，文化差异是翻译中的一大障碍，任何译者都必然会遇到它。这是因为不论笔译还是口译都是借助语言来完成的；而语言本身就是文化信息的载体与容器，况且语言与文化密不可分已成为共识，即"语言与文化的联系既多样又广泛。毫无疑问，学者、作家及社会活动家的写作活动是民族文化的重要因素，它对语言规范的发展有着影响"。从翻译的角度来看，文化差异往往通过对两种不同语言文字的比较与对照得到真实的体现。而译者必须考虑翻译中的"爱国主义"与"国际主义"，在尊重一种民族语言文化的同时，务必考虑另一民族的适应度与可接受度。但其中也有个主次问题，这一问题通常因原作者的立场、观点而使译者备受影响，当然也反映出译者的立场、观点与目的性之间关系的不同寻常，译者的态度要么是宣扬或提倡，要么是摒弃或对此不屑一顾。

从精神上讲，真正值得"宣扬"与"提倡"的文化是文化之精华部分，它的确能给人以享受，给人以鼓舞，并产生一种新动力；而崇洋媚外者则偏要强拉硬扯，并乐此不疲地津津玩味于那种为大多数人（甚至连多数外国人）所摒弃的没有骨气与出息的"洋"文化，对于中国人来说，殖民文化是绝对要抛入"太平洋"的。

从语言文化本身来讲，不管是英译汉还是汉译英，文化问题历来为译者所重视，否则译文就会令人费解或风马牛不相及。比如译者所进行的是英译汉，他（她）就须首先想到本民族读者所特有的语言文化，照顾其身份与利益，扬长避短，使一些难为本民族读者所接受的文化因素尽量离他们远一些，或提倡他们以批判的态度待之，在可让译文适当欧化的同时，注意使用规范的词与句，要尽可能地从汉语中去寻找现成且规范的部分，有时即使无计可施也得设法为之，当然采用加脚注的办法也是可取的，目的是要消除文化上的障碍，理解上的困难。否则只会使译者与读者之间的对抗加剧或无法达成妥协（译者与文化之间实际上也存在一种对抗，但所不同的是能最大限度地达成某种妥协，虽说会构成一种痛苦的经历）；如"she kept murmuring though we were all angry"译文：她说个没完没了，尽管我们都生气了。从词语的顺序到句子结构的安排，该译文显然是欧化句被照搬到汉语中来了，然而它却是正确的，因为它已为汉语语法学家所接受，广大读者也无理解困难或异议。中英文的文化移植与妥协在此得到了较完美的实现。又如：Everything was at sixes and sevens in our house after last night's party. 译文：昨晚晚会之后，家里一片狼藉。若译者对其中 at sixes and sevens 采用欧化手段照搬英国文化，则译文无论怎样也难被汉民族的读者认可，这时就需要从汉语中去找与其有相对一致意义的表达法（在两种语言中，从意义上讲完全对等的表达法是没有的）。当然从汉语中去寻找现成的对应表达法并非不尊重英国文化，也并非"无源之水，无本之木"。真是无巧不成书，汉语中的"一片狼藉"是人们不喜欢、不愿耳闻目睹的；而"6"与"7"之和刚好为"13"，"13"却是英国人等西方人最忌讳的。Adam 被喻为"人类始祖"（Adam 为基督教《圣经》故事人物），这与汉文化是有一段距离的，是两种文化差异的突出表现之一，尽管译文在等值方面已达到统一，但不熟知这种外族文化的人一旦站在本族文化的角度无意中得其渊源，恐怕一时会难以接受或会拒绝接受，此时译者有必要给予阐释。在此基础上就能揭示这样一种规律：凡与 Adam 有关的惯用语总与时间的久远或与人类的各种本来情况有关，甚至在某些问题上唯物主义与唯心主义彼此看法悬殊。the curse of Adam 指"亚当的天罚：自食其力"；the oldAdam 则指"（唯心主义杜撰的）人性中固有的罪恶，人类的犯罪本性"；sinceAdam was a boy 在口语、美语中指"很久以前，老早"；as old as Adam 指"很古的，早已过时的"；faithful Adam 指"忠义的老仆"（源出莎士比亚的喜剧《皆大欢喜》）；not know sb.from Adam 指"根本不认识某人"；Adam's ale 指"水"，这是原始人类唯一的饮料，故名，在苏格兰有时叫作 Adam's wine。莎翁在《哈姆雷特》第 5 场写道："这里没有古代绅士，只有花匠、挖沟人和修墓人；他们干的是园艺。"其中"园艺"英语为 Adam's profession。

当然，正确的译文也离不开"文化语境"（Context of Culture）与"情景语境"（Context of Situation），前者指"说话者生活于其中的社会文化"；后者指"言语行为发生的具体情景"。使用语言的人在使用语言时所表现的思想、气质以及各种感情等也至关重要。然而初操翻译者则又往往不以为然，且总有如此看法：翻译纯粹是一种替换手段，即用一种符号代替另一种符号，无须考虑各种相关因素，又无艺术性可言，只要词汇量大自然容易。这与翻译的根本任务不是语言的转换而是意思、信息、内容的传达是不相容的。此处所述强调的仍是对原文的正确理解与把握以及准确表达，笔者认为更重要的是对西方语言文化、历史文化特色的了解与掌握并予以正确表达。王宗炎教授在谈《光荣与梦想》一书的译后感时认为，翻译历史书不同于译一般作品，因为其中有众多的历史人物和事实，不论明白说出还是暗中影射，都得下一番检索考证的工夫。在西方文化中（东方文化中也是如此），有众多著名的历史人物与事件，由于处在这种特定文化中的人常用一种简洁的说法加以表述，久而久之便成了约定俗成的习惯表达法，而且又常含一种比喻义，译者就必然事先有所了解，像 "Sword of Damocles" 常指 "临头的危险" 或 "情况的危急"，可转译为 "千钧一发"；burn one's boats/bridges 则常指 "不留后路，下决心干到底"，可转译为 "破釜沉舟"。其他方面诸如寓言故事、神话故事、传说、民间习俗、谚语浓缩语、文学作品中人物的性格特征、人名、地名、生活用品名称、动物的名称与其习性及人们的理念差异等代表着特殊的文化，译文一旦触及这些方面，译者并非只需 "举手之劳"，而非得下苦功夫不可。只有这样才能消除文化障碍的影响。

那么，若译者所进行的是汉译英，文化依然是须优先考虑且无法 "敬而远之" 的问题，倘若避而不谈则是不可想象的。我国是一个拥有数千年历史的文明古国，在长期的社会实践中，中华民族用自己勤劳的双手创造了光辉灿烂的民族文化。这种持久的传统文化集中塑造了中华民族的性格，铸成了其价值取向、思维方式、道德观念、审美心理等方面。在当代，我们肩负着发扬传统文化优势与吸收融合外来文化精华的双重任务。将英语译成汉语就是引进或吸收外来文化，而将汉语译成英语则是输出本族文化，但二者始终是可以相互依存的。我们无时无刻不在通过翻译吸收外来文化之精华，当然外来文化也在不断地汲取我们文化中的精华。怎样才能使其尽快地汲取我们的优秀文化呢？这无须再作回答。在汉译英中要考虑的另一问题是外族读者对我国文化的理解与接受度，译者同时要少傲气或自卑感，一旦致使读者与译文之间产生一种强烈而又无法调和的对抗，译者不谓之称职，译文是不能称作佳译的，译者也要承担责任。因此，译者的和平意识是不可或缺的。怎样才能较准确无误地传播本族文化，达到文化交流的目的呢？这似乎又是人们一直研究的问题。中国文化源远流长，历来令外族人所羡慕，然而记载、描述文化的汉语千百年来却又令其望而却步，感到力不能及。不过也出现过不少外国汉学家，而且不论古今都有，他们为传播中国文化做出了贡献。近年来随着中国经济迅速发展而兴起的全球 "汉语热" 则又是外族人想更多地直接了解中国文化的一个突出表现，由于汉语博大精深，他们又往往感到困难重重。其实，从对外汉语教学的整个过程来看，他们学汉语时均通过汉译英（或叫用英语释汉语）方式来进行，以便实现理解与掌握的目的。"翻译"二字，说容易，做实难，就汉译英而言，首先译者须能吃苦耐劳，有很不一般的理论修养，掌握一定的翻译技巧。文字功底棒，至少得同时精通本族语与英语，有善做深层理解的能力。另一方面要善于体谅外族学习者，尤其是那些完全未学过汉语而又急于想了解中国文化的外族读者，因为在这种情况下他们只有通过英译文才能实现其所求。这里同时值得一提的是，中国人用英语写成的作品能否归入英译文类？笔者认为应将其归入英译文类，理由有两点：首先作者是中国人即民族为非外族类，母语是汉语，虽然在学习的过程中了解与掌握了不少英国的语言文化，但中国文化始终占主导地位而且总是具有征服性的一面并反映出文化交流方式的特点（包括出发点与归宿）；其次思维过程中的方式不同，尤其是此时所使用的思维性语言是汉语而不是英语（除非作者真的忘记了母语），即使作品是用英语写出来的，也深深打上了作者表述中的深层理解与中国文化对英语话语层面影响的烙印；但作者的理解与写作又不同于直接译汉语，因而更趋向于表达上的相对自由。有人说作者摇身一变加入了英国或美国国籍，同时宣称他不是中国人，那么应该如何看待其作品？应该说不管他们如何千变万化，他的祖宗未变，他的根仍在中国，中国文化、汉语曾深深地影响过他。

初做对外翻译者一般都是谨小慎微的，心理焦虑多而复杂。

尽管中英两个民族有时对同一事物有相类似的看法，例如对彭斯这句诗：My love is like a red，red rose. 两国民族都会有相类似的表达效果，彼此都较易接受，即 rose 形美可爱，可托爱慕之情。但"狗"文化中英两国差别很大。英国人一向对狗不抱恶感并有一种爱怜之情，常用它看门、狩猎或作为人的伴侣与宠物，用它指人不见得就是骂人，如 a lucky dog 指"幸运儿"，a dumb dog 指"沉默不语者"，等等，至于 dog 偶含贬义的情况则应这样看：英语也受外来文化影响极深，如 a dog in the manger 指"占着茅坑不拉屎者"，Let sleeping dogs lie 指"别惹是生非"，等等。而在汉语中用"狗"指人寓意完全不同，而非英国人可想象的，因为这意味着骂人，如"狗财主""狗腿子"等，就连"狗"的身体部位有关的成语也不含"好"意，如"狗头军师""狼心狗肺"等，更有甚者，对"落水狗""丧家犬"非但不予同情反而要痛打。这种文化背景的差异自然就成了翻译中的障碍，陈文伯教授认为把"打落水狗"译为 beat a dog in the water，把"丧家之犬"译为 a homeless or stray dog，若无上下文明释，一则不能传达汉语本意，二则会在英国读者中引起与原意不相符的同情之感。陈教授在谈"东施效颦"的英译时首先引用了这则出自《庄子·天运》的成语典故，接着说明其比喻义，然后指出像此种典故性比较强的成语，在翻译时就必须有所表示，即使在词典中也要对典故有所介绍，如《汉英词典》的处理办法就是如此：Dong shi, an ugly woman, knitting her brows in imitation of the famous beauty Xi Shi（西施）, only to make herself uglier-blind imitation with ludicrous effect. 陈教授还指出成语典故在行文中多半用直译另加注的办法解决，如："难道这也是个痴丫头，又像颦儿来葬花不成？"因而又笑道："若真也葬花，可谓'东施效颦'了；不但不为新奇，而且更是可厌"（《红楼梦》第三十回）。"Can this be another absurd maid come to bury flowers like Taiyu？" he wondered in some argument. If so, she's Tung Shi himitating His Shih'，which isn't original but rather tiresome. His Shih was a fomous beauty in the ancient kingdom of Yueh. Tung Shih was an ugly girl who tried to imitate her ways? 一个民族的文化之所以是另一民族理解或翻译的障碍，是因为它事先未为这个外族的人所了解。因此在文化交流中一旦给予适当诠释就能使其理解、翻译无误，这样障碍也就不存在了。多种有关中国名著的英译本，由于译者匠心独具并诚心诚意地让外族读者了解并接受中国文化，结果佳译名副其实、层出不穷。又有一种怪谈，但它丝毫也不能抹杀广大译者多年呕心沥血为对外宣传与文化交流所做出的贡献。这种怪谈说什么中国的作家从未获过诺贝尔文学奖，乃译品的质量所致。对此笔者虽不愿妄加评说，但也不敢苟同。其实其原因是多方面的，本来东西方文化之间差异较大，人们的价值观不同，而某些西方势力总是在千方百计地寻机将某些难为人接受的文化与价值观渗透或强加于人，以便使东方人数典忘祖，成为其附庸。当然译品的质量越高越好，这就是所谓"好"是无止境的。但其中又有翻译的多样性与灵活性的问题，除译文采用直译加注外，也可采用直接引用汉语中某典故的内容加以说明的形式，有时还要采用中西文化结合的形式取其精华部分，如"说到曹操，曹操就到"中的"曹操"并非实指曹操这位中国古代人物，而是实指"正说到某人，某人就来到面前"。若将"曹操"译出则是一种典型的望文生义的误译，也是一种重单语文化的表现，在英译时若用 Talk/speak of the devil，and there he appears/he is sure to/will appear//Speak of angels and you will hear their wings//Think of the devil and he's looking over your shoulders. 则是外族读者喜闻乐见的，它"既利用了英语成语的架子，又保留汉语成语的特色"。从多数作品的英译文来看，译者偏好取上述译法的前一部分，如："说到曹操，曹操就到，怎么你们大学教授也逛夜总会了"（茅盾《子夜》）。其译文为 Talk of the devil! Fancy meeting a university professor in a night club! 现在似乎有一种倾向，就是发现并掌握了英语中与汉语相近表达法者，一旦发现某译者未能用上他已知的某种表达法来译汉语的某表达法，便会有反感，他们会由开始时的欣然阅读而变得快快不乐以致弃之一旁，在他们看来，"纯男士的集会"只能译为 a stag party，"纯女士的集会"只可译作 a hen party，否则是非正统的，甚至不予承认，他们着实是在替外族读者着想。与英语相比，汉语中的典故性成语、习惯表达法更显丰富多彩，中国数千年的优秀文化也更能得到体现。当然考察文化不能只囿于某个枝节，而要从一国民族的特点，尤其是其反映文化特色的语言外壳来进行，这样便能见"木"见"林"。从微观的角度来看，应该说"文化"是个无限集合概念，是无法定量的，必定有说不完的话题。而从宏观的角度来看，"文化"似乎又是个有限集合概念，因为能对其范围有所确定，即文化包括十二个方面：政治经济制度、宗法与礼俗、法律、天文与历法、历史、地理、哲学、宗教、文学、语言学、校雠及工具书、艺术与体育及其他。可见一国文化的引进与输出是多么的纷繁复杂、多么的不容易，译者需要有多大的能耐。文化是一个民族从其产生之日起就有的，文化的发展与提高是在长期的斗争中逐步实现的，任何人都不可能将其改变。尊重民族文化是译者一开始就得自觉照着办的；实现两种文化必要的融合则是要确定的第二方面，这方面的工作最具体，也最复杂，可谓酸、甜、苦、辣都有。而不畏艰难、不怕熬红眼则是译者应有的工作态度与工作作风；把读者的民族文化与其阅读实际紧密地联系在一起，与此同时又能输出或引进一种民族文化的优秀部分，则是译者体谅读者、服务于读者，为文化交流做贡献的具体表现。总之，语言复杂，文化复杂，翻译也同样复杂，具体来说，翻译之艰难与复杂就在于译者如何去实现译文所需的"信、达、雅"或"信、达、切"的标准。但翻译工作辛苦而光荣，这似乎又是人们的一致看法与评价。

第二节 翻译中的文化移植——妥协与补偿

何为文化？学术界众说纷纭，所给的定义据说达一百六十多种。由此看来，要给文化下一个准确的定义，确非一件容易的事。但文化的含义有广、狭之分。广义的文化是指人类社会的一切精神和实践活动的总和，是人类世世代代所有共享的东西，包括物质的和非物质的。狭义的文化则是"使用特种语言表达思想的某一社群的独特生活方式及其表达形式"。大千世界有多少使用特种语言的民族，就会有多少独特的文化。

语言和文化相依相存，当语言"作用于文化的时候，它是文化信息的载体和容器"。奈达和纽马克都将语言文化特征分成五类：生态学（Ecology）、物质文化（Material Culture）、社会文化（Social Culture）、宗教文化（Religious Culture）、语言文化（Linguistic Culture）。这清楚地告诉我们：各语言所负载的文化信息肯定不尽一致，因为各民族所处的生态、物质、社会及宗教等环境不可能完全相同。虽然人类的共性决定了各民族语言文化间的共性，使相互的交流成为可能，但各自的个性却无时无刻不在给这种交流设置障碍。

语言与文化的密切关系注定了翻译与文化的密切关系。如果说翻译是一种语言再现另一种语言的信息,这里的"信息"自然包括文化信息。夸张地说,正是这种文化信息的跨语言移植,才使人类有了今天的高度文明。因此,翻译实践中如何处理好语言中的文化个性,就成了广大译者颇感头疼的难题,很大程度上也就成了译品成功与否的关键所在。语言间本身存在的差异不容否定,各自的文化选择及其独特的表达形式也有其存在的必要性和合理性。这样,译者处理文化个性时,妥协(Compromise)有时就变得在所难免,各种补偿(Compensation)手段也是势在必行。

一、虚实互化

英汉语中,某些词语、句子或篇章的表层意义相当具体或抽象,实则它们具有浓重的文化内涵,反映各自民族独特的生活方式和内容。译者既要尽量再现原语的文化信息,又得保证译语的可读性,照顾读者的感受。实际操作时不妨跳出原文,发挥想象力,寻找跨文化的"对等"词语,使具体的抽象化、抽象的具体化,即作虚实互化的处理。

1. "芹儿呀,你便狠狠地说他一顿……还打发个人到水月庵,说老爷的谕:除了上坟烧纸,若有本家爷们到他那里去,不许接待。若再有一点不好风声,连老姑子一并撵出去。"(《红楼梦》第九十四回)

"As for Chin, you must give him a good talking to…And send word to Water Moon Convent that, on the master's orders, they're not to receive young gentlemen from our house except when they go to sacrifice at one of the graves there. If there's any more talk we'll drive a way the whole lot, including the old abbess."(Tr.Yang Xianyi&Gladys Yang)

"烧纸"是东方人祭祀亡灵的典型方式,反映东方民族的一个特殊文化习俗。"烧纸"的情景本身当然是具体的,但其深层所表达的含义有时却是含糊甚至抽象的,内容通常也不仅仅是"烧纸"而已。英译文以一个 sacrifice 概括,说是一种妥协不容否定,因为它导致了"烧纸"这一具体文化意象的亏损,但从功能和接受的角度看,无疑又是恰当的译笔。西方人的 sacrifice 与东方人的"烧纸",实质上相差无几,宏观上讲也属一种文化重合现象。

试想,如将其译成 burn piecesof paper,不管如何补偿,首先在语言上是过不了关的,恐难为英语读者所接受,更谈不上文化信息的移植了。

2. It was Friday and soon they'd go out and get drunk.

星期五发薪日到了,他们马上就会出去喝得酩酊大醉。

如果译成"星期五到了,他们……",表面上似乎忠实、通顺,可读者定会感到迷惑,不明白他们为什么到了星期五就会出去喝酒买醉。原来在英国星期五是发薪水的日子。因此这里不妨将 Friday 具体化，使文化信息一目了然、跃然纸上。

3. 故五行无常胜，四时无常位，日有短长，月有死生。

（五行相克，不可能由一行长期独霸；四季交替，不可能使一季恒久不变；白昼有短长，月亮有圆缺。）（孙武：《孙子兵法》，程郁、张和生译）

The five elements: water，fire，wood，metal，earth，are not always equally predominant；the four seasons make a way for each other in turn. There are short days and long；the moon has its periods of waning and waxing.（Tr.Giles）

普通汉语读者尚有可能不全了解"五行"为何物，更何况英文读者。英译时宜将其具体化，一一列出，以达到文化移植的目的。奈达曾经说过，翻译就是"翻译意义"。译事中"译"和"释"关系密切，从某种意义上讲，两者甚至说可以互换。这里我们暂且不去考虑上例中译文是否再现了原文的文体风格，至少将"五行"所指逐一译出（water，fire，wood，metal，earth），确实不失为行之有效的解释补偿手段。

二、增译达意

增译，也叫增益、增词或加译，旨在译出原语发出者感到理所当然而译语接受者却不甚了解的意义，因此也是移植文化的一种有效手段。

1. I do know that mother，father，sister，teacher were among them-words were to make the world blossom for me，"like Aaron's rod，with flowers".

我确实知道其中有"母亲""父亲""姐姐""老师"——后来正是这些词把一个美好的世界展现到了我面前，就像《圣经》上说的"亚伦的杖开了花"一样。

"亚伦"（Aaron）是《圣经》中的人物，摩西之兄。译文中增加"《圣经》上说的"，达到原语宗教文化信息移植的目的，便于汉语读者理解。此外，译文中加上"美好的"，以补足原语中的内在含义。如果没有这些增词，原语文化信息便难免遗失，读者也会如坠云雾之中。

2. 三个臭皮匠，顶一个诸葛亮。

Three cobblers with their wits combined equal Chukeh Liang the master mind.

"诸葛亮"作为中国历史上的著名人物，在普通汉语读者心中是个理所当然的智慧象征，但英语读者却不见得知道他是何许人，与"臭皮匠"又有什么关系。译文中 with their wits combined 和 the master mind 都是增译成分，使原语信息充分再现出来。

当然，译者无权给原语增加或减少什么内容，但这并不意味着他可以置译语的可读与否、达意与否等基本原则于不顾，一味地死译。泰特勒用"licentious"一词来赞美其心目中理想的译品，指的大概也正是这个意思。过于死守原文，有时反而会脱离原文。相反，恰当的增减正是基于译事"信"的原则。

三、加注补义

加注，包括附注、脚注、尾注等，也是移植文化的有效补偿手段。

1. 然后岫烟也钓着了一个，随将竿子仍旧递给探春，探春才递与宝玉。宝玉道："我是要做姜太公的。"便走下石矶，坐在池边钓起来，岂知那水里的鱼看见人影儿，都躲到别处去了（《红楼梦》第八十一回）。

when Hsiu-yen had followed suit and returned the rod to Tan-chun, she handed it to Pao-yun. "I'm going to fish like ChiangTai Kung," he announced as he walked down the stone steps and sat down by the pool.But his reflection frightened the fish away.（Tr.Yang Xian yi&Gladys Yang）"姜太公"是什么人？怎么译？如何让英语读者领会其深层的文化意蕴？译者先直译"姜太公"，然后加了脚注（Chiang Shang of the eleventh century B.C.was said to fish by the Weishui River（present Shensi），hold a line，with no hook or bait，three feet above the water，and saying at the same time:"Whoever is ordained，come and take the bait."以此介绍有关文化背景，让英语读者充分了解"姜太公钓鱼，愿者上钩"这一古老说法的深刻内涵，从而达到文化信息的移植。除此之外，恐无其他更好的办法。

2. It is always inspiring to see a brave man fighting for a lost cause，and I never cease to admire The Jacobitish zeal with which yearafter year Mr.John Ervine carries on a guerrilla war-fare against the ever-increasing power of tobacco.

看勇敢的人为一种无望的事业而奋斗总令人鼓舞。我心里一直钦佩约翰·欧文先生年复一年地以斯图亚特王室拥护者的热忱，进行游击战般的战斗，来对抗日益增强的烟草势力。

Jacobitish 系 Jacobite 的形容词形式，指 1688 年被迫退位的英王 James IⅡ的拥护者，James IⅡ王室即所谓的 House of Stuart（斯图亚特王室）。这里将 Jacobitish zeal 译成"斯图亚特王室拥护者的热忱"，只是部分传递了所含的文化信息，恐怕还得加注以作补偿。

毋庸置疑，加注作为补偿确是译者移植文化的有效手段。但必须指出，在翻译实际操作时不宜过滥使用，不然译品，特别是文学类诗歌译品，定会让读者感到索然无味，毫无想象的空间，因而无法享受原作的"美质"。译品也不应注释过多。加注固然有效，却不是唯一的选择，很大程度上可能是一种无奈的选择，因此这里也有个"度"的问题。

语言中文化因素的渗透是全方位的，涉及语言的各个层面，将"胆小如鼠"译成 as timid as a rabbit，是形象上的转换，按奈达的五类分法，实际上则是一种生态文化意义上的妥协，因为老鼠和兔子毕竟是两种截然不同的动物，给各自民族产生的联想也不尽一致。将"挂羊头，卖狗肉"译成 cry up wine and sell vinegar 则是物质文化移植时的一种妥协，说明汉英民族不同的物质文化内容。本文限于篇幅，不能提供更多的译例。

文化对翻译的制约给广大译者设置了障碍，但这同时也可以认为是一种挑战，给译者提出了更高的要求。无独有偶，奈达的语言文化五类内容竟与斯特雷特（H.Stephen Straight）给译者划定的必备知识框架不谋而合、如出一辙：生态学（Ecology）、物质文化与科技（Material Culture，technology）、社会组织（Social Organization）、神话形式（Mythic Patterns）、语言结构（Linguistic Structures）。

常言道，翻译是一门杂学。笔者认为"杂"就杂在文化上，译品质量的优劣很大程度上取决于译者对文化信息的把握和处理。译者面对各种各样的文化障碍，必要的妥协和补偿既行之有效又在所难免（乔伊特 [B.Jowett] 甚至认为"翻译就是妥协"），否认其存在的合理性和必要性，就是否定各语言间的差异、各民族间的差异。关键是译者在原语作者和译语读者之间，时刻保持清醒的头脑，一方面尽量再现原语的信息，做到"一个零件也不丢"（文洁若语），一方面又要设身处地，考虑读者的承受能力。虚实互化、解释、加注、增译等都是行之有效的移植文化信息的手段，孰优孰劣，那要看译者如何艺术地选择了，因为翻译在很大程度上就是一门选择的艺术，其中难免有得有失，存留诸多遗憾，只是译者别忘了自己的责任——在得失之间找到平衡，把遗憾减少到最低程度。

第三节 文化翻译、文化感知和文化创造力

在过去的几十年里，由于交际理论以及其他一些因素的影响，翻译研究的状况可以用一句非常贴切的话来表达，那就是从语言学途径向文化途径转变。这两种途径结合在一起，使得翻译被广泛地看成是一种跨文化交际的活动。迄今为止，已有大量的论述专门讨论文化翻译这个热门话题，而归化和异化更是其中的一个中心议题。笔者认为，不同的文化在翻译中要不要转换，怎样转换，是归化还是异化，以及它们各自的优缺点如何，这些问题都可以

从一个特定的角度得到合理的解释，关键在于译者应该了解自己所从事的活动，而且在对文化因素进行实际操做过程中，应该保持自己的文化感知和文化创造力。

文化一直是个热门话题，但学界对文化这个概念本身的内涵却还不甚确定。有人说文化的定义有一百六十多条，也有人说是二百六十多条，甚至还有人说是五百多条。但有一点是肯定的，即可以从不同的角度来探讨文化，可以在广义和狭义上理解文化。例如，下面是在广义上对文化做出的一个定义："人类行为的总体模式以及体现在思想、语言、行动、器物上的具体行为，它依赖于人类利用知识和通过使用工具、语言以及思维系统将知识传授给后代的能力"（Webster's Third New International Dictionary，1961）。也就是说，广义的文化是指人类居住的整个社会、整个世界，乃至整个宇宙的所有的精神和实践活动的总和。P.Newmark（1988）则在狭义上给文化下了定义："使用特定语言表达思想的某一社群的独特生活方式及其表达形式。"大千世界有多少使用特种语言的民族，就会有多少独特的文化。

对文化的界定众说纷纭，对文化的分类也是五花八门。文化的内涵无所不包，在现实生活中人们做什么、如何做、相互如何沟通等，都是文化的反应和功能。有人把文化内涵分为五个方面：物质、智力、交际、制度及观念。也有人把文化分为主流文化、亚文化和反文化。P.Newmark 结合 E.Nida 的文化研究在 ATextbook of Translation 中给文化作了如下分类：

生态文化

物质文化（器物）社会文化——工作和休闲

机构、风俗、活动、传统、观念

姿态和习惯

简言之，文化通常被分为生态文化、物质文化、社会文化、宗教文化以及语言文化。J.Lotman 和 B.A.Uspensky（1978）指出："没有一种语言不是植根于某种具体的文化之中的；也没有一种文化不是以某种自然语言的结构为其中心的。" Susan Bassnett McGuire 指出："医生在做心脏手术的时候不可能忽略心脏周围的身体器官，同理，译者在处理文本的时候也不应该冒险与文化隔绝。"

还在人类最初进行翻译活动的时候，有关什么是让人满意的翻译途径，以及什么是检验那些称得上翻译作品的标准的问题就出现了。根据实际的翻译操作方法，译界已有意译和直译、以原作者为中心的翻译和以读者为中心的翻译、以原文为中心的翻译和以译文为中心的翻译之分。在本文中，我们拟采用以原语文化为中心的翻译和以译语文化为中心的翻译这对术语，即异化（Alienation）和归化（Adaptation）的方法。因为，正如上文提到的，翻译的问题永远是文化的问题，而且今天的翻译研究正在进行"文化转向"。在翻译实际操作中，译者一直受不同的文化要不要转换以及怎样转换等问题的困扰。应该把原语文化放在首位还是应该把译语文化放在首位呢？

学界已有大量的论述探讨翻译中如何处理文化因素的问题。

异化和归化的两位代表人物分别是 L.Venuti 和 E.A.Nida。

Venuti 提出了"反翻译"的概念，他认为这种翻译在译语的文本中能在风格和其他方面突出原文之"异"。他指出："从异域文化到本土文化的转换使得原语文本同其赖以获得意义的语言和文学传统脱离了关系……"（Venuti，1998）他又指出："目的是要发展一种翻译理论和实践，以抵御译语文化占据强势统治地位的趋势，从而突出文本在语言和文化这两方面的差异。"（Venuti，1991）而 Nida 提出了在翻译中的"最切近、自然对等"的概念，他指出，真正的翻译应该是用最贴切、自然的对等语言在内容和风格上再现原语的信息。对 Nida 而言，动态等值（或功能等值）旨在实现译语完全自然的表达方式。我们认为，Venuti 有充分理由来为异化辩护，而 Nida 的归化观，也完全能自圆其说，因为两者显然各有利弊。请看下面的例子：

1.They wandered here and there with their absurd long staves in their hands like a lot of faithless pilgrims bewitched inside a rotten fence.（Joseph Conard: Heart of darkness）

译文 1：他们手里都拿着一根可笑的长棍子，这儿遛遛，那儿窜窜，像一群失去信心的朝圣者，让鬼魅给迷在这烂篱笆圈里了。

译文 2：他们手里都拿着一根可笑的哭丧棒，从这里溜到那里，像一群失去信心的香客，让鬼魅给迷在这一圈乱树丛中了。

很显然，译文 1 是以原语文化为中心的，而译文 2 则正好相反，因为"哭丧棒"和"香客"都是中国文化中的概念。

2.……却是自己担风袖月，游览天下胜迹。（曹雪芹《红楼梦》）

译文 1：…set off，"the wind on his back，moonlight in his sleeves" to see the famous sights of the empire.（杨宪益、戴乃选译）

译文 2：…set off，free as the air，on an extended tour of some of the more celebrated places of scenic interest in our mighty empire.（D.Hawkes 译）英语在许多方面都和汉语存在不同。就广义而言，两者相异之处主要表现在以下几个方面：综合与分析、聚集与流散、形合与意合、繁复与简短、物称与人称、被动与主动、静态与动态、抽象与具体、间接与直接、替换与重复等等（连淑能，1993）。就固定的短语和表达法而言，汉语中的四字成语很显然是汉语语言文化特有的结构。在杨氏夫妇的译文中，我们可以看到，含有比喻义义的汉语四字成语"担风袖月"是直译过来的，这种译法要求读者有一定的想象力。而 Hawkes 则仅仅把意义翻译出来，把"担风袖月"译成"free as air"，这样就丧失了原语比喻的形象，但译文因为易懂而更容易为英语读者所接受。

3. 刘姥姥道："这倒不然，谋事在人，成事在天，咱们谋到了，看菩萨的保佑，有些机会，也未可知。"（曹雪芹《红楼梦》）

译文 1："Don't be so sure," said Granny Liu. "Man proposes, Heaven disposes.Work out a plan, trust to Buddha, and something may come of it for all you know."（杨宪益、戴乃迭译）

译文 2："I wouldn't say that," said Grannie Liu. "Man proposes, God disposes. It's up to us to think of something. We must leave it to the good Lord to decide whether he'll help us or not. Who knows, He might give us the opportunity we are looking for."（D.Hawkes 译）

在译文 1 中，杨氏夫妇使用了英语中的一个谚语，只是把其中的"God"换成了"Heaven"，从而保留了原语"天"的比喻形象，这个"天"字既传递了道家的观念（天法道，道法自然），同时也表达了中国封建社会里一个普通妇女的信仰。与之相反的是，在译文 2 中 Hawkes 却直接引用了英语谚语，未做任何改动，认为这样对信奉基督教的西方读者来说就会更容易接受。诚然，这对英美读者而言是更自然、更容易接受，但如此一来，他就把一个道教徒变成一个基督教徒了。

翻译活动有着悠久的传统。广义地讲，任何与其他人交往的行为都属于翻译的范畴。一旦置身于不同的文化环境之中，就不可避免地要进行跨文化交际。在西方，最初的翻译理论的形成应当归功于 E.Dolet（1500~1564）（Jin Di&Nida，1984），他总结出了下列关于翻译的五条基本原则：

译者必须非常清楚地知道翻译的内容和原作者的意图；译者应该精通自己正在进行翻译的语言，而且应该同样精通所要译入的语言；译者应当避免逐字对译，因为如此一来，不仅损害原文的意义，而且损害了原文行文的优美；翻译应当使用言语的普通用法；在选词与措辞的时候，译者应当用合适的"语气"营造出一个总体的效果。

在一定程度上，以上几点涵盖了在语际交流时对译作和译者的基本要求。目前，翻译已经被看成不同文化间的交流，涉及两种语言不同的文化。原语的文化因素要不要转换成译语的文化因素通常取决于译者的文化取向。在上文中，我们提到了 Nida 和 Newmark 的文化五类分法，而 Straight 也提出了他认为"译者必须具备的知识框架"：

生态学

物质文化，技术

社会机构

神话模式语言结构

Nida 和 Newmark 与 Straight 对文化的分类如此相似，这绝非巧合。当我们说翻译是"杂学"的时候，这个"杂"字在文化方面体现得最为充分。真正的"翻译"是由许多因素决定的，其中一条就是译者的知识框架：翻译有没有显示出对原文作者和译作的预期读者的文化有足够的了解？这就是译者的文化感知（cultural awareness）和文化创造力（cultural creativity）问题。

根据 WTNID 的解释，"感知"指的是"了解的质量或状态"（the quality or state of being aware）。翻译是一种特殊的跨文化交际活动，所以在本文中这种感知应该是一种跨文化意识，指译者在翻译过程中对所涉语言的文化因素的感知能力。Robert G.Hanvey 把跨文化意识分为四个层次：

对表面或非常显而易见的文化特征的意识，如旅游资料等；对与自身形成鲜明对照的文化特征的重要和微妙的文化特征的意识（认知上不可信的，如文化冲突的各种情景）；对与自身形成鲜明对照的文化特征的重要和微妙的文化特征的意识（可信的，如智力分析）；以局内人的立场感受另一种文化的意识（因为主观上了解，所以可信，如文化浸透、体验相关文化）。

尽管"跨文化意识也许是非常难以达到的高度之一"，Hanvey 认为"文化移情"（在自己的文化背景之下把自己设想成另外一个角色的能力）还是能够实现的。

作为文化的中介，译者必须要具备文化感知能力。然而，译者有没有这种能力是一回事，如何去做又是另外一回事。一个合格的译者，不仅要有文化感知能力，还要具备我们所倡导的"文化创造力"。创造力，顾名思义，指的是创造新事物的能力。事实上，就翻译作为一种跨文化交际活动而言，这种创造力并非指译者能在他的工作中"创造出新的事物"，而是指他借助异化或者归化手段，克服莎士比亚笔下哈姆雷特那种"生存还是毁灭"式的困境，也就是说，他知道如何对文化因素进行处理。文化感知是对文化了解的质量或状态，而文化创造力则指在实际的翻译过程中如何处理文化因素的能力。很明显，就翻译而言，后者比前者更为重要。文化感知是文化创造力的先决条件，文化创造力则体现在翻译策略的选择上。"策略"（strategy）这个术语在心理学、社会学、语言学以及应用语言学、翻译理论中有着许多不同的意义。E.Nida 把翻译策略分为四类：改变顺序、省译、改变结构和增译。根据 L Venuti 的观点，翻译策略的任务包括确定要翻译的文本以及形成翻译的方法。他的策略分为两类：本土化（Domesticating）和异域化（Foreignizing），也就是本文中所说的归化和异化。J.C.Catford（1965）简单地把翻译策略的意义归结为"改变事物"。而根据 C.Schaffner 和 B.Adab 的观点，以下是在文化翻译中影响到译者翻译策略选择的一些因素：

（1）文本类型：有些文本，比如政治演讲和法律文件，都是和具体的文化密切相关的，有些文本类型则往往比其他的类型更有可能产生国际标准。比如，科技方面的文本代表着全世界范围内技术发展的情况。

（2）翻译的目的，及其准确地传递某一特定文本（例如，政治演讲）中所包含的内容的功能；或者说，文本应该发挥出其应有的功能，比如广告。

（3）原语文本或原作者的地位可能要求对原语文本忠实：有些文本代表着强势统治文化，或为声望很高的作家的作品，其个性习语风格必须在翻译中予以保存。

（4）现存类型的演化：一种类型可能会随着时间的变化而变化。比如，为了适应某一种强势标准，科学研究报告就是不断遵照西方的标准和规范而不断演化的一类。

（5）新类型的创造：标准的书面条约形成的同时，也有可能出现一些混合文本类型。

有人做事，就有人评论，关键要看评论的角度是否客观，绝对地支持或反对一种东西并不足取。从对上述例子的分析当中，我们可以看到归化和异化两种策略或取向各有利弊，因为它们各自都服务于特定的翻译目的，满足不同文本和特定读者群的需要。在翻译"谋事在人，成事在天"的时候，杨氏夫妇完全有理由译成"Man proposes, Heaven disposes"，而 Hawkes 译成"Man proposes, God disposes"，也无可厚非。同理，"the Milky Way"可以译成"牛奶路"或"银河"，各有自身的优点和缺点。

天底下没有绝对的事物，异化和归化也不例外。如果异化程度太过的话，就成了死译；如果归化程度太过的话，就会产生不忠实的译文。因此，在这一点上，有人这样评论翻译：忠实的不漂亮，漂亮的不忠实。也就是说，总是存在一个有所得必有所失的问题。如果译文理解无误，能自圆其说，无论是采用归化还是异化的方法，只是文化取向的差异，应该不存在对与错的问题。真正重要的是译者必须熟悉所涉及的两种文化，并且能把他的文化感知和文化创造力应用于翻译的全过程。这也就是我们在文化翻译上要提倡的"知情选择"。在某种程度上讲，译界旷日持久的异化与归化之争应该就此停止，实在没有再进行下去的必要。

第四节 "天"的文化内涵及其英译表现手段初探

什么是翻译？不同的译论家都曾经给出过不同的定义。一般说来，它牵涉到两种语言之间转换的过程和效果，但不管怎样，翻译绝不仅仅只是两种语言在文字符号形式上的转换，在更多的情况下，翻译涉及这两种语言所处的文化。

许国璋说过："语言是人类特有的一种符号系统，当它作用于人与人的关系的时候，它是表达相互反应的中介；当它作用于人和客观世界的关系的时候，它是认知事物的工具；当它作用于文化的时候，它是文化信息的载体和容器。"

根据现代人类学的观点，人不仅是社会的人，而且是文化的人。不同文化语境下的人相互交流的时候，不可避免地会出现文化障碍。按照刘这庆的观点，文化障碍是限制可译性的最常见也是最忌简单处理的因素。而"在翻译中经常被忽视的是对 SL（原语）的文化历史分析，这种疏忽常常是由于语言表层直观信息对分析综合产生干扰，使译者中断了对深层内涵色彩的探究。忽视文化历史差异可以导致分析判断上的谬误……要了解语言的内涵色彩，不做文化历史分析，断难究其底蕴。""词语文化信息量与可译性限度呈相同趋势；语言符号所承载的文化信息量越大，双语转换中所遇到的文化障碍也就越大，可译性限度也越大。"

既然语言是"文化信息的载体和容器"，而人类的语言又是一个多层次的符号系统，那么，相应地在语言的各个层次上也都应该能够体现出语言的独特的文化内涵来。本文就以汉语中文化信息含量非常丰富的"天"字为典例进行分析，找出中国传统文化对"天"字的定义，参照湖南出版社出版的"汉英对照中国古典名著丛书"中的《四书》以及其他一些工具书，从文化的角度对"天"字的译法进行探讨。

首先，我们看一看下面的译例。

例1，吾之不遇鲁候，天也。（《孟子·梁惠王章句下》）

My not finding in the prince of Lu a ruler who would confide in me，and put my counsels into practice，is from Heaven.

例 2，子夏曰：“商闻之矣：死生有命，富贵在天。”（《论语·颜渊》）

Zixia said to him，"There is the following saying which I have heard：'Death and life have their determined appointment；Riches and honors depend upon Heaven.'"

例 3，孟子曰：“尽其心者，知其性也。知其性，则知天矣。”（《孟子·尽心章句上》）

Mencius said，"He who has exhausted all his mental constitution knows his nature. Knowing his nature，he knows Heaven."

例 4，子曰：“天何言哉？四时行焉，百物生焉。天何言哉？”（《论语·阳货》）

The Master said，"Does heaven speak？ The four seasons pursue their courses，and all things are continually being produced，but does Heaven say anything？"

（注：上述例子均见注释，“heaven”下划线是笔者所加。）从上述例子来看，译者在翻译（或理解）“天”的时候，倾向于把它简单地转换为“heaven”（虽然在有的场合下也有译为“sky”或者“God”的），可是“天”与“heaven”之间真的有着那么多的共性，以至于可以如此轻松自如地转换吗？

我们且看一看中国当代的学者是如何看待“天”的。

在中国哲学乃至中国文化中，“天”的意义是非常复杂、难以把握的，按照冯友兰的界定，“天”至少有五种意义：

物质之天（天空）；主宰之天或意志之天（天帝、天神）；命运之天（天命）；自然之天（天性、天然）；义理之天或道德之天（天理）。

而张岱年则认为天人关系一直受到中国古代哲学家的极大关注，从先秦到宋元明清时期大多数的哲学家都宣扬一个基本观点，就是“天人合一”，他认为其中的“天”具有三种涵义，一是指最高主宰，二是指大自然，三是指最高原理。

《辞源》对“天”的定义如下：

地面上的天空。与“地”相对。《诗·唐风·绸缪》：“三星在天。”

凡自然所成非人力所为的都叫天。如天产、天灾等。

古人认为天是有意志的神，是万物的主宰。《诗·大雅·在明》：“天监在下，有命既集。”

命运。《孟子·梁惠王下》：“吾之不遇鲁侯也，天也。”

旧时以“天次之序”比附伦常关系，以天为至高的尊称，如称君、父、夫为天。《左传·宣四年》：“君，天也，天可逃乎？”《诗·庸风·柏舟》：“母也天只。"

仰赖以为生存者称天。《史记·郦食其传》："王者以民为天，而民人以食为天。"

时节，气候。如晴天、春天。一昼夜。如言今天、明天。

人的头顶。《说文》："天，颠也。"后人称头盖骨为天灵盖，额上两眉间为天庭。古代的墨型。

曾查阅过《辞海》《康熙字典》《中国哲学大辞典》等工具书，发觉其中对"天"的定义大同小异。

我们再看一看 Heaven 的定义（Random Houser Webster's College Dictionary, 1995）：the abode of God, the angels, and the spirits of the righteous after death；the place or existence of the blessed.（天国，天堂）Often, Heavens, the celestial powers；God.（上天，上帝）Often, heavens. God（used in expressions of emphasis, surprise, etc.）For heaven's sake！ Good heavens！（用于表示强调、惊讶等）usu. Heavens. the sky, firmament, or expanse of space surrounding the earth.（天，天空，空际）Aplace or state of supreme happiness.（极乐世界）很显然，汉字"天"的含义远比英文"heaven"丰富，所以只将二者简单地转换，是无法充分表现出汉字"天"的丰富文化内涵的。而且，即使是对二者共有的含义"上天、上帝"，不同民族的理解也相距甚远，简直不是一回事。因为"与世界上任何高级宗教都不同，中国人的'天'并不是超越世界之上的'上帝'，而是'天地人'这个世界系统的内在的组成因子之一"。"在某种意义上，'上帝'这个概念本身就是它具有至高神性的证明，但天往往因为被用来解释人间最高权力的来源，而成为一种至高的神秘力量。天与上帝的又一区别是上帝明显的是人格化的，而天则从不是这样。"由此可见，西方人眼中的"上帝"是一个人格化的造物主，而中国人心中的"天"则是指非人格化的最高的神秘权力，关于这一点，几乎可以随便问哪个中国人，都能得到与之大致相同的观点。因此，如果将此二者简单地画等号，无疑过于轻率。

曾就此问题请教过一些在中国的美籍外教，其中包括美国民众（当然，这只代表一般普通美国民众的观点）。问：当别人提到"Heaven"这个词的时候，你们首先想到的概念是什么，以及"Heaven"是不是可以理解为"上帝"。答：不认为"Heaven"等同于"上帝"，而且第一个想到的也是最为重要的概念就是"上帝的住所"（"the dwelling place of God"），也就是上面所引用的第一个英文定义，并且还从《圣经》中举例加以证明：

Part your heavens，O Lord，and come down；touch the mountains，so that they smoke.

The One enthroned in heaven laughs；the Lord scoffs at them.

Your word，O Lord，is eternal；it stands firm in the heavens.

Look down from heavens，your holy dwelling place，and bless your people Israel and the land you have given us as you promised on oath to our forefathers，a land flowing with milk and honey.

现在的问题是，在一个严格意义上说来缺乏英语文化中的"上帝"这个概念的汉语文化中，"天"字不可能与"heaven"有完全相同的含义，因为连上帝都不存在的话，上帝的住所就更是子虚乌有了。"天"与"heaven"之间的差距是如此之大，以至于不可能像前人那样自由转换而不做任何说明。因为这样一来，就容易给英语国家人士一个假象，仿佛中国人向来就相信上帝的存在。如果说这样就是在传播中华文化，那实在有误导读者的嫌疑。那么，我们应该如何把"天"的这些文化内涵用英语传达出去？众所周知，英汉两种语言各自属于不同的语系，英语属于印欧语系，汉语属于汉藏语系，各自的社会、历史、文化背景相差很大，而根据奈达的观点，"要保全原作的内容，就必须从语法到词汇改变原作的结构形式"，"为了保存内容而改变形式，其变动程度的大小必须视不同语言之间在语言和文化上的距离大小而定"。因此，我们在翻译的时候，大可不必拘泥于"天"＝"heaven"这样的套路，而应该视上下语境，采取适当的译法。

如上述例 1 与例 2，表现的是一种宿命论观点，相应地"天"也就是"天命、命运"之义，可译为"destiny, fate"。例 3 中的"天"也不能理解为"heaven"，因为"这里的心、性、天是统一的，都具有仁义礼智的德性"（见《中国哲学大词典》），故而，可译作"the human nature（of benevolence，unrighteousness，politeness and intelligence）"。

例 4 中的"天"其实应该理解为自然之天，是"大自然"的意思，因此翻译成"nature"即可。

"天"在英译过程中所体现出来的灵活性及多样性，由于必定涉及具体语境，限于篇幅，不多举例说明，但是从上述分析中可以看出，看来再简单不过的一个"天"字，要把它译成妥当的英语并不那么容易。中华民族的历史源远流长，社会历史文化的积淀很深，这些积淀无疑体现在我们使用的语言中。因此，在翻译的时候，切不可只作形式上的简单调换，在下笔翻译之前必须了解它在具体语境下所包含的文化内涵，否则，译出来的东西只能是隔靴搔痒，让人摸不着头脑。

第七章　翻译教学中的跨文化意识

第一节　跨文化语篇与跨文化转换策略

　　翻译活动以前一直被看作作是纯粹的语言之间的转换活动，但自 20 世纪 90 年代翻译研究实现了文化转向以来，翻译越来越多地被看成是一种跨文化的活动。我们知道，语言是文化的载体，文化是语言滋生的土壤。语言在其形成和发展过程中，深深地烙印在社会生活各个侧面，反映和折射着某一独特的文化现象。因此翻译与文化有着密切的联系，研究翻译必然要研究相关的文化。然而，翻译作为特定语境下的跨文化交际活动，并不涉及某一文化整体的所有方面。

　　正如浙江大学许力生教授所指出的那样，讨论翻译问题应找到语言和文化的结合点——话语。特定的跨文化翻译通常并不涉及整体文化的所有方面，而只涉及相关的话语系统和话语社团。基于"话语系统""话语社团"的概念和理论，许教授认为语言之间的翻译实际上应该进一步划分为"话语内翻译"（intra discourse translation）与"跨话语翻译"（inter discourse translation）。他认为，表面上不同的语言体系或语言社团之间并不是彼此孤立、毫无联系的，而是有所重叠和交叉，即不同的语言体系或语言社团中包含有相同或相似的话语体系或话语社团。换句话说，使用某一语言的某些人可能会与使用另一语言的某些人属于同一个话语体系或社团，因而这些人之间的交流就是同一话语内的交流，比较容易做到相互理解。他们之间交流的障碍主要产生于各自语言之间的差异。而对于那些不属于同一语言社团，又不属于同一话语社团的人们来说，交流不但会碰到语言上的障碍，而且还会因为话语体系或社团的不同遭遇更大的困难。他们之间的交流就较为复杂，理解上的障碍也更多。同一话语社团内的交流与不同话语社团间的交流所存在的差异，必然对其产生深刻的影响，并因此呈现不同的特征。这种观点为我们进行语篇分析和语篇翻译方法的选择提供了一个比较新的视角。"话语翻译"的提出，改变了我们把所有的翻译都笼而统之地认为是跨文化的翻译的观点，也为我们采用何种翻译策略提供了思路。对于同一话语社团不同语言之间的翻译，一般以直译为主；而对于不同话语社团的不同语言之间的翻译，一般则以意译为主。文化的差异一般是存在于不同话语社团之间的。当然，"话语翻译"要建立在语篇分析的基础上。

语篇模式实质上就是人们在特定文化的具体语境中使用语言完成其交际任务的习惯性方式和程序。从根本上讲，语篇的构建方式与所使用的语言没有必然的联系，尽管同一语篇模式在不同的语言中的实现可能会有一些差异。决定语篇构建方式的主要因素是文化，即基本文化观念与价值，包括如何看待外部客观世界以及人与外部世界的关系，如何看待个人与社会之间、人与人之间的关系等等。这些决定文化基本特质的东西在很大程度上决定着人们会构建出什么样的语篇来。我们可以说，语篇的不同与人们对语言的使用，即话语密切相关，而与使用的语言之间的差异并无本质上的联系。因此一些用不同语言表达的语篇之间的相似之处可能明显大于用同一语言表达的语篇之间的相似之处；某些同一语言语篇之间的差异也可能大于不同语言语篇之间的差异。例如，有些汉语语篇可能跟某些英语语篇有更多的相似之处，而同样是英语语篇或汉语语篇，有些语篇各自内部之间的差异也许还可能会大于与另一种语言语篇的差异。

由此看来，对于那些不属于同一语言社团，但属于同一话语体系或话语社团的话语内语篇翻译，由于牵涉到的文化差异相对较少，在翻译时可更多地采取直译或异化翻译的方法；对于那些既不属于同一语言社团，又不属于同一话语体系或话语社团的跨话语语篇翻译，可能要采用意译或归化的翻译方法，以解决不同话语社团之间的文化差异问题，才能成功实现跨文化交流的目的。

翻译不仅是语言符号间的转换，更确切地说是文化符号间的转换。各民族文化间的共性使转换成为可能，文化的差异使转换不可能完美甚至可能成为一定程度上的障碍。文化的个性会形成文化差异的鸿沟，译者的使命就是架设跨越鸿沟的桥梁。

无论英语还是汉语中，都有许多具有浓郁文化特色的词语，特别是在许多成语、谚语、俚语、方言、颜色词、动物名词、人名、地名中，文化内涵十分丰富，翻译这样的词语，应该掌握的一个原则是：一方面要尽可能传达源语的文化特色，另一方面又不逾越译入语文化和译入语读者可接受的限度，具体来讲，翻译这些文化内涵丰富的词语有三种策略：

第一，移植法／直译法。就是在译入语中保留原文的形象化语言即文化意象。保留住原文的形象化语言，就等于为读者保留下了解异域文化的机会。同时，新形象的引入，有利于提高译入语文化对异域文化的解释和消化能力，成为译入语的"新鲜血液"，但表达时切忌生搬硬套。例如：将英语的"armed to the teeth"译为"武装到牙齿"；将汉语的"路遥知马力，日久见人心"译成"Along road tests a horse's strengthand a long task proves a man's heart"。

第二，借用法。就是借用译入语现成的俗语来传译原文中的俗语。有两种情况：

（1）源语中的表达方式在意思和形象上同译入语的表达方式相似。例如：将英语成语"go trough fire and water"译成"赴汤蹈火"；将汉语成语"英雄所见略同"译成"Great minds think alike"。

（2）源语中有许多表达方式尽管在译入语中找不到"形同意同"的对等表达方式，但却可以找到"形异而意同"的表达方式。例如：将英语成语"leave no stone unturned"译成"千方百计"；将汉语句子"头头还没批准他的计划，所以他决定去拍拍马屁"译为"The chief hadn't accepted his plan yet, so he decided to go in and polish the apple"。但在译"形似而意不似"的习惯说法时，要避免望文生义。例如：不能将"pull one's leg"（跟某人开玩笑，取笑某人）译为"拖后腿"，或将"eat one's words"（收回前言，承认错误）译为"食言"。

第三，意译法。由于英汉语言文化的差异，有些文化内涵丰富的表达方式，既不能采取移植法/直译法，也难以采用借用法，只能采取意译法。例如：将汉语成语"粗枝大叶"译为"to be crude and careless"，而不是译为"with big branches and large leaves"；将英语"It was another one of those catch situations. You're damned if you do and you're damned if you don't"

翻译成"这真是又一个左右为难的尴尬局面，做也倒霉，不做也倒霉"。

需要注意的是，语言的文化内涵并不总是一成不变的，随着时间的推移，有些文化内涵丰富的表达方式渐渐演变成了一般性词语，译时用意译法即可。如对"tribal war dances"的翻译，如果译成"跳着原始部落出战前跳的舞"，现代人可能觉得有点不太懂，还不如译成"狂欢乱舞"更易被人们接受。

第二节 翻译中的跨文化意识

文化是翻译过程中必然会面临也可能是最难的问题之一。

成功的翻译绝不仅仅是掌握了语法、词汇等语言基础知识后就能做到的。翻译的最基本任务不是语言的转换而是信息和内容的传达。由于文化与语言密不可分，作为跨文化交际的桥梁，翻译活动不仅是语言文字的转换活动，更是不同文化间的相互沟通和移植活动，翻译所涉及的不仅是两种语言，更涉及两种文化。文化之间的差异是普遍存在的，缺乏跨文化意识必然会引起文化误解，甚至文化冲突，导致跨文化交际不能顺利进行。这就要求译者不仅必须掌握两种语言，还必须熟悉两种文化。简而言之，跨文化意识是译者必须要培养的素质之一，如何在翻译教学中培养跨文化意识值得深入研究。

翻译离不开语言的转换，但远比单纯的语言转换要复杂。

其中一个重要的原因就是语言反映文化，而且受文化的制约。由于具有民族、地域、时代的特性，因此不同文化的沟通自然离不开翻译，因为语言文字是文化的最重要的载体。可见，文化及其交流是翻译发生的本源，翻译是文化交流的产物。要成功地进行语言转换，不但要熟悉两种语言，还必须熟悉两种语言所代表的文化，并在进行语言转换的同时传达源语文化信息。曾经说："翻译者必须是一个真正意义上的文化人。"对于具有一定外语功底的译者来说，翻译中的最大困难往往不是语言本身，而是语言所承载的文化意蕴。因此，积累掌握文化知识，了解背景知识对翻译者来说是十分重要和必要的，它对保证译文质量、促使译作忠实、准确地再现原作的思想内容和精神风貌等助益匪浅。

目前，翻译被认为是一种跨文化交际行为。跨文化交际，指的是不同文化的交际双方以语言为媒介，通过"信息源—编码—信息传递—解码—反馈"等环节所构成的一个双向信息交换的动态连续过程。在这个过程中，信息在一种文化背景下进行编码，而在另一种文化背景下进行解码，译者作为跨文化意识的载体在信息传递中起着桥梁作用。

跨文化交际大致采取两种形式：语言交际和非语言交际。语言交际又有话语交际和书面语交际两种。口译属于跨文化话语交际，笔译属于跨文化书面语交际。跨文化交际的研究有助于国际交流与合作的顺利进行，因为其研究的主要内容是"不同文化背景的人们在交际中产生的问题以及如何解决这些问题"，研究的目的在于提高人们对于不同文化间的差异的敏感性，从而能够适应在不同的文化环境中，与不同文化背景的人们进行正常交流。这种对于不同文化间的差异的敏感性，就是跨文化意识。也有人称之为"跨文化的敏悟"或"文化敏感性"（intercultural awareness）。

换言之，跨文化意识是指外语学习者对于其所学的外语文化具有较好的知识掌握和较强的适应能力与交际能力，能像译入语读者的思维一样思考问题并作出反应以及进行各种交往活动。具有良好的跨文化意识意味着外语学习者能自觉地消除在与外语本族人进行交往的过程中可能碰到的各种障碍，从而保证整个交际过程中的有效性。从翻译的角度看，跨文化意识则指在语际交流中译者所自觉或不自觉地形成的一种认知标准和调节方法，或者说它是指译者所持有的思维方法、判断能力，以及对文化因素的敏感性。翻译是文化交流的重要工具，承担着帮助人类沟通思想情感、传播文化知识、促进社会文明的神圣使命。翻译不仅是一种语际转换，更是一种跨文化转换。在某种意义上语言的转换只是翻译的表层，而文化信息的传递才是翻译的实质。因此，要更深刻、更贴切地传递原文的内在信息，译者必须探明英汉双语的文化特征及其差异，并将双语的文化内涵恰当地"对接"起来，真实地再现原文的面貌。就翻译而言，文化障碍即文化差异，主要体现在历史文化、地域文化、习俗文化和宗教文化四个方面。

一、历史文化与翻译

所谓历史文化指的是由特殊的历史发展进程和社会演变所积淀的人类文明。由于各个民族和国家的社会历史发展不尽相同，有时甚至差异巨大，因而形成的历史文化也往往大相径庭。这种历史文化的差异阻碍了语际转换的信息通道。差异越大，其间的鸿沟越难逾越。作为译者，应尽量熟悉源语和译入语这两种语言所反映的两种历史文化的方方面面，意识到差距出自何处，以何种手段加以表达才能为读者所接受。若缺乏这种敏锐的意识，那么在翻译中或理解错误或表达不当就不可避免。例如：把 "twist the lion's tail" 引申译成"摸老虎屁股"或"自找麻烦"实属误译，而其真正含义是"冒犯英国"或"与英国（人民或政府）为敌"，因为很久以来，英国君主一直用雄狮纹章作为英国国徽，进而英国又被称作 "the BritishLlion"（不列颠雄狮）。又如：英文句子 "John can be relied on. He eats no fish and plays the game." 英语的 "eat no fish" 和 "play the game" 都具有丰富的文化内涵。在英国历史上，宗教和政治斗争一直很激烈，保守的天主教徒周五只能吃鱼，但新教徒为了表示他们对新教和新政府的忠诚而拒绝遵守这一规定，因此，"eat no fish" 即为忠诚之意。同样地，"play the game" 从 "fair play（公平比赛）"中衍生而来，意思是"守规矩"。在这样的例子中，如果简单异化译成："约翰是可靠的，他不吃鱼，还玩游戏。"只能让人不知所云。而译为："约翰是可靠的，他既忠诚，又守规矩。"虽然仍难以传达源语中丰富的文化渊源，但它却成功地完成了交际使命。

再如汉语习语"一个和尚挑水吃，两个和尚抬水吃，三个和尚没水吃"源于我国古代一个家喻户晓的故事，比喻互相推诿而不负责任，注意到这一点就可避免译成："Alone a monk brings his own bucket of water to drink, two monks carry their bucket of water jointly，but when three monks are together，there is no water at all." 这样的译文是很难让外国读者领悟到 "Everybody's business is nobody's business." 的含意的。又如在中国，1949 年以前参加革命的人在退休时享受称为 "离休" 的特殊待遇，而这种背景知识对于不熟悉中国国情的外国读者肯定难以捉摸。

二、地域文化与翻译

地域文化，指的是由所处不同地域、自然条件和地理环境所形成的文化，主要表现在不同地区的民族对同一现象或事物采用不同的语言表达形式。如汉语 "人心齐，泰山移" 中的 "泰山" 就是特定地域的事物，喻指显赫的事物，这对一个缺少中国文化背景的外国人来说，是难以体会到该成语所要表达的意义的。再如中英两种文化中的对应词语 "东风" 与 "eastwind"，所指意义相同，但联想意义却截然不同。中国人偏爱东风，在中国文化中 "东风"象征 "春天" "温暖"，有 "东风报春" 之说。而英国人却讨厌东风，因为英国的东风是从欧洲大陆北部吹来的，象征 "寒冷" "令人不愉快"。英国的 "报春" 之风为 "西风"，英国人偏爱 "西风"。英伦三岛由于有北大西洋暖流经过，其所带来的西风往往温暖和煦，而从欧洲大陆北部吹来的东风却寒冷刺骨，所以英语中用西风代表 "春天"，东风代表 "冬天"，而这在汉民族文化中则恰恰相反。在汉语中，东风象征革命和正义，西风象征着邪恶和反动，所以我们常用 "不是东风压倒西风，就是西风压倒东风" 来描绘两种敌对势力的斗争。再如英国的地理环境使那里夏季也凉爽宜人，而中国大陆性气候的夏日却炎热难耐，尤其在广阔的中原及江南地带，夏日的夜晚也是热浪袭人，这也就是为什么有些读者难以理解为何莎士比亚要把谈情说爱这种浪漫情调安排在 "仲夏之夜"（AMidsummer Night's Dream），为何把友人比作夏日（"Shall I compare thee to a summer's day？ Thou are more lovely and more temperate"）。

不同的生态环境使得不同民族对动植物的喜好也各不相同。中国是一个传统农业大国，农业是国民经济的重要基础。自古以来人们以牛耕为主，因此在中国传统文化里，耕牛自然成了勤劳的象征。人们常把那些勤勤恳恳、任劳任怨工作的人比喻为 "老黄牛"，鲁迅先生曾有 "俯首甘为孺子牛" 的名句。与中国不同，英国古代主要依靠马耕，牛则很少干活，主要提供牛奶和肉食，因此马在英美文化中则是勤劳和吃苦耐劳的象征。所以汉语说 "力大如牛"，英语则是 "as strong as ahorse"；汉语讲 "像牛一样勤劳"，英语则是 "work like a horse"。

在中国传统文化中，人们对"岁寒三友"松、竹、梅具有很高的评价，常用来比喻人类高洁正直、刚正不阿的品性。

英语中的"pine""bamboo""plum blossom"则没有这样的联想意义。以竹为例，竹子是中国南方特有的一种植物，当地的人多有食笋的习惯，与此相关的比喻在汉语中时有出现，而竹子在英国比较罕见，一般人不熟悉其生长习性及与人们生活的关系。所以在把汉语中以"竹"为比喻形象的表达译成英语时，应注意考虑英语读者的接受程度。如"雨后春笋"不译成"spring up like bamboo shoots after a spring rain"，而应考虑代之以英语读者熟知且喻义相近的"spring up like mushrooms"，因为英国受其海洋气候的影响多产蘑菇。

三、习俗文化与翻译

习俗文化指的是贯穿于日常生活中的各种民俗习惯所形成的文化，不同的民族在打招呼、称谓、致谢、恭维、道歉、告别、约会等方面往往会表现出不同的民族文化规约和习俗。如英语民族的人见面时喜欢谈天气，中国人见面打招呼时常用"你去哪儿？""干什么去？""吃饭了吗？"这几句话并无多深的含义，只不过是礼节性的打招呼的一种方式。然而西方人往往对这几句话却很敏感和认真。"你去哪儿？""干什么去？"在他们看来纯属自己的私事，别人不能随便打听，否则就被看作没有礼貌。他们还把"吃饭了吗？"被当成请客吃饭的一种邀请。又如，我们有"红白喜事"的说法，对于不了解中国文化习俗的英美人来说，把生儿育女、迎娶婚嫁之类的事称为"红喜"还好理解，因为英语中也把这类喜庆之日称为"red letter day"，但将人的过世也称为"喜"，就会使他们难以接受。此外，在中国人婚礼宴会上人们常用"恭喜"二字对新郎新娘表示祝贺，但在英语文化中"Congratulations！"一词却只适于说给新郎，而不可以此向新娘道喜，因为"Congratulations！"表示几经努力终于得到某人或做成某事。对新娘说"Congratulations！"似意为"你终于不择手段找到了个丈夫"或"你终于嫁出去了"，难免让对方不悦。再如毛主席关心身边工作人员的一个小故事，其中有这么一句："主席问陈妻：'你们俩感情好不好？'陈妻答：'好！'主席听了很高兴。"在中国文化中，长辈、领导或上司询问晚辈的婚姻家庭等个人问题，是表示体贴关心；但在西方，这类问题却属于个人隐私，别人无权过问。如果直译，就可能产生一些误解和文化冲突。所以毛主席的问话不可译成诸如："Do you have a happy life？"而较得体的处理方法是化直接为间接，化具体为模糊以表达出原文的含义，可译为："Chairman Mao talked with Chen's wife. He was pleased to know that they had a happy home life."

从以上三个方面我们不难看出，在翻译过程中，对原文的正确理解已远不是单纯的语言问题。语言是文化最为重要的载体，文化又是语言的主要内涵，语言和文化的关系密不可分，相互依存，给译者带来了很大的挑战。由于文化存在差异的原因，在一种文化里不言而喻的东西，在另一种文化里却要花费很大力气来解释。更为重要的是，初涉翻译者往往意识不到这种差异的隐蔽性，从而造成译文不能很好地传达原文的思想风貌，给不谙源语文化的译入语读者带来理解上的障碍甚至误解。所以，译者不仅要熟练掌握双语，更要做一个真正意义上熟悉双语文化的人。虽然仅靠课堂所学不能使人掌握两种文化，甚至终其一生也难以做到，但我们必须养成从文化差异看待翻译活动的意识，从而沿着正确的方向努力提高翻译能力。

第三节　翻译教学中译者的跨文化意识的培养

翻译课程的教学目的主要就是培养和提高学生的翻译能力。尽管英语专业的学生在初级阶段已进行了大量的英汉互译实践，但在此基础上如果只强调语言对比，并以此指导实践，则未免流于肤浅，难以激发学生的学习兴趣，也不能真正有效地培养和提高学生的翻译能力。语言学研究表明，语言不是孤立存在、自足发展的符号体系，而是与其所存在的文化系统紧密相关。虽然在语言符号的各个层次上，如词素、词、词组、句子、话语等，都已进行了比较充分的对比研究，并进而提出了一些切实可行的翻译技巧，如词类转换、减省增益、正说反译、抽词拆句等。然而，更多含有浓厚文化色彩的语言符号却是远非某种技巧能使之在译文中传达自如的。王佐良教授曾说过："翻译者必须掌握两种语言，但是，不了解语言当中的社会文化，谁也无法真正掌握语言。"可以说，翻译教学中只进行语言对比，而不进行社会文化对比，是无法真正搞好翻译教学的。所以我们不仅要注重训练学生的语言转换能力，更要时刻注意培养学生对语言中所包含的文化差异的敏感性，并针对不同的文化差异采取适当的手段加以处理。在跨文化交际中，人们倾向于借助母语的语言规则、交际习惯、文化背景及思维方式来表达思想。跨文化交际的困难在于交际双方对不同文化背景、价值观念等方面意识的缺乏。所以培养跨文化意识能够帮助译者提高对文化差异的敏感性，增强译者对文化共同之处的把握，从而促进交际双方的相互理解，使交际活动和谐、顺畅地展开。

一、跨文化意识与翻译教学

教育部颁布的《高等学校英语专业教学大纲》对教学原则作出这样的规定：在专业课程教学中要注意培养学生的跨文化交际能力。这种能力除包括正确运用语言的能力外，还包括对文化差异的敏感性、宽容性以及处理文化差异的灵活性。

而翻译教学作为以双语（如英语和汉语）的转换为主要内容的学科领域对文化传播更负有直接的责任。跨文化意识的培养对于翻译教学具有比对一般外语教学更为重要的意义。在翻译过程中，译本的可信度和被接受程度在很大程度上取决于译者的跨文化意识，即译者对源语和译入语这两种语言在文化上的细微差异、完整性与多样性的感知。

二、翻译教学要有明确的目的性

长期以来人们一直有种错觉，认为翻译课就是要教会学生翻译，培养译员，甚至翻译家。我们不排除课堂走出翻译家，但应该清楚的是翻译教学的目的是让学生了解翻译，认识翻译，具备基本的翻译理论，为今后的发展奠定基础。教学实践证明，翻译学习者切不可期望通过一两年左右的翻译课就成为一名好的译者。可目前由于目的不明确，培养方式就发生了错位，学生则把翻译课当成了培训班，开始大量的翻译练习，期待能从翻译课上掌握一些字词的翻译，掌握几条技巧，就可以"登台献艺"了。对老师讲授的翻译过程、标准、原则以及原作、译者和译作之间的关系等毫无兴趣，他们希望走出翻译课堂就成为地地道道的译者，这显然是不切实际的。

三、课程设置方面的改革

我国高校英语专业本科独立的翻译课一般在三、四年级开设，每周开课两节，总课时往往不足 70 学时。由于翻译需要较为均衡的中英文水平，并涉及许多其他门类的知识，因此，要在如此有限的时间内对这门学科有个全面的认识，了解一定的翻译理论知识，并接受系统、正规的训练，在实际翻译能力上获得显著的提高是不现实的。迫于无奈，许多翻译教师都将本该是双向的英汉、汉英翻译课简化为单向的英—汉翻译课。即便如此，还是没有足够的课时来讲授常用的翻译技巧，更不用说将双语对比研究的范围扩大到文化因素的对比研究，并提出解决问题的办法以此提高学生的跨文化意识了。

要解决翻译教学课时不足的问题，最直接的办法就是适当增加课时，使翻译课得到与其学术重要性和实际运用重要性相对应的重视。但据笔者所知，本科教育由于公共课所占课时比例过大等原因，要做到这一点还有很大的障碍。一个较为可行的办法是各科教师协同合作，向学生传授较为系统的文化知识，以弥补翻译课时之不足。但这涉及各科教材（精读、泛读、文学、听力等等）编写者的跨文化意识、各科教材相互协调相互配合等复杂问题，短期内实施难度较大。

四、翻译教学方法的改革

由于中英文两种语言之间的巨大差异，我国翻译课的教材和课题教学大多遵从传统的教学模式，即把重点放在语言的讲解上。从理解的角度讲，教师会帮助学生理解难懂的词语和句子结构等；从翻译技巧的角度讲，教师会着眼于句子结构和篇章逻辑的分析与转换。这样做无疑会帮助学生提高语言能力和掌握某些具体的翻译技巧，但是没有将翻译活动提升到跨文化交流以及翻译理论与翻译实践相结合的高度，难免有"一叶障目"之感，忽略了翻译的精髓。在翻译教学过程中，教师要有强烈的跨文化意识，不但要注意语言知识和翻译技巧的讲授，以及这两种语言所反映的文化背景，而且还需要培养学生具有敏锐的观察力、理解力以及灵活的表达力和创造力。为了弥补目前大多数教材没有将跨文化意识贯穿整个编写过程的不足，翻译教师在布置课外练习时一方面要让学生使用讲授过的技巧，另一方面要时时牢记翻译的最终目的是要调动并提高译者对两种语言和文化的理解和运用能力。翻译教师要力求不断改进教学方法，以新的思维、新的理论和观点去熏陶学生，注重学生在翻译中创造能力的培养，使学生既打好语言和翻译基础，又拓宽思路、扩大视野，使学生毕业走向工作岗位以后具有一定的创新能力。此外，在重视全译研究和能力培养的同时，还要培养学生的"变译"能力，包括编译、摘译、译述、译写、述评、综述等的能力，这是提高翻译质量、充分利用国外信息资源的必由之路。

五、培养学生尊重语言文化差异、正确处理文化因素的能力

跨文化翻译涉及异域文化，异域文化都有着自己的本质特征和不同的文化样式，因为不同的语言或文化在语言的哲学观、思维方式、词汇的文化内涵、句法特点、交往规则等方面都存在着一定的文化差异，正是这些差异决定了各民族文化的特殊性。在跨文化翻译活动中人为地夸大或缩小文化差异都是不可取的，都不利于人类文化的平等交流与发展。因此，建立文化差异的概念，尊重文化差异的存在，从多角度、多方位来认识不同文化的差异性，从差异出发，寻找人和文化的共同习俗，彼此适应，互相理解，寻求共同拥

有的"话题",走出跨文化翻译的文化误区,建立对话式的跨文化翻译模式。"归化"与"异化"是跨文化翻译中处理文化因素的两种策略,这一直是翻译界争论的焦点。异化派主张保留源语中的异质成分,即"异国情调""洋汁洋味";归化派则认为将源语中的异质成分转换成译入语中相应的表达法,即"入乡随俗"。其实,"异化"与"归化"并不矛盾,两者不应该互相排斥,双方应该是互证、互补的,它们是跨文化翻译中相辅相成、互为补充的两种策略。从功能上看,归化式翻译使读者更好地理解译文,可以更简便地达到交流的目的;异化式翻译可以更多地吸收异域文化的因素,从而丰富译入语文化。在跨文化翻译中,应该根据不同的交际目的,针对不同的读者群,采用相应的策略。在译介异域文化时,译者要注意自己的双重道德义务:一是忠实异域文化;二是要维护自己的意识形态以免给译入语文化造成不该有的侵犯。培养跨文化意识,不但可以克服民族文化自恋情结,能够借助异域文化的营养成分来构建民族本土文化,而且可以避免极端的民族中心主义,避免盲目地排斥异域文化,并可以杜绝"语言称霸"和"文化强权"等现象的滋生。

第八章 西方现代译论研究

第一节 翻译等值概念通观

很多西方翻译理论家在阐述自己的译论主张时，都往往离不开对翻译等值（translation equivalence）问题的重点探讨。翻译等值概念，不仅是两千多年来西方翻译理论中的一个根本问题，而且也是现代翻译学中的一个根本问题。"equivalence 和 equivalent 是几乎所有现代理论著述中的中心术语。等值也大概成了广大译者苦心追求的目标。"（Holmes，1988）因此，要研究西方现代翻译理论，同样离不开对翻译等值概念的探讨。但是，各家对翻译等值概念本身的界定以及对其在翻译理论与实践中的价值和作用的认定却不尽一致，有的甚至相去甚远，由此引发的争论似乎也未见停止。本文拟就西方现代翻译理论中的一些代表性等值概念及其相关争论做一述评。

等值，作为西方现代翻译理论中的一个概念，是由里乌（E.V.Rieu）在1953 年首先提出的。自此，它总是与翻译的实质、可译性、翻译单位、翻译评估等这些翻译理论研究中的核心问题的探讨紧紧联系在一起。雅格布森（R.Jakobson）（1959）在其《论翻译中的语言学问题》（R.Schulte&J.Biguenet（eds），1992）一文中指出"有差异的等值（equivalence in difference）是语言中的基本问题，也是语言学所关心的关键问题"，充分强调了各语言之间的非对称关系和语言信息在翻译中实现"等值"的难度，从而率先展开了对翻译等值问题的讨论。他认为，在语际翻译中，符号与符号之间一般不可能有完全等值的关系，只有信息才可用来充分解释外来的符号和信息。翻译涉及的是两种不同语符中的两个等值的信息，即"在不同的语言现象中求得等值"。

卡特福德（J.C.Catford，1965）提出了篇章等值（textuale quivalence）概念。他在界定翻译的性质时说："翻译可做如下定义：

一种语言（原语）的篇章材料用与其等值的另一种语言（译语）的篇章材料来替换。"而所谓"篇章等值"就是"经观察被认为是与所涉原语形式

（篇章或篇章的部分）等值的任何译语形式（篇章或篇章的部分）"。他对形式对应（formal correspondence）和篇章等值作了区别，并提出"翻译实践的中心任务就是寻找等值的译语，而翻译理论研究的中心任务则是界定翻译等值的性质和条件"。卡氏心目中的原语和译语之间的等值关系基本上是可以量化的，翻译就是在所有潜在的等值译语中为原语寻找最合适的等值语的过程。为了实现篇章等值，必须使原语和译语都符合所涉情景的功能相关特征，而等值的决定性（甚至是唯一的）标准就是与实物情景相应的语义标志。原语和译语只要在所涉情景中可以互换，就构成翻译等值。卡德福特的等值概念从某个侧面反映出翻译的本质在于确立原语和译语的等值关系，而对这种等值关系的把握应是动态的，而非静态的。

对翻译等值概念做出较为全面论述，提出精辟见解且在学界产生深远影响的要推奈达（E.A.Nida）。他（1969）在界定翻译的性质时说："翻译主要是指接受语复制原语言信息的最近似的等值，首先在意义方面，其次在文体方面。"而早在1964年，他在《翻译科学探索》中就提出了形式等值（formal equivalence）和动态等值（dynamic equivalence）两个概念。前者在形式和内容上强调语言信息本身，因而能够体现"原语形式特征机械地得以复制接受语译文的质量"。后者则体现另一种译文质量，即"原文信息在接受语中得以传递，以至译文接受者的反应与原文接受者的反应基本相同"，旨在实现翻译表达的可接受性和自然性。而在《从一种语言到另一种语言》（1986）里，奈达又用功能等值（functional equivalence）概念取代动态等值提法，此举按作者自己的说法，并非要提出什么新的等值概念，而是为了"突出翻译的交际功能并且避免误解"。可见，奈达对翻译等值概念的探讨不是仅仅停留在语义层面上，而是更注意对翻译中语用和交际等因素的考虑，如强调译文读者的接受与反应等。

科勒（W.Koller，1983）则认为，在翻译理论与实践中，泛泛而抽象地提什么等值并无多大意义，因此他在分析前人相关成果的基础上，对翻译等值进行了具体的分类：

外延（所指）等值（denotative equivalence）：即保留话语的实物内容。

内涵等值（connotative equivalence）：选择同义语言手段传送话语的内涵。

语言规范等值（text-normative equivalence）：强调各种文体应有相应的特征，遵循一定的语言规范。

语用等值（pragmatic equivalence）：也就是把译文读者放在中心位置。

形式—审美等值（formal-aesthetic equivalence）：传递原文具有的艺术、审美及作者风格个性等形式特征。

科勒对翻译等值概念的五分法，较之卡特福德和奈达，在内容上显得更加具体和明确。他从等值标准的角度，对翻译活动提出了规范性的要求。

波波维奇（A.Popovic）也对翻译等值概念做过具体描述。在《文学翻译分析辞典》（1976）中，他对翻译等值作了如下分类：

语言等值（linguistic equivalence）：语言、词法和句法等层面诸因素在原文和译文之间构成同质。

属分等值（paradigmatic equivalence）：属分表达中诸因素在作为表达因素系统的文体层面构成等值。

文体（翻译）等值（stylistic/translational equivalence in translation）：原文和译文中均用相同含义的恒式体现表达个性的诸因素构成功能等值。

篇章（句段）等值（textual/syntagmatic equivalence）：篇章句段中枢诸因素的排列构成等值。

波氏认为，语言层面（linguistic levels）诸因素涉及文体的纯正性（stylistic purity）和语言的正确性（linguistic correctness），是篇章中的最低级层面。原文和译文语言层面上的同质（homogeneity），即语言等值，可以通过对两种语言诸因素之间对应度的寻找和评价来确定，而且它与篇章中更高级表达层面翻译等值所获息息相关。属分等值涉及文体范畴，因此不同于语言等值。文体等值要顾及保留原文中诸因素的表达个性，同时还要尽量不丢失原文的基本语义内容。而篇章等值，或曰句段等值，则是语言结构层面上的等值，涉及篇章中文体和表达诸因素的具体排列。可见，波波维奇对翻译等值的探讨，是从词法、句法、篇章及文体等各个语言层面上展开的。

凯德（O.Kade，1968）在探讨德英两种语言互译时提出了四种等值类型：

全额等值（total equivalence）：能用译语中某单一表达方式替换原语中某单一表达方式，即"一个对一个"等值（one-to-one e-quivalence）。

选择性等值（faculative equivalence）：能用译语中多个表达方式替换原语中的某单一表达方式，即"一个对多个"等值（one-to-many equivalence）。

近似性等值（approximative equivalence）：能用译语中某一表达方式涵盖原语中某单一表达方式所载概念部分内容，即"一个对一个中的部分"等值（one-to-part-of-one equivalence）。

零度等值（zero equivalence）：不能用译语中任何一种表达方式替换原语中的某单一表达方式，即"一个对零个"等值（one-to-zero equivalence）。凯德的翻译等值概念似乎仅局限于词汇层面。与奈达、科勒等人注重"质"的等值概念相比，凯氏显然更强调原语和译语之间在内容和措辞上的"量"的等值关系，因此被认为适用于特殊用途文体翻译的等值判断，比如术语的翻译等。

西方现代翻译理论中，对翻译等值概念做过具体探讨和描述的专家、学者还有很多，如提出交际等值概念的耶格尔，将翻译等值概念划分为交际目的、情景等同、情景描述方法、句法结构意义和文字符号等五个方面的科米萨罗夫，提出形式等值、意义等值和情景等值三种翻译等值模式的加克和列文，将翻译（形式）等值划分为语音等值、音位等值、形态等值、句法等值和语义等值等六个层次的佛斯和韩礼德等等，都在翻译理论界产生过一定的影响。本文限于篇幅，恕不详述。

"等值是翻译理论中的中心争论点之一，却似乎也是语言学家们普遍认为无法达成共识的争论点。"（Svejcer，1981）确实，等值概念自从进入翻译理论研究领域一直毁誉参半，说它是西方现代翻译理论中最受争议的概念应该不会过分。赞同者自然不计其数。例如，金（1998）认为，"动态对等概念的历史功绩，是对两千年来西方翻译家们相持不下的直译和自由译之争，提供了一个令人信服的答案。直译强调忠实，实际上焦点落在语言形式的对等，忽视了效果。自由译强调美，焦点落在译文效果，忽视了对等。而动态对等概念把焦点放在两种效果之间的对等上，解决了这个本来似乎无法解决的矛盾。"本文主要谈谈"毁"的一面。

有人认为，等值与翻译理论研究毫不相干，相反只会产生危害，是翻译理论发展道路上的障碍，因此需要摒弃。斯乃尔—霍恩贝（Snell-Hormby，1988）指出："等值不适合用做翻译理论中的一个基本概念：术语 equivalence 除了本身含义含混不清外（甚至在经过了二十多年的激烈争论后依然如此），还给人一种各种语言之间对称的错觉，而这种对称除了那种含混的近似度外是几乎不存在的，因此，它歪曲了翻译中的基本问题。"布罗艾克（R.Van den Broeck）在其《翻译理论中的等值概念：一些批评性的反思》（Holmes，J.J.Lambert&R.Van den Broeck（eds），1978）一文中也说："我们要千方百计抵制认为等值关系适用于翻译的主张。因为等值概念跟普遍规律一样可以描述某种因（原文）果（译文）关系的说法是很让人误解的。"纽马克（P.Newmark，1981）则认为："其他诸如翻译单位、翻译等值、翻译恒值等之类的论题，我认为也应当摒弃——它们要么太理论化，要么随机性太强。"

有人并不承认等值概念在翻译理论与实践中有多大的价值，但鉴于人们已经习惯以此来描述翻译这一事实，因此觉得不妨把它当做翻译理论研究中的一个有效概念。持这种观点最典型的当数贝克（M.Baker，1992）。在其代表作《换种说法——翻译教科书》中，全部七个章节的标题分别是"导言""词层等值""超词层等值""语法等值""篇章等值：主题与信息结构""篇章等值：粘连"和"语用等值"。一眼望去，整个一部介绍、探讨翻译等值的专著！然而，她却在该书第一章"导言"里说："本书采用术语equivalence 是为了方便起见——因为绝大多数译者已经习惯这个术语，而并非因为它有任何理论地位，术语 equivalence 在这里的用法还有如下限制条件：虽然等值在某种程度上通常能够实现，却受到各种各样语言和文化因素的影响，因此总是相对的。"

还有人认为，泛泛而抽象的等值概念在翻译理论与实践中并没有什么价值和作用，等值概念应以具体的文本为参照对象。与奈达同属翻译科学派（即语言学派）的威尔斯（W.Wilss，1982）指出："翻译等值不可能在普通翻译理论中自成体系……它只能充当具体翻译理论中的部分，而这些具体的理论最好以具体的文本为对象，甚至只适用于某单一文本。"巴斯内特和列费维尔（S.Bassnett&A.Lefevere，1998）也指出："……具体的译者判定他们能够在具体的文本中实际实现的具体的等值度，他们依据对各种因素的考虑来判定那种具体的等值度，而这些因素与二十一年前使用的那个等值概念没有什么关系。"因此认为，作为语言学派特征主张的等值概念已经分解（disintegration），已经从当今翻译研究领域撤退（retreat）。前文提到科勒因为不满泛泛而抽象的等值概念而提出具体的等值类型。当时他就认为，等值概念假设原语和译语之间存在某种关系，却未对这种关系做出界定；仅仅要求译文和原语等值是没有什么意义的。当然，在对等值概念的争论中，科勒不应列入反对派之列（他在 1972 年指出，等值原则势将成为压倒一切的原则），但可以说是修正派中的一员，虽然他自己的等值五分法也被别人修正，甚至攻击。

面对莫衷一是的不休争论，有人提出用含义相对温和的术语来取代"等值"一词，如相似（similarity）、类似（analogy）、对应（correspondence）、相配（matching）、适合（adequacy）等等。

总之，西方现代翻译理论界对等值概念及其价值和作用的争论旷日已久，似乎没有要休战的迹象，更谈不上达成什么共识。这大概就是所谓仁者见仁智者见智吧。当今国际翻译理论界，各种思潮此起彼伏，不同流派纷纷涌现，如美国翻译培训班（The American Translation Workshop）、翻译科学派（The Science of Translation）、翻译研究派（Translation Studies）、多元体系说（Polysystem Theory）、解构主义（Deconstruction）以及逻辑学派和符号学学派等等。它们相互间不应是排斥的（虽然有时是以对对方的挑战为己任，如翻译研究派的特征之一就是对"等值派"的挑战），而应是互补的，从学术上讲只是研究视角不同而已，不存在"你死我活"的问题。学术研究毕竟与诸如"今年街上流行什么"这样的时尚追求有本质的区别。

何况迄今为止并未出现（当然也不可能出现）一个"放之四海而皆准"的翻译理论体系。因此，对某种理论的过分夸大或贬低，都不是辩证的态度。然而，通过争论，取长补短，无疑会促进当今翻译理论建设的繁荣和发展。对等值概念的争论和探讨也是如此。这种争论和探索相信仍会在多元却未有共识的状态下进行下去。

第二节　西方现代翻译理论在中国的传播与接受

一般认为，西方现代翻译理论起源于 20 世纪五六十年代。经过将近半个世纪的岁月，伴随着现代语言学、信息论以及其他相关学科的发展，西方翻译理论研究已经取得了令人瞩目的成就，涌现出一批批杰出的翻译理论家。与此同时，随着时间的推移，西方翻译理论在中国的传播与接受也经历了一些耐人寻味的变化。本文尝试讨论西方现代翻译理论在中国的传播情况，分析其在中国译界的接受及其对中国翻译研究的影响。

西方现代译论在中国的传播和接受，可以从三个方面得到较为全面地反映。即在中国发行的相关的外语类杂志，如《中国翻译》《中国科技翻译》《外语教学与研究》《当代语言学》等；在中国出版的翻译理论著作，如与奈达博士相关的译论就有《奈达论翻译》（谭载喜，1984，中国对外翻译出版公司），《西方翻译简史》（谭载喜，1991，商务印书馆）、《跨语交际》（谭载喜，1993，漓江出版社）、《语言·文化·翻译》（language，Culture and Translating，奈达，1993，上海外语教育出版社）、《新编奈达论翻译》（谭载喜，1999，中国对外翻译出版公司）等。在中国召开的与翻译有关的学术研讨会。杂志文章的数量最大，而且由于杂志的发行周期较短，故能较为迅速地反映学术界的最新动态。相对而言，书籍的写作时间和出版周期要长得多，因此从某种意义上说，书籍自出版的那一天起就已经过时。不过，书籍可以更深入更详尽地讨论某个特定的问题，其中的观点和思想也相对较为成熟一些，这一点又是篇幅有限的杂志文章所无法比拟的。与前两者相比，学术研讨会的优点则在于学者们可以面对面地交流，因而信息可以得到最快的传递和反馈，而且与会者带来的最新研究成果，往往还没有来得及以文字形式发表，这种实时性也是杂志和书籍所不能企及的。这三类来源的材料，可以从不同的层面反映西方现代译论在中国的传播与接受情况。

根据内容的偏重，涉及西方现代译论的文章或著作通常可以分为三类。第一类为译介性质，常以"简介""译介"或者书评的形式出现，节译、编译等也可归入此类。这类文章或著作或者纯粹地介绍某一个译论家的翻译思想或观点，某一翻译学派的主要思想，偶尔附有简单的评述，或者直接地翻译一篇论文。翻译这类文章看似相当省心，但要做好也非易事，同样需要学术上的敏感性，才可及时捕捉到最新的学术动态。

第二类为研究性质，如对不同译论家的翻译思想做出对比，或对某一个译论家的思想发展过程进行研究，得出有用的结论以供中国的翻译研究借鉴。作者需要对研究对象有较为全面和深入的认识，方可进行有深度的比较。这类文章要求作者进行积极的思考，可以较好地反映作者的理论功底。

第三类属于反思和应用性质，或对西方译论的某一思想进行思考，分析其实质，或将西方译论应用于实践，试图找出其可行性。这类作品能够将西方现代译论与中国翻译研究有机地结合起来，对翻译研究的推动作用更加明显。

这三类著述都是对西方译论进行研究和应用的重要组成部分，无所谓高低优劣之分。引进是基础材料，研究是重要手段，而应用则是最终的目标。没有引进和介绍，研究就成了无本之木，应用就更加无从谈起，而没有深入细致的研究和分析，应用将陷于盲目；没有了应用，所有的引进和研究都变得没有意义。三者相辅相成，缺一不可。

洛特曼（Lotman）曾提出，人类文化乃是一个动态系统（Human culture is a dynamic system），因此根据日期划分阶段是根本行不通的（Bassnett-McGuire，1991，P.14）。作为人类文化的一部分，翻译研究自然也带有这种动态性，我们也根本不必尝试某种界限分明的分期。我们认为，西方现代译论在中国的传播与接受大致可分为三个阶段，即二十世纪八十年代初期为第一阶段，20 世纪 80 年代中期和后期为第二阶段，第三阶段从二十世纪九十年代初期至今。

第一阶段的主要特点是译介，而且相对滞后和陈旧，时间差较大，除个别例外之外，译介的多为五六十年代的英美名家的作品。

如，1981 年纽马克和奈达的理论首次被介绍给中国翻译界，1982 年有人分别撰文介绍奈达的著作《翻译科学探索》（1964）以及卡特福德的《翻译的语言学理论》（1965）。

出现这种现象，原因可以从政治、历史等方面来考察。由于当时尚处于改革开放的初期，刚刚经历了一个学术研究的休止期，学术界首先应该做的自然就是补上原来丢下的功课。表面上看来自然是慢了一点，实际上却是不可缺少的，它为后来译学研究的繁荣奠定了坚实的基础。

与第一阶段相比，在第二阶段中，各种译著的引进更为全面，也更为及时。除了英语世界的翻译理论研究成果以外，其他语种如法语方面的译论也已被引进，中国翻译界得以更加全面地了解西方译论。与此同时，引进的速度也大大地加快。如纽马克的 A Textbook of Translation 于 1988 年出版，而在 1989 年第 2 期的《外语教学与研究》上，就出现了杨国斌的《介绍纽马克的《翻译教科书》》一文。

在这一阶段中，带有研究和反思性质的文章开始出现。学者们开始用批判的眼光来看待西方译论。如钱霖生的《读者的反应能否作为评价译文的标准》（《中国翻译》1988 年第 2 期），林克难的《"动态对等"译论的意义与不足》（《福建外语》1988 年第 1~2 期）等。这种现象的出现，归功于两方面的因素：一方面由于前一阶段引进的结果，人们对西方译论的了解渐趋全面而深入，另一方面又由于国内翻译研究的进展。

一言以蔽之，在这一阶段中人们不再满足于了解，而以更理性的态度对待西方译论，并且取得了相当的成果。

第三阶段的特点可以概括为"全面、及时、创新"。论文和著作不但在数量上大有突破，而且在质量上也大有改观。译介性质的文章和著作继续出现，但述介的步伐有所放慢，而同时更多的译学研究者开始主动反思，进行应用方面的探索。例如有人撰文将纽马克与奈达的翻译理论进行对比，有人考察中西译论之间的异同。值得一提的是，申丹在"论翻译中的形式对等"一文（《外语教学与研究》1997 年第 1 期）中通过严密的分析，独具慧眼地指出，奈达所谓的"形式对等"，本质上是"逐词死译"的代名词。从学术上讲，她的分析有理有据，令人信服，反映中国年轻一代学者不囿于成见，善于思考的特点。

这一阶段有一些前两个阶段中所不曾出现的全新现象。首先，几乎所有的译学领域的主要著作都已经为中国学者们所熟悉，而且很多都在中国有原文印行，同时引进速度也大大提高，能够做到基本同步。这就使其他的研究者们得以在最短时间内了解到本学科同行的最新成果。原文版本的出现，使懂原文的读者们有机会直接研读，而不再需要透过译本这面模糊的镜子去看多少有点变形或扭曲的影像。当然，对于不懂原文的读者而言，译本总是聊胜于无。

其次，由于现代科技的发展，中西学界之间的交流日趋密切，中外学者之间不再是简单的介绍与被介绍的关系，他们通过各种形式，如互为访问学者、参加国际研讨会等，进行面对面的交流，建立良好的合作关系。这种密切的接触和友好的关系大大有利于学术的健康交流和相互促进。通过这种直接交流，国内同行得以获知世界各地最新的学术动态。杨士焯（1998）根据他自己在 1995—1996 年间选修纽马克的课程的学习体会，说明纽马克的最新翻译思想——"翻译关联法"（a correlative approach to translation）。20 世纪十年代以来，中国承办了几次重要的国际翻译研讨会，如 1997 年 9 月 11~14 日，在北京语言文化大学召开的"翻译研究与跨文化传播国际研讨会"，1997 年 10 月 31 日至 11 月 3 日在北京外国语大学召开的"国际翻译学术研讨会"，1999 年 5 月（6~7 日）在澳门理工学院召开的"国际翻译研讨会"等。这些国际研讨会在中国的召开，一方面给中国带来最新的学术研究动态，另一方面也反映了中国翻译研究国际地位的提高。

第三，也是最重要的一点，中国翻译界的学者们，将中国传统译论与西方译论研究成果结合起来，开始提出自己的一些理论。

例如，田菱提出"翻译学的辩证逻辑学派"，认为翻译学应该包括以下学科领域：（辩证唯物论）哲学；语言学心理学；文化社会学；逻辑学（辩证逻辑学与形式逻辑学）；翻译学；各门中心学科（比如，文学、生物学、医学等等中心学科）。胡功泽（1994）则呼吁建立沟通的翻译观。

虽然在前者的框架中，"翻译学"既是学科的总名，又是其分支学科的名称，难免有点混淆，而后者的模式又太过简单，而且其中受西方译论的影响过于明显，但这些初步的尝试，还是为中国译学研究提供了极其宝贵的经验，为后来者树立了榜样：要建立中国的翻译学，决不能只依靠别人的成就；人云亦云，生搬硬套，是不可能有创新和突破的。

西方译论之所以能在中国流行并产生较为深远的影响，与许多孜孜不倦的学者们的辛勤劳动息息相关。老一辈学者为我们所做的一切，他们的成就有目共睹，同时我们也欣喜地看到，一批中青年学者正在崛起。

在译介和研究西方译论方面做出了突出贡献的，当首推谭载喜。他在这方面的成就主要分为两方面：对西方翻译史的研究以及对奈达翻译思想的介绍。1992 年《中国翻译》第 4 期的《一位辛勤耕耘的翻译理论研究者——介绍年轻教授谭载喜》一文中，关于谭氏 1992 年以前的研究成果已有详尽的说明，本文仅补充他的近作。1993 年介绍奈达新著《从一种语言到另一种语言》的编译本《跨语交际》出版，受到广泛欢迎。1995 年《外国语》第 3 期刊登了他的文章《中西现代翻译学概评》。1998 年《中国翻译》第 2 期上，出现了他的《翻译学必须重视中西译论比较研究》一文，而在 1999 年的《中国翻译》第 6 期上，他又发表了《中西译论的相似性》，从翻译实践与翻译理论的相互关系、翻译理论的发展模式以及翻译思维、翻译原则、翻译方法的演进等多个方面，对存在于中西译论之间的相似性进行了较为深入的探讨。1999 年 10 月出版的《新编奈达论翻译》，则将《奈达论翻译》和《跨语交际》的内容加以综合，又从奈达的最新研究成果中增加部分内容，对奈达的思想和理论进行综述。书后还附有奈达到 1997 年为止的作品目录，为广大研究者提供了很好的参考。

许钧也是译界不可多得的人才。他除了自己进行大量翻译实践并有多种译作问世之外，还致力于法国翻译理论的研究和探讨。他曾选译了乔治·穆南（GeorgeMounin）著名的博士论文《翻译的理论问题》（Les problemes theorigues de la traduction），也曾发表过《当代法国翻译理论评介》一文，此后更有译论专著《当代法国翻译理论》问世，介绍了近三十年来法国译论界具有代表性的理论和思想。法兰西共和国驻上海总领事曾专程赴宁，授予许钧教授"法兰西金质教育勋章"，以表彰他二十余年来在包括法国译论在内的法国文学研究与译介等方面的突出贡献。

这些中青年学者都在西方现代翻译理论研究方面做出了很大的贡献，我们完全有理由相信，在不远的将来，他们以及其他的研究者们将会有力地推动中国译论研究的进程，"使我国的译论研究朝着系统化、科学化方面迈进"。

现代西方译论在中国传播已有几十年的历史，对中国翻译理论研究产生了深远的影响。特别是改革开放以来，我国译介了国外几乎所有主要的翻译理论家及其著作。客观地说，它们带来了很多积极的东西，但同时也不可避免地产生了一些负面影响。西方译论对中国译学研究的贡献大约可以分为两个方面，即方法论和实际研究。

从方法论上讲，接触西方译论，使中国译学界在开拓视野的同时，无形之中也解放了思想。西方学术界在根本上有一种敢于向传统和权威挑战的"传统"。他们不会在传统或权威面前唯唯诺诺、裹足不前，而是勇于甚至乐于向其挑战。大概正是这种积极开拓创新、不拘一格、不固于成见的精神，促使西方译论研究者们不断地提出一些全新的理论。

在中国，尤其是在过去的中国，情况却大相径庭。严复的三原则，面世已经有一个半世纪，人们仍在不断地争论、探讨、考证他的用心。一百多年以来，有人赞之，有人贬之。在此我们无意评论这些争论的孰是孰非，只是想说明这种理论探讨的单一性，与西方翻译界的"百家争鸣"形成了鲜明的对比，而适当的争鸣无疑对学术的进展非常重要。

所幸的是，情况已大有改观。自从接触西方译论以后，中国学者在译介和研究各种译论主张的过程中，无疑会对其多样性留下深刻印象，也会受到潜移默化的影响。二十世纪八十年代以来中国译论研究的繁荣在某种程度上与西方译论的影响有着不可分割的联系。当然我们并非崇洋媚外，无端地"剥夺"中国人的"开拓创新精神"，但有些时候，我们也不得不承认和正视自己的弱点。其次，相对而言，西方学术界能做到理论探索和实践并重。虽然持"能写作则写作，不能写作则翻译，不能翻译则写译论"（Those who can, write；those who cannot，translate；those who cannot translate，write about translation）的观点者不乏其人，但西方有关译学研究的作品和文选已经有不下一千余种《中西现代翻译学概评》。反观中国，虽有译者们推出了很多优秀的译品，但理论研究方面却不能不说大为逊色。一方面是因为人们对翻译评价不高，就连著名的林纾也"最恼人家恭维他的翻译和画"，也不高兴人家称他为"译才"；另一方面也是因为中国的传统重实践而轻理论。严复的理论之所以能流传这么多年，部分原因就在于暂时还没有一个更科学、更为人接受的理论来取代它的地位。二十世纪八十年代以来，翻译理论研究方面已有新的突破。随着翻译在社会文化生活中的地位的不断提高，更多的学者致力于翻译理论研究。虽然尚无成熟的理论出台，却已有了许多可贵的尝试。

最后，因为科技较为发达的缘故，西方学者比较善于利用其他学科的最新成果，将其应用于翻译研究中，他们已经尝试从系统论、信息论、阐释学、交际学、美学和文化社会学等多个角度来研究翻译这项"极有可能是宇宙中最为复杂的一种活动"（"may very probably be the most complex type of event yet produced in the evolution of the cosmos"，1.A.Richards）。与此同时，他们也采用最新的科技成果来探索翻译的复杂过程。例如，1997 年在北京举行的"翻译研究与跨文化传播国际研讨会"上，来自丹麦哥本哈根经贸大学的昂特·雅格布逊教授展示了他们对翻译过程的研究成果。他们利用先进的电脑技术，将翻译者在翻译过程中的犹豫和停顿等每一个细节都记录下来，加以分析，尝试探索在翻译过程中人脑中出现的一系列的复杂的思维行为，试图打开人脑这个神秘的"黑匣子"。这个有创见的尝试，引起了与会的中外学者们的强烈兴趣。虽然这一研究尚处在初级阶段，但这个方法却极具参考价值。

实际研究方面的贡献主要体现在以下几个方面。首先，西方译论的语言学传统对中国译学的贡献不可否认。在中国，翻译的历史和翻译研究的历史固然同西方一样悠久，甚至更长。但从总体而言，中国译论深受中国古典文论和美学的影响，虽然不乏真知灼见，但不免流于缥缈，难以捉摸，缺乏透彻系统的阐述。而且直至二十世纪八十年代，中国译论研究主要放在文学翻译的研究上，对科技翻译等则鲜有涉及，这无疑有以偏概全之嫌。正如奈达所言，文学翻译"只不过是所有翻译的千分之一"（Literary translation，constitutes not more than one tenth of one percent of translation）。西方的语言学派的理论以普通语言学为依托，"把翻译当作施于语言上的学术，是用另一种语言的文本替代原文文本的过程"。与文艺派的做法不同的是，语言学派更强调科学的分析。虽然他们忽略了"言外之意"，无法最终对翻译现象进行令人满意的解释，但他们在某种程度上克服了文艺派过分注重天分的弱点。接触了西方现代语言学派的翻译理论以后，中国的译界同仁开始更加深入地进行中外语言的比较研究，对语言本质的理解也得以深入。

另一个值得一提的例子是翻译学作为一门学科的独立地位的确认。虽然早在 1951 年，译界前辈董秋斯就曾发表《论翻译理论建设》一文，明确提出了建立中国翻译学的主张，但该主张一直没有得到应有的重视。随着翻译在人类社会各个层次上的重要性与日俱增，西方一部分有远见的学者开始将翻译视为一门独立的学科，同时又不否认其具有跨学科的综合性的一面。这些学者包括 Mary Snell-Hornby，Susan Bassnett-McGuire，Wolfram Wilss 等。他们的作品传入中国，曾在二十世纪八十年代末和九十年代初期引起了一场有关"翻译学"的热烈讨论，许多人提出了有关学科架构的设想。翻译学作为一门独立学科在中国地位的确立，国际大气候的影响功不可没。

东达被誉为"翻译界最有影响力的理论家之一"（one of the most influential theorists in the field of translation，Delisle，1988），对中国翻译研究事业的发展也有很重要的贡献。他的译论思想在中国流传甚广，且影响深远。他是最早被介绍到中国的西方现代译论家之一，他本人也曾数次来到中国讲学，还一度与中国学者合作，在中国出版了多种作品。他的贡献主要体现在两个方面：第一，他不断进取，勇于对自己的理论进行改进，而且能博采众长，善于将其他学科的最新成果应用于翻译研究。他的论文和专著数不胜数。第二，他的一些理论在中国学者中产生了深远的影响，对翻译实践和翻译理论都有很好的指导作用。如他的"动态等值"或"功能等值"理论，在某种程度上较好地解决了"意译—直译"的争端。同时我们也应该看到，西方译论也给我们带来了一些消极的东西。西方译论本身并不完美，我们也不应该求全责备，而且西方译论研究的对象与中国译论研究对象之间有较大的区别，完全照搬是不明智的，也是不可能的。从前文的讨论可知，对西方翻译理论的研究已经取得了相当的成绩。但我们也应该清醒地看到，我们的工作还不尽如人意，有些地方甚至还存在着致命的弱点。第一点是术语的混乱。术语是某一特定学科得以区分于其他学科的重要标志之一，因此术语泛滥不是一种正常的现象。有些人热衷于使用和创造一些时髦的术语。如"target text"，一般译为"译文"，但有人却别出心裁译为"的文"；"source language"译为"原语"也无不可，可有一些人偏偏对"源语"情有独钟。当然，不可否认，从某种意义上说，"的文"和"源语"似乎更加贴近"target text"和"source language"，但"译文"和"原语"是约定俗成的译法，早已广为人知，而且在这种情况下，术语的改变并没有带来更有创见的思想，只能徒增混乱。类似的例子还有"communication"的译法，译"交流""交际""传播""沟通"

者均有之。我们当然并非思想僵化,只是主张在不影响思想的前提下,尽可能地统一译名。术语的混乱,对学术思想的传播以及学术界的交流,都会起到阻碍作用。一方面,我们译介学术著作,并非主要给懂原文的读者看,而且还有一个更大的读者群,译得不好,译犹未译;另一方面,学科的建设需要合作,如果人人都标新立异,刻意与众不同,极有可能造成彼此之间的某种敌视的态度,很难做到真正的使用,学术也很难真正地繁荣起来。西方译论著作颇丰,但不可否认的是,有些作者讨论的问题并无新意,却有刻意标新立异之嫌,往往在著作中采用一些新奇的术语,难免造成术语的混乱。这些东西译介过来后,也会相应地造成类似的混乱,不利于研究者们相互沟通。如不及时反思,同样会阻碍中国翻译研究的进一步发展。

应该指出的是,这种现象远非翻译界所独有。语言学界、文学界都有类似的现象。我们固然赞同"百家争鸣"是学术界一种健康积极的现象,但不主张"乱鸣"。"争鸣"的应该是思想,如果把心思仅仅放在术语上,未免有舍本逐末之嫌。

参考文献

[1] Eagleton, Terry. The Idea of Culture [M]. Oxford: Blackwell Publishing,1996.

[2] Fogelin, Robert J. Wittgenstein's Critique of Philosophy[A]//Hansluga and David G. Stern（eds.）. The Cambridge Companion to Wittgenstein [C]. Beijing: SDX Joint Publishing Company,2006.

[3] Gentzler, Edwin. Contemporary Translation Theories[M]. London/New York: Routledge,1993.

[4] Gutt, Ernst-August. Translation and Relevance: Cognition and Context [M]. Shanghai: Shanghai Foreign Language Education Press,2004.

[5] Halman,T.S. Cultranslation [J]. Quarterly World Report, Vol.1,1978（2）.

[6] Hatim B& I. Manson. Discourse and the Translator[M]. Essex: Longman Group UK Ltd.,2001.

[7] Hermans, Theo.（ed.）The Manipulation of Literature: Studies in Literary Translation [C]. London and Sydney: Croom Helm,1985.

[8] Hurford, James R.& Heasley, Brenden. Semantics:A Coursebook [M]. Cambridge: Cambridge University Press,1983.

[9] Jakobson, Roman. On Linguistic Aspects of Translation[A]//Reuben A. Brower （ed.）. On Translation [C].Cambridge: Harvard University Press,1959.

[10] Kelly,L. The True Interpreter [M]. Oxford: Blackwell,1979.

[11] Katan, David. Translating Cultures: An Introduction for Translators, Interpreters and Mediators [M]. Manchester, UK: St Jerome Publishing,2004.

[12] 白靖宇. 文化与翻译 [M]. 北京：中国社会科学出版社，2000.

[13] 包惠南. 文化语境与语言翻译 [M]. 北京：中国对外翻译出版公司，2001.

[14] 毕继万. 汉英句子结构与思维方式刍议 [A]// 胡文仲. 文化与交际 [C]. 北京：外语教学与研究出版社，1994.

[15] 蔡平."文化翻译"的困惑 [J]. 外语教学，2005（6）.

[16] 曹世潮. 中国人：性隋中人的精神与气象 [M]. 上海：上海文化出版社，

2004.

[17] 常敬宇.汉语词汇与文化 [M].北京：北京大学出版社，1995.

[18] 陈大亮.谁是翻译主体 [J].中国翻译，2004（2）.

[19] 陈大亮.翻译研究：从主体性向主体间性转向 [J].中国翻译，2005（2）.

[20] 陈德鸿，张南峰.西方翻译理论精选 [C].中国香港：香港城市大学出版社，2000.

[21] 陈芳.权力与话语：意识形态对翻译实践的操纵 [J].湖南第一师范学报，2004（1）.

[22] 陈福康.中国译学理论史稿 [M].上海：上海外语教育出版社，1992.

[23] 陈康.论信达雅与哲学著做翻译 [A]// 罗新璋.翻译论集 [C].北京：商务印书馆.1984.

[24] 陈林汉.外国人怎样评价两份"中国英语"报刊 [J].现代外语，1996（1）.

[25] 陈明远.语言学和现代科学 [M].成都：四川人民出版社，1984.

[26] 程尽能，吕和发.旅游翻译理论与实务 [M].北京：清华大学出版社，2008.

[27] 程永生.描写交际翻译学 [M].合肥：安徽大学出版社，2003.

[28] 崔永禄.霍克斯译《红楼梦》中倾向性问题的思考 [J].外语与外语教学，2003（5）.

[29] 但汉源.思维习惯与英汉翻译中的解说方式 [J].外语学刊，1994（6）.

[30] 邓红顺.意识形态对翻译研究的影响及启示 [J].咸宁学院学报，2009（1）.

[31] 董京泉.文化全球化与"三个代表"之我见 [J].中共云南省委党校学报，2003（5）.

[32] 杜争鸣."中国英语"问题及其他 [J].外语教学，1998（3）.

[33] 方梦之.译学词典 [Z].上海：上海外语教育出版社，2004.

[34] 丰林.语言革命与当代西方文本理论 [J].外国哲学，1998（9）.

[35] 傅敬民，张顺梅，薛清.英汉翻译辨析 [M].北京：中国对外翻译出版公司，2005.

[36] 傅雷.论文学翻译书 [A]// 罗新璋.翻译论集 [C].北京：商务印书馆.1984.

[37] 高等学校外语专业教学指导委员会英语组.高等学校英语专业教学大纲 [Z].上海：上海外语教育出版社，2000.

[38] 高华丽.翻译教学研究：理论与实践 [M].杭州：浙江大学出版社，2008.

[39] 高宁.论译者的主体性地位——兼论翻译标准的设立原则 [J].上海科技翻译，1997（1）.

[40] 高永晨.文化全球化与跨文化交际研究 [J].苏州大学学报（社科版），

1999（4）.

[41] 葛传架.漫谈由汉译英问题 [J].翻译通讯，1980（2）.

[42] 葛校琴.译者主体的枷锁 [J].外语研究，2002a（1）.

[43] 葛校琴.当前归化异化策略讨论的后殖民视域 [J].中国翻译，2002b（5）.

[44] 葛校琴.后现代语境下的译者主体性研究 [M].上海：上海译文出版社，2006.

[45] 顾嘉祖.跨文化交际——外国语言文学中的隐蔽文化 [M].南京：南京师范大学出版社，2000.

[46] 辜正坤.互构语言文化学原理 [M].北京：清华大学出版社，2004.

[47] 郭建中.当代美国翻译理论 [M].武汉：湖北教育出版社，2000b.

[48] 郭建中.科普与科幻翻译：理论、技巧与实践 [M].北京：中国对外翻译出版公司，2004.

[49] 何绍斌.作为文学"改写"形式的翻译——Andre Lefevere 翻译思想研究 [J].解放军外国语学院学报，2005（5）.

[50] 贺麟.论翻译 [A]//《翻译通讯》编辑部.翻译研究论文集（1894—1948）[C].北京：外语教学与研究出版社，1984.

[51] 洪堡特.论人类语言结构的差异及其对人类精神发展的影响 [M] 姚小平（译）.北京：商务印书馆，1997.

[52] 胡超.文化思维模式差异对跨文化交际的影响 [J].外语教学，1998（2）.

[53] 胡庚申.从"译者主体"到"译者中心" [J].中国翻译，2004（3）.

[54] 胡莉莉.论意识形态对翻译实践的操控 [J].怀化学院学报，2006（3）.

[44] 胡牧.主体性、主体间性抑或总体性——对现阶段翻译主体性研究的思考 [J].外国语，2006（6）.

[56] 胡文仲.试论跨文化交际研究 [A]/ 胡文仲。文化与交际 [C].北京：外语教学与研究出版社，1994.

[57] 胡文仲，高一虹.外语教学与文化 [M].长沙：湖南教育出版社，1997.

[58] 胡文仲.跨文化交际学概论 [M].北京：外语教学与研究出版社，1999.

[59] 黄金祺.应该肯定"西译汉化"现象的积极面 [J].中国翻译，1988（1）.

[60] 黄琼英。文化适应性与翻译教学 [J].宁波大学学报（教育科学版），2004（4）.

[61] 季羡林，许钧.翻译之为用大矣哉 [J].译林，1998（4）.

[62] 贾玉新.跨文化交际学 [M].上海：上海外语教育出版社，1997.

[63] 姜倩，何刚强.翻译概论 [M].上海：上海外语教育出版社，2008.

[64] 蒋骁华，张景华.重新解读韦努蒂的异化翻译理论 [J].中国翻译，2007（3）.

[65] 金惠康 . 跨文化交际翻译 [M]. 北京：中国对外翻译出版公司，2003.

[66] 居祖纯 .Beaware of Pitfalls[J]. 南外学报，1984（2）.

[67] 卡特福德 . 翻译的语言学理论 [M]. 穆雷，译 . 北京：旅游教育出版社，1991.

[68] 孔慧怡 . 翻译·文学·文化 [M]. 北京：北京大学出版社，1999.

[69] 李建军 . 文化翻译概论 [M]. 上海：复旦大学出版社，2010.

[70] 李明 . 从主体间性理论看文学作品的复译 [J]. 外国语，2006（4）.

[71] 李文中 . "中国英语"和中式英语 [J]. 外语教学与研究，1993（4）.

[72] 连淑能 . 英汉对比研究 [M]. 北京：高等教育出版社，1993.

[73] 刘这庆 . 文化翻译论纲 [M]. 武汉：湖北教育出版社，1999.

[74] 刘庆 . 翻译与语言哲学 [M]. 北京：中国对外翻译出版公司，2001.

[75] 刘山 . 翻译与文化 [J]. 翻译通讯，1989（5）.

[130] 刘英凯 . 英语形合传统观照下的汉语意合传统 [J]. 深圳大学学报（人文社会科学版），1994（4）.

[76] 鲁迅 . "题未定"草 [A]// 罗新璋 . 翻译论集 [C]. 北京：商务印书馆 .1984.

[77] 鲁迅 . 关于翻译的通信 [A]// 鲁迅全集（第 4 卷）[C]. 北京：人民文学出版社，1993.

[78] 吕斌 . 文化进化导论 [M]. 上海：学术出版社，1994.

[79] 吕俊 . 翻译学——传播学的一个特殊领域 [J]. 外国语，1997（2）.

[80] 吕俊 . 我国传统翻译研究中的盲点和误区 [J]. 外国语，2001（5）.

[81] 吕俊，侯向群 . 英汉翻译教程 [M]. 上海：上海外语教育出版社，2001.